EMPREENDEDORISMO

Gestão Financeira Para Micro e Pequenas Empresas

Luis Roberto Antonik (Ph.D.)

EMPREENDEDORISMO

Gestão Financeira Para Micro e Pequenas Empresas

Luis Roberto Antonik (Ph.D.)

ALTA BOOKS
GRUPO EDITORIAL
Rio de Janeiro, 2016

Empreendedorismo: Gestão Financeira Para Micro e Pequenas Empresas
Copyright © 2016 da Starlin Alta Editora e Consultoria Eireli. ISBN: 978-85-7608-933-9

Impresso no Brasil — 1ª Edição, 2016.

Edição revisada conforme Acordo Ortográfico da Língua Portuguesa de 2009.

Produção Editorial
Editora Alta Books

Gerência Editorial
Anderson Vieira

Assistente Editorial
Juliana de Oliveira

Supervisão Editorial
Sergio Luiz de Souza

Produtor Editorial
Claudia Braga
Thiê Alves

Design Editorial
Aurélio Corrêa

Marketing Editorial
marketing@altabooks.com.br

Captação e Contratação de Obras Nacionais
J. A. Rugeri
Marco Pace
autoria@altabooks.com.br

Vendas Atacado e Varejo
Daniele Fonseca
Viviane Paiva
comercial@altabooks.com.br

Ouvidoria
ouvidoria@altabooks.com.br

Equipe Editorial
Bianca Teodoro
Carolina Giannini
Christian Danniel
Izabelli Carvalho
Jessica Carvalho
Renan Castro
Silas Amaro

Revisão Gramatical
Silvia Parmegiani

Layout e Diagramação
Lucia Quaresma

Capa
Angel Cabeza

Dados Internacionais de Catalogação na Publicação (CIP)

A635e Antonik, Luis Roberto.
Empreendedorismo : gestão financeira para micro e pequenas empresas / Luis Roberto Antonik. – Rio de Janeiro, RJ : Alta Books, 2016.
288 p. : il. ; 24 cm.

Inclui bibliografia e índice.
ISBN 978-85-7608-933-9

1. Administração financeira - Micro e pequenas empresas. 2. Empreendedorismo. 3. Incubadora de empresas. 4. Contabilidade. 5. Empresas - Finanças. I. Título.

CDU 658.15
CDD 658.15

Índice para catálogo sistemático:
1. Administração financeira : Micro e pequenas empresas 658.15

(Bibliotecária responsável: Sabrina Leal Araujo – CRB 10/1507)

Rua Viúva Cláudio, 291 — Bairro Industrial do Jacaré
CEP: 20970-031 — Rio de Janeiro
Tels.: 21 3278-8069/8419 Fax: 21 3277-1253
www.altabooks.com.br — e-mail: altabooks@altabooks.com.br
www.facebook.com/altabooks — www.twitter.com/alta_books

DEDICATÓRIA

Dedico este livro a Paulo Norvaldo e Romano, que ensinavam meninos a se tornarem homens.

SOBRE O AUTOR

Luis Roberto Antonik (Ph.D.) é graduado em Geografia, Ciências Econômicas e Administração. Autor de vários livros nas áreas de finanças, matemática comercial e filosofia, é professor e também executivo de empresas.

PREFÁCIO

As nove milhões de micro e pequenas empresas brasileiras (MPE's) são muito importantes para a economia brasileira: respondem por mais de um quarto do Produto Interno Bruto (27%), geram a metade de todos os empregos com carteira assinada (52%) e representam 40% da massa salarial paga aos trabalhadores. Setorialmente, as micro e pequenas empresas respondem por 22,5% do PIB da indústria, 53,4% do comércio e 36,3% de toda a riqueza gerada no setor de serviços.

MPE's de diferentes portes estão presentes em todos os ramos da indústria, do comércio e do setor de serviços. O empreendedorismo está crescendo aceleradamente nos últimos anos, e é fundamental o aumento de sua participação na economia. As micro e pequenas empresas são imprescindíveis para garantir economia de livre mercado e reduzir as desigualdades regionais. Sua enorme capacidade de adaptação às mudanças, responde rapidamente aos estímulos das demandas mercadológicas e à incorporação de tecnologias inovadoras.

Uma microempresa representa parcela ínfima na economia, todavia, juntas elas são muito relevantes. Os dados positivos de emprego e renda gerados pelas MPE's justificam a necessidade de incentivar e capacitar esse ramo da economia. O aquecimento de muitos setores tem motivado o brasileiro a empreender novos negócios. Em um passado recente, ele o fazia unicamente por pura necessidade. Comércios eram abertos quando não se encontrava emprego.

Hoje, sete em cada dez pessoas iniciam um empreendimento por identificar demanda no mercado, o que gera empresas mais planejadas e com melhores chances de crescimento. Ademais, com a vertiginosa expansão do sistema universitário no Brasil, milhares de incubadoras despejaram no empreendedorismo jovens estudantes preparados para exercer a função de empresários. Assim, as empresas já surgem modernas e equipadas para enfrentar o mercado e reduzir a taxa de mortalidade dos pequenos negócios.

Muitos microempresários agem por tentativa e erro em vez de gerenciarem conscientemente os aspectos financeiros de seus pequenos negócios. Invariavelmente eles têm uma ótima noção de operação dos produtos que fabricam e dos serviços que prestam, mas conhecem pouco, ou quase nada, dos métodos científicos e consagrados de gestão financeira. Todavia, nem tudo está perdido, pois estes pequenos vêm com enorme vontade de aprender e são consumidores vorazes de cursos e livros de administração, especialmente, financeira. Os professores sentem que eles ficam com as "palmas das mãos suadas" quando começam a mostrar as enormes possibilidades de melhoria e controles de custos existentes com métodos simples e baratos, em geral com o uso de apenas uma planilha Excel. Então, quando despertados, eles fazem um pouco mais e vão além de simplesmente manter o controle nas suas projeções de caixa, passam a olhar o Contas a Receber como um investimento de capital e os estoques como um problema necessário, mas custoso.

O livro *Empreendedorismo – Gestão Financeira para Micro e Pequenas Empresas* é um manual construído a partir de experiências práticas de gestão empreendedora e administração financeira. Escrito em linguagem simples e direta, aborda todos os temas necessários para uma gestão sadia de recursos em pequenas empresas.

Este livro, muito simplificadamente, mostra os fundamentos da gerência financeira de um pequeno negócio, explicando a importância de produzir bons relatórios com o uso da contabilidade, afinal, se o empresário já paga por isso porque então não usar um Balanço Patrimonial ou uma Demonstração de Resultados, por exemplo, em favor do controle da firma? Ao mesmo tempo, discutimos em uma linguagem apropriada outros inúmeros aspectos críticos do negócio e como uma boa gestão financeira pode ajudar a controlar e reduzir as despesas da pequena empresa; tomando decisões inteligentes para melhorar os lucros e escolher a melhor forma possível, mas principalmente legal, de pagar menos impostos.

Sob a ótica e a realidade brasileira, o livro retrata ainda aspectos legais ligados às MPE's, bem como o atendimento de suas necessidades financeiras, orçamentárias e contábeis. A obra aborda, entre outros temas, a análise de demonstrações financeiras, controles de caixa, estoque, e ativos. E ainda, normas de organização empresarial segundo as leis brasileiras, regimes tributários e fiscais, juros, crédito e possibilidades de financiamento.

Todos os cálculos, modelos e simuladores estão disponíveis em arquivo Excel e podem ser facilmente adaptados à realidade de cada situação empresarial. Para os professores, as figuras e tabelas estão dispostas em Power Point, o que facilita a preparação de aulas e palestras.

Para ser grande é preciso pensar grande, diz equivocadamente o ditado popular.

No entanto, a experiência mostra que, para ser grande, é preciso ser organizado e planejado. O ambiente de negócios do terceiro milênio é repleto de oportunidades, mas pune rigorosa e cruelmente os amadores e despreparados.

LUIS ROBERTO ANTONIK (PH.D)

SUMÁRIO

Capítulo I

PRINCÍPIOS E CONCEITOS SOBRE FINANÇAS E CONTABILIDADE

Neste capítulo, você vai apreender que o planejamento é essencial. Na micro e pequena empresa é o requisito básico para se tornar grande algum dia. Planejamento econômico e financeiro aliado a uma contabilidade de qualidade são indispensáveis para uma empresa crescer. Como na micro e pequena empresa os recursos humanos são escassos, a tarefa do planejamento cabe ao empresário.

- Para ser grande é preciso organizar a empresa
- Na micro e pequena, o empresário é o "faz-tudo", inclusive na administração financeira
- O empresário precisa ser raposa e leão. É indispensável a força, a bravura e a obstinação do leão, combinados com a inteligência e sagacidade da raposa
- Pequeno empresário, o planejador financeiro da empresa

Muitos pensam que a área de finanças das empresas engloba atividades a serem exercidas por economistas quando, na verdade, ela pertence aos administradores. Não obstante este fato, a Administração Financeira é também uma das manifestações da economia, baseada em conceitos econômicos. Utiliza, para o exercício desta atividade, a contabilidade e a matemática financeira e comercial, aplicadas.

FIGURA 1.1: Administração financeira e suas relações

A administração financeira é um conjunto de teorias interessantes, mas se manifestam na prática, muitas vezes, sem que percebamos a sua utilização. Evidentemente, quanto maior a empresa, mais estes aspectos, particularizados na Figura 1.1, se identificam e os profissionais que atuam na área se especializam.

Na micro e pequena empresa, entretanto, o cérebro e o gestor são apenas uma pessoa: o proprietário. Cabe a ele executar as tarefas e gerir todas as relações. Daí decorre uma grande responsabilidade, pois, com tal exigência de conhecimento, o empresário obriga-se a conhecer diferentes aspectos da firma e reunir um imenso conhecimento sobre várias facetas da Administração. Normalmente, uma empresa média ou grande possui estrutura organizacional elaborada, planejada segundo as exigências e necessidades do setor ou segmento econômico onde atua, conforme mostra a Figura 1.2.

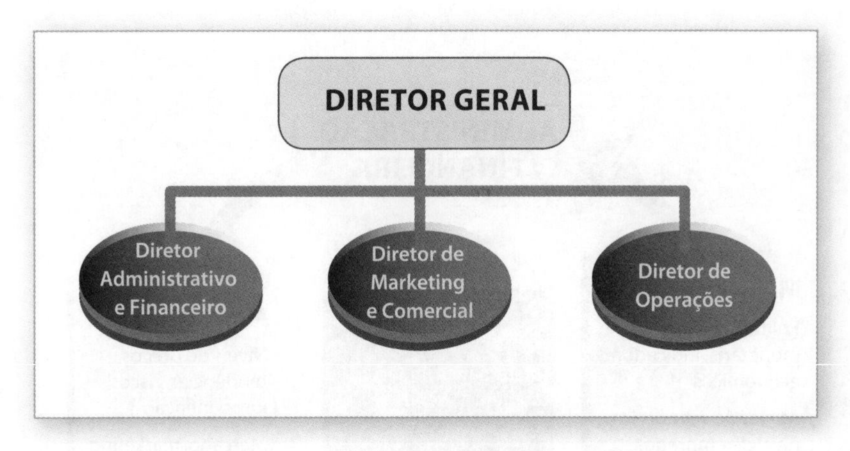

Figura 1.2: **Organograma empresarial**

Já na micro e pequena empresa, o empresário precisa ser raposa e leão[1]. É preciso muita força, bravura e obstinação, como um leão. No entanto, a inteligência e a sagacidade da raposa também são necessárias. Trabalhar arduamente não adianta, é preciso fazê-lo com inteligência. Na micro ou pequena empresa, pela diminuta estrutura, o empresário fará as vezes de diretor de marketing, gerente de recursos humanos, administrador financeiro, chefe do administrativo e também será o responsável pela produção ou organização dos serviços. Em resumo, tudo é com ele. Ele decide tudo (Figura 1.3).

[1] Uma referência ao texto de Nicolau Maquiavel, *O Príncipe*: "Sendo, pois, um príncipe obrigado a utilizar-se bem da natureza da besta, deve tirar dela as qualidades da raposa e do leão, visto que este não tem nenhuma defesa contra as redes, e a raposa contra os lobos". Precisa, portanto, ser raposa para conhecer as artimanhas e leão para amedrontar os lobos. Os que apenas se fizerem de leões não terão êxito. Não basta apenas força, é preciso sabedoria.

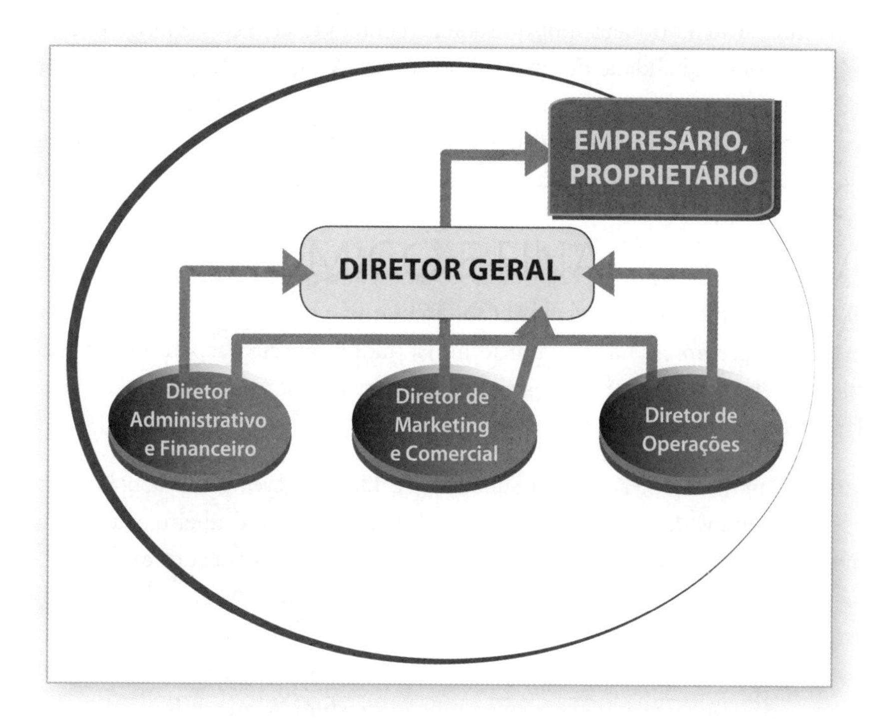

Figura 1.3: **Organograma empresarial e subordinações**

Em tal contexto, para vencer no mercado e se tornar grande um dia, o empresário precisa dedicar-se com afinco para aprender, mesmo que empiricamente, todas essas "ciências" envolvidas na administração do negócio. Até que a empresa cresça e fique grande, o micro e pequeno empresário será um verdadeiro "faz-tudo".

Qual a Finalidade Última da Empresa? O Lucro?

Por certo, a maximização do lucro é a razão última de qualquer negócio estabelecido em uma economia de mercado. Entretanto, mais importante que isto é a maximização da riqueza, pois esse caminho mostra uma direção estratégica que pode se perpetuar no tempo, enquanto o lucro tem uma conotação imediatista ou de curto prazo. Normalmente, empresas voltadas apenas para o lucro mudam muito de direção, têm vida curta e são péssimas para se trabalhar, tudo é instável. O lucro é uma consequência da competência do proprietário: produtos ou serviços de qualidade a preços justos.

A maximização da riqueza, por outro lado, contém uma visão de longo prazo, pois se preocupa com a qualidade do produto ou serviço, com a satisfação do cliente e sua consequente fidelização. Por ser mais estratégica, também é mais pensada e discutida, assim, pode avaliar os riscos e retornos e, por meio do orçamento e do planejamento, prever possibilidades e oportunidades de crescimento, bem como evitar riscos desnecessários no futuro.

Um pouco mais à frente, no Capítulo 2, estudaremos que tudo na empresa apresenta-se em, basicamente, três ciclos: produção, financeiro e econômico. Neste caso, como a micro e pequena empresa não tem um administrador financeiro, caberá ao empresário a complexa tarefa de administrar esses ciclos, preocupando-se com a solvência do negócio e, ao mesmo tempo, maximizando sua riqueza.

Veremos também que a abordagem financeira é diferente da econômica, pois a primeira representa o regime de caixa, ou seja, de entrada ou saída do dinheiro, e a segunda, o regime econômico, também chamado de contábil, ou competência dos exercícios. Essa defasagem de tempo e de conceitos entre os ciclos multiplicará a complexidade da administração financeira. Daí, o empresário ter consciência de que, se deseja crescer no futuro e se tornar uma média e grande, terá que investir muito em qualidade contábil, mesmo que a empresa seja uma optante do lucro presumido, ou ainda, constituída sob a legislação fiscal aplicada às empresas do supersimples ou do simples. Os dados da contabilidade são muito importantes para estabelecer controles, metas e fixar os desafios a serem atingidos.

O Administrador Financeiro, quer dizer, micro ou pequeno empresário, terá que exercer três funções:

- Análise, Execução e Planejamento Financeiro
- Administração da Estrutura de Ativos da Empresa
- Administração da Estrutura Financeira da Empresa

Explicando melhor, todo o complexo sistema empresarial contido na companhia, que em última análise é igual em qualquer firma, grande ou pequena, é de responsabilidade do empresário (Figura 1.4).

Figura 1.4: Funções do administrador financeiro

Capítulo II

A IMPORTÂNCIA DA ADMINISTRAÇÃO FINANCEIRA PARA A PEQUENA EMPRESA

Neste capítulo, vamos aprender a distinguir entre os valores financeiros (caixa) e contábeis. Vamos analisar também o chamado ciclo de produção, verificando as suas diversas fases e mostrando a importância de estudá-lo constantemente, única maneira de propor reduções no ciclo e, assim, reduzir a necessidade de capital de giro, o dinheiro necessário para manter a produção em andamento.

- Ser empresário significa ter responsabilidades. Se os empregados, a sociedade e o Estado não forem suficientes, pense na sua família
- Para ser grande é preciso pensar grande
- Como definir e controlar os chamados ciclos de produção?
- Qual a diferença entre os valores econômicos e financeiros? Por que é importante conhecer essas diferenças contábeis?
- Técnicas simples para reduzir a necessidade de capital de giro

A IMPORTÂNCIA DA ADMINISTRAÇÃO FINANCEIRA PARA A PEQUENA EMPRESA

"A empresa é pequena. É minha. Qual a razão de ficar controlando detalhes se na hora da dificuldade, quem terá que fazer o esforço para superar a crise sou eu mesmo?" Essas são as razões alegadas por alguns ex-empresários que não conseguiram fixar-se no negócio por falta de disciplina, controle e, sobretudo, por nunca terem pensado no futuro. Ser proprietário e gerenciar significa ter responsabilidades. Se os empregados, a sociedade e o Estado não forem suficientes, pense na família, pois alguém muito querido, um filho por exemplo, pode depender da renda que a empresa oferece.

A gestão da pequena depende essencialmente de três fatores. Como primeiro ponto, destacamos a responsabilidade do administrador ou dono, pois, iniciar um novo negócio organizado, com registros no INSS e na Receita Federal, implica assumir para si os resultados de erros contábeis, fiscais e trabalhistas. Muitos dos quais "sujam" a ficha do proprietário interferindo negativamente por anos na sua vida privada.

Em segundo lugar, outra responsabilidade é a decorrente da competência, e, principalmente, da devoção e da dedicação do proprietário. Como regra: "o sucesso sempre é amigo dos outros. Eles vendem as coisas caras e compram tudo barato. Uma pessoa fica rica porque teve 'sorte'". Quase nunca é lembrada a verdadeira razão dos empresários de sucesso: abnegação ao trabalho durante toda a vida, acordando cedo, dormindo tarde e sacrificando a vida pessoal em troca dos negócios; economizando cada centavo possível, pedindo descontos, prazos de pagamento e facilidades. Mas, acima de tudo, tentando controlar a firma, fazendo orçamento, controlando o caixa e agindo com serenidade e aderência. E o chamado "fino trato" aos clientes e empregados. Sobre estes últimos, guarde um conselho: fique "em cima" dos colaboradores, cobre, exija, seja muito duro, porém, nunca deixe de ser justo. Maquiavel ensinou que alguém esquece antes o nome daquele que lhe matou o pai, do que daquele que lhe cometeu uma injustiça.

Por último, para ser grande é preciso pensar grande. Se você dúvida, comece a ler biografias dos homens de negócios de sucesso. Ler biografias é enfadonho, monótono e previsível, pois todos elas falam da mesma coisa, dos mesmos personagens. Por exemplo: Samuel Klein, Henry Ford, Antônio Ermírio de Moraes e Thomas Edison, planejaram, pensaram no futuro, trabalharam tresloucadamente, eram audazes, economizavam os centavos, investiram na probabilidade exata daquilo que acreditavam, mas de forma calculada, sem arroubos (Figura 2.1). A genialidade é 1% de inspiração e 99% de transpiração[1].

Comprou um terreno para erguer algum negócio? Faça logo o projeto para a quadra toda, mesmo que os outros terrenos não sejam seus, e vá expandindo o negócio sob esse planejamento. Daqui a cinquenta anos seu neto, herdeiro e gestor dos negócios da família, vai agradecer. Quantas vezes você observa organizações muito grandes que incorrem nesta tolice sem planejamento e ficam por anos quebrando paredes e construindo anexos, erguendo aquilo que se costuma chamar de "a república do puxadinho". Planeje os negócios, pense, coloque no papel, discuta com os filhos e com a esposa, não faça nada "de cabeça". A chance de dar errado diminui muito.

Eu sempre procuro aconselhar os empresários para que construam as suas empresas organizadamente e com olhos no futuro. Por exemplo, a firma não tem uma previsão de caixa (fluxo de caixa)? Ora, é muito simples, faça você mesmo uma singela planilha de Excel. Será muito curioso ver quantas coisas você poderá aprender ao mesmo tempo: ser organizado, planejar, conhecer as receitas e despesas da empresa detalhadamente, dominar as múltiplas funções do Excel, apenas para falar de algumas. A receita do sucesso é simples, mas poucos têm disciplina para chegar lá:

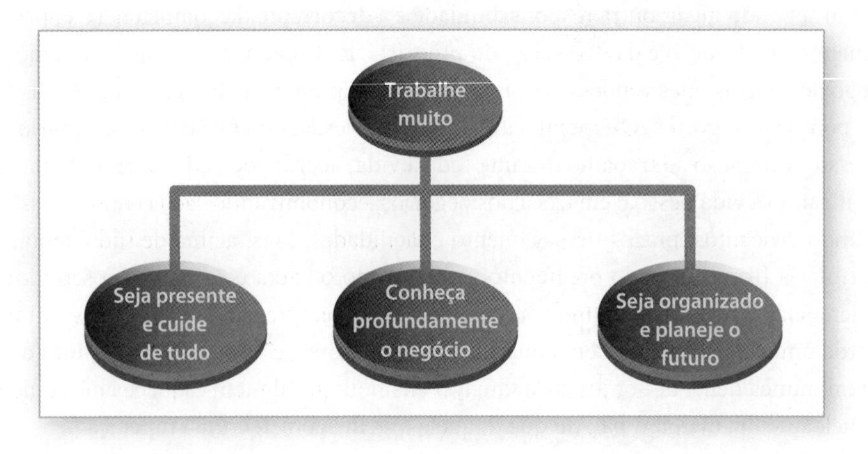

Figura 2.1: **Planejamento empresarial**

[1] Frase atribuída a Thomas Alva Edison.

A administração financeira é o ofício do planejamento, da organização e da prevenção de riscos ou de situações indesejáveis no futuro. Exercer a administração financeira no negócio não requer recursos poderosos e caros ou aprendizados muito profundos para sua realização. Conhecimentos medianos de contabilidade e finanças e soluções baratas de sistemas de gestão, alguns disponíveis em planilhas eletrônicas, podem resolver eficientemente a questão. Em síntese, pode-se dizer que o responsável pelas finanças de uma empresa é aquele que controla, planeja e impõe limites de gastos, mas que também avalia custos, projetos e oportunidades. Em linhas gerais, essas funções podem ser divididas em três grupos:

- Análise, execução e planejamento financeiro
- Administração da estrutura de ativos da empresa
- Administração da estrutura financeira da empresa

Para realizar essas funções e manter a "saúde" da firma, é necessário que o administrador esteja atento a quatro aspectos: administração de caixa, administração de recebíveis, administração de estoques e alavancagem. O primeiro diz respeito ao controle de entradas e saídas de dinheiro. O segundo está ligado à política de crédito organizacional para realizar vendas, da qual pode depender o sucesso ou o fracasso da firma. O terceiro é referente ao controle de estoques, de maneira que não representem um alto custo de manutenção e, ao mesmo tempo, viabilizem a produção. E a alavancagem está associada ao uso de ativos ou fundos a custo financeiro fixo para multiplicar retornos aos proprietários da empresa.

Qual a Importância da Micro e Pequena Empresa (MPE)?

No Brasil, existem quase 6 milhões de empresas, das quais 89% são consideradas micro e pequenas. Segundo o Sebrae, os dados gerais das MPE's brasileiras são: 20% do PIB (R$ 700 bilhões), 89% do total de empresas existentes (5,3 milhões de empresas) e 60% dos empregos (56,4 milhões de empregos). O setor de indústria responde por 15% do total de empresas, já o comércio, por 52%, e o de serviços, por 33%, isso tudo conforme a RAIS (Relação Anual de Informações – MTE) (Quadro 2.1). Ao final de 2010, existiam cerca de 4 milhões de empresas que empregavam pelo menos uma pessoa.

Região	Total	Comércio	Serviço	Construção civil	Optantes pelo simples
Centro-Oeste	437.424	244.265	314.139	63.972	448.219
Nordeste	884.980	551.125	1.040.396	122.874	1.048.113
Norte	204.840	128.624	230.437	31.243	271.827
Sudeste	3.038.613	1.483.694	250.861	428.487	2.776.052
Sul	1.406.617	715.850	115.760	250.747	1.093.952
Brasil	5.972.474	3.123.558	1.951.593	897.323	5.638.163
Percentual	100%	52%	33%	15%	94%

Quadro 2.1 — Brasil, micro e pequenas empresas (MPE) (Fonte: Ministério do Trabalho e Emprego (2010 - MPE Data))

O Ministério do Trabalho e Emprego considera como micro e pequenas empresas aquelas que têm até 99 empregados diretos. Já as empresas do chamado Simples Nacional, ou que são optantes por esse regime tributário, somam mais de 5,6 milhões no País. O Simples Nacional e o Empreendedor Individual (MEI) são regimes especiais de tributação. São consideradas microempresas aquelas com faturamento bruto anual de até R$ 360 mil. Para as pequenas empresas, o valor é de R$ 3,6 milhões anuais. O teto para empreendedor individual é de R$ 60 mil por ano.

Formas de Organização Empresarial no Brasil

Ao constituírem uma empresa, os empreendedores devem levar em conta suas necessidades. A ajuda do contador é indicada para amoldar a necessidade à real situação de mercado e às intenções do empresário: sócios, objetivo, mercado, tamanho, clientes, empregados — alguns dos tópicos analisados. Os tipos de empresa quanto à sua constituição são organizados sob quatro formas legais, a saber:

- Empresário individual (antiga firma individual)
- Empresa individual de responsabilidade limitada
- Sociedade de pessoas ou empresa limitada
- Sociedade anônima

Empresário Individual

É uma organização que não pode ser constituída para prestação de serviços. É propriedade de apenas uma pessoa que opera visando unicamente o seu próprio resultado e caracteriza-se por pequenos negócios. O capital provém de recursos diretos do proprietário que possui CNPJ próprio. O proprietário tem responsabilidade ilimitada sobre os resultados e tanto o valor investido na firma quanto os bens pessoais da pessoa física podem ser utilizados para satisfazer os compromissos com os credores da pessoa jurídica. A empresa e a pessoa física do dono se confundem.

Empresa Individual de Responsabilidade Limitada (EIRELI)

Criada pela Lei nº 12.441, de 2011, a empresa individual de responsabilidade limitada (EIRELI) é constituída por uma única pessoa, titular do capital social integralizado, nunca menor que cem salários-mínimos vigente no País. O titular responderá até o limite do capital social, com seus bens pessoais, pelas dívidas da empresa. A EIRELI é regulada, no que for possível, pelas normas aplicáveis às sociedades limitadas e possui CNPJ próprio.

Sociedade de Pessoas ou Empresa Limitada (Cia Ltda.)

É uma empresa que consiste de duas ou mais pessoas, a partir de um contrato formal – Contrato Social. Os sócios têm responsabilidade limitada ao capital subscrito. Esse tipo de sociedade é muito utilizado no Brasil. Pela flexibilidade da legislação brasileira, essas empresas não estão obrigadas a dar transparência dos seus negócios e resultados. Algumas das mais importantes multinacionais brasileiras constituem-se sob tal tipo de sociedade e não tornam seus resultados e balanços públicos.

Sociedade Anônima (S/A)

É uma sociedade empresarial intangível com poderes semelhantes ao das pessoas. Pode acionar e ser acionada juridicamente, estabelecer contratos e ser parte deles. Normalmente, possuem muitos acionistas e são capazes de afetar a vida de todas as pessoas da sociedade. Os integrantes das Sociedades Anônimas são os acionistas, que decidem em assembleia, o conselho de administração e a diretoria executiva.

Quanto ao regime tributário, a legislação brasileira oferece quatro opções, com condições: Simples, Lucro Presumido, Lucro Real e Lucro Arbitrado.

Regime tributário	Quem pode adotar	Como funciona	Muito importante
Simples	Pequenas e médias empresas com faturamento anual de até R$ 3,6 milhões.	Uma série de tributos é paga em uma única declaração simplificada. Uma única alíquota incide sobre o faturamento, sendo maior quanto mais a empresa tiver recebido.	Empresas com poucos funcionários e maior faturamento podem ter sua carga ampliada devido a contribuições para a previdência. Também diminui a competitividade em alguns casos, pois quem compra de empresas do Simples recebe menos crédito de ICMS.
Lucro Presumido	Empresas com faturamento anual menor do que R$ 48 milhões.	As alíquotas incidem sobre o faturamento total, a partir de percentagens predeterminadas de acordo com a atividade.	Se a empresa tiver pouco lucro, pode ser mais adequado estar no Lucro Real.
Lucro Real	Todas as empresas. Obrigatório para as empresas com faturamento maior do que R$ 48 milhões.	IR e outros são calculados com base no lucro. Além disso, PIS e COFINS podem ser deduzidos com a utilização de créditos.	Em caso de lucro alto, as outras formas de tributação podem ser menos custosas. A apuração do tributo nessa modalidade é mais complexa.
Lucro Arbitrado	Os indicados pela Receita Federal e o próprio contribuinte. Mediante condições.	A determinação das bases de cálculo de IRPJ e CSLL é semelhante à do Lucro Presumido, com acréscimo de 20%.	Ocorre por iniciativa da RF quando a escrituração é desqualificada. Arbitramento por conta do contribuinte pode ocorrer em casos fortuitos, conforme legislação, mas desde que conhecida a receita bruta.

Quadro 2.2 — Regimes tributários no Brasil[2]

Os Quadros 2.2 e 2.3, ambos extraídos do jornal Folha de S.Paulo, apontam um detalhamento maior dos modelos tributários mais comuns existentes no Brasil. Indicam a complexidade do sistema e também a necessidade da empresa contar com um aconselhamento contábil, independentemente do regime adotado, para não incorrer em erros que serão rigorosamente auditados pela Receita Federal, bem como também não pagar mais impostos.

[2] Publicado no jornal Folha de S.Paulo em 5/10/2012, mercado PME, página 5.

	Simples	Lucro presumido	Lucro real
Nível de faturamento	Até R$ 3,6 milhões por ano.	Até R$ 48 milhões por ano.	Podem participar todas as empresas.
Cálculo do imposto	As alíquotas são fixas e dependem do faturamento do setor. O percentual é aplicado sobre a receita e depende do setor.	Os 25% de IR incidem sobre o lucro pré-definido de 8% para a indústria e a maior parte do comércio, e de 32% para a maioria dos serviços. A CSLL (Contribuição Social Sobre Lucro Líquido) de 9% incide sobre a receita da indústria e do comércio, e sobre 32% nos serviços.	O Imposto de Renda, de 25%, e a CSLL, de 9%, são cobrados sobre o lucro realmente apurado. Apenas as instituições financeiras pagam 15% de CSLL.
Para quem serve	Microempresas (faturamento até R$ 360 mil ao ano) e pequenas empresas (faturamento de R$ 360 mil a R$ 3,6 milhões ao ano).	Para as empresas que possuem uma margem líquida real superior à presumida pela legislação fiscal (8% da receita para a indústria e a maior parte do comércio e de 32% para a maioria dos serviços).	Para empresas que possuem uma margem líquida real inferior à presumida pela legislação fiscal.
Principais regras	O Simples Nacional é um regime unificado de cobrança e arrecadação de tributos (IR, contribuição social e previdenciária, PIS/PASEP, Cofins, IPI, ICMS e ISS).	A alíquota do PIS é de 0,65%, e a da Cofins, 3% sobre a receita. Mas nenhum crédito pode ser descontado.	A legislação fiscal é mais complexa. As alíquotas do PIS (1,65%) e da Cofins (7,6%) são maiores que no lucro presumido.
Atenção	Outros benefícios ou isenções fiscais municipais ou estaduais não são possíveis no Simples.	Se a margem de lucro for inferior aos percentuais pré-definidos, a empresa pagará mais impostos pelo sistema de lucro presumido.	É possível descontar créditos referentes a despesas relacionadas ao processo produtivo, entre outras, o que pode representar ganhos.

Quadro 2.3 — Como escolher o melhor regime tributário[3]

O Quadro 2.4 a seguir resume as características dos quatro tipos de empresas adotados no Brasil, abordando a responsabilidade dos sócios e a legislação.

[3] Publicado no jornal Folha de S.Paulo em 20/10/2013, mercado, PME, página 4. As fontes informadas pela Folha foram: Miguel Silva & Yamashita Advogados e Mattos Filho, Veiga Filho, Marrey Júnior e outros advogados.

Tipo de empresa / obrigação	Responsabilidade dos sócios	Capital mínimo	Imposto de renda*	Opção pelo Simples	Legislação	Número de sócios
Empresário Individual	Irrestrita	Não há	Lucro presumido e real	Sim, depende da atividade e da receita	10.406/02 CCB	Um
Empresa Individual de Responsabilidade Limitada	Limitada ao capital social	100 salários mínimos	Lucro presumido e real	Sim, depende da atividade e da receita	Lei 12.441/11 e no CCB	Um
Empresa Limitada	Limitada ao capital social	Não há	Lucro presumido e real	Sim, depende da atividade e da receita	10.406/02 CCB	Mínimo de doisa
Sociedade Anônima	Nenhuma	Não há	Lucro real	Não	Lei 6.404/76	Ilimitado

*As empresas com receitas superiores a R$ 48 milhões são obrigadas a adotar o sistema do Lucro Real.

QUADRO 2.4 — Formas de organização empresarial

QUANDO É VANTAGEM OPTAR PELO SIMPLES?

As primeiras informações consolidadas pelo Ministério do Trabalho e Emprego (MTE), relativas ao ano de 2011, revelam que o regime tributário do Simples é o mais adotado pelas empresas brasileiras, com mais de 5,6 milhões de empresas (até 2010 era o segundo).

Entretanto, optar pelo regime tributário do Simples não é uma decisão trivial, pois vale lembrar que esse regime engloba oito tributos (IRPJ, PIS, COFINS, CSLL, INSS patronal, IPI das indústrias, ISS dos prestadores de serviços e ICMS) e paga o imposto sobre a receita. Ele pode ser aplicado para as empresas que tiveram receitas anuais de até R$ 3,6 milhões nos 12 meses anteriores à declaração. "As alíquotas do tributo variam de 4% a 11,61% da receita para as empresas do comércio, de 4,5% até 12,11% para aqueles que atuam na área da indústria e, para as empresas de serviços, a alíquota varia de 6% até 17,42%"[4]. Em agosto de 2014, foi sancionada a Lei Complementar 147/2014, que universaliza o Supersimples, estendendo os benefícios para 140 novas categorias e as alíquotas podem chegar até 22,45%. As regras começaram a valer a partir de 1º de janeiro de 2015 e devem alcançar mais de 450 mil empreendimentos. "Mas cuidado, o Simples compreende várias tabelas diferentes, com várias faixas de alíquotas. Os contadores, responsáveis pelos cálculos e procedimentos devidos pelos contribuintes, são os únicos capacitados para orientar uma opção eficiente, pois cada cliente é um caso

[4] Jornal Valor Econômico, edição de 19 de março de 2012 - F2, matéria produzida pela jornalista Jane Soares.

à parte, e as tabelas contemplam inúmeras situações diferentes para enquadramento e cálculo."[5] O Simples traz inúmeros benefícios ao empresário (Pessoa Jurídica) que optar por se inscrever, entre os quais[6]:

- Tributação com alíquotas mais favorecidas e progressivas;
- Recolhimento unificado e centralizado de impostos e contribuições federais, com a utilização de um único DARF, podendo, inclusive, incluir impostos estaduais e municipais, quando existirem convênios firmados com essa finalidade;
- Cálculo simplificado do valor a ser recolhido, apurado com base na aplicação de alíquotas unificadas e progressivas, fixadas em lei, incidentes sobre uma única base, a receita bruta mensal;
- Dispensa da obrigatoriedade de escrituração comercial para fins fiscais, desde que mantenha em boa ordem e guarda, enquanto não decorrido o prazo decadencial e não prescritas eventuais ações, os Livros Caixa e Registro de Inventário, e todos os documentos que serviram de base para a escrituração;
- Dispensa a pessoa jurídica do pagamento das contribuições instituídas pela União, destinadas ao Sesc, ao Sesi, ao Senai, ao Senac, ao Sebrae, e seus congêneres, bem assim as relativas ao salário-educação e à Contribuição Sindical Patronal (IN SRF nº 355, de 2003, art. 5º, § 7º);
- Dispensa a pessoa jurídica da sujeição à retenção na fonte de tributos e contribuições, por parte dos órgãos da administração federal direta, das autarquias e das fundações federais (Lei nº 9.430, de 1996, art. 60; e IN SRF nº 306, de 2003, art. 25, XI);
- Isenção dos rendimentos distribuídos aos sócios e ao titular, na fonte e na declaração de ajuste do beneficiário, exceto os que corresponderem a pró-labore, aluguéis e serviços prestados, limitado ao saldo do livro-caixa, desde que não ultrapasse a Receita Bruta.

Embora as alíquotas sejam baixas, o Simples é interessante para as empresas pequenas e também para as que possuem número maior de empregados, pois, conforme vimos, o INSS patronal está incluído na alíquota do Simples. Entretanto, o Simples incide sobre a receita da empresa e não sobre o lucro, deste modo, a orientação do contador é indispensável, pois "faturamento não é lucro". Uma empresa pode ter uma receita muito alta, vender muito, mas, ao mesmo tempo, apresentar resultados negativos. Se optante pelo Simples, continua recolhendo os impostos normalmente. Em resumo, o Simples não é indicado para empresas em fase de instalação ou que tenham lucro muito baixo, embora tenha outras vantagens.

---

[5] http://grupoavanth.com.br/simples-nacional-e-a-nova-lei-complementar-1472014/
[6] www.receita.fazenda.gov.br

O Porquê do Planejamento Empresarial

Não é regra, mas as micro e pequenas empresas não se organizam nem se estruturam de maneira eficiente e adequada. Isso não está relacionado ao fato de sermos brasileiros, mas a fatores puramente culturais (falta de educação empresarial). Entretanto, o setor de MPE cresce em todas as áreas, principalmente em capacitação. Para confirmar, basta conferir no site do Sebrae as centenas de milhares de empresas orientadas todos os anos, cujos avanços têm surpreendido inclusive a comunidade internacional. A oportunidade de melhoria é grande e pode ser incrementada aumentando o grau de "alfabetização empresarial", elevando também a força das micro e pequenas empresas.

Pelo explicado anteriormente, o sucesso do negócio depende, sobretudo, de um bom planejamento financeiro ou de uma boa "administração financeira". Embora qualquer negócio ofereça riscos, é possível prevenir-se contra eles. A administração financeira é o ofício do planejamento, da organização e da prevenção de riscos ou de situações indesejáveis no futuro e não requer recursos poderosos e caros para sua realização. Conhecimentos medianos de contabilidade e finanças e soluções baratas de sistemas de gestão, alguns disponíveis em planilhas eletrônicas, podem resolver eficientemente a questão. No âmbito da administração financeira, como afirma o ilustre professor Aderbal Nicolas Muller, é comum a tentativa de saber em qual fase a empresa se encontra: "do diagnóstico, da biópsia ou da autópsia". Tudo com a clara intenção de avaliar a situação financeira, de caixa e de liquidez, e, se possível, quantificar o risco que ela oferece. Para tanto, existem várias técnicas e modelos. Aqui, inicia-se com a do planejamento financeiro.

Os Ciclos de Produção

As empresas, se considerado o ponto de vista econômico, atuam basicamente em três ciclos: produção, financeiro e econômico. Fazer distinção desses ciclos e, principalmente, controlar seus passos é de grande importância para o sucesso dos negócios, pois reduz a necessidade de capital de giro. A maioria dos empresários já pratica esse controle, mesmo que de forma empírica e sem saber. A Figura 2.2 apresenta os três ciclos vividos pela empresa, sobrepostos. Entender a sua mecânica é fundamental, pois, o ciclo da produção, por exemplo, é um ciclo de investimento, ou seja, nessa parte o empresário apenas "coloca" dinheiro no negócio, nada recebe. Assim, quanto mais o proprietário conseguir "sobrepor" o ciclo econômico sobre o ciclo de produção, tanto mais eficiente será o resultado, bem como menor a quantidade de dinheiro investida.

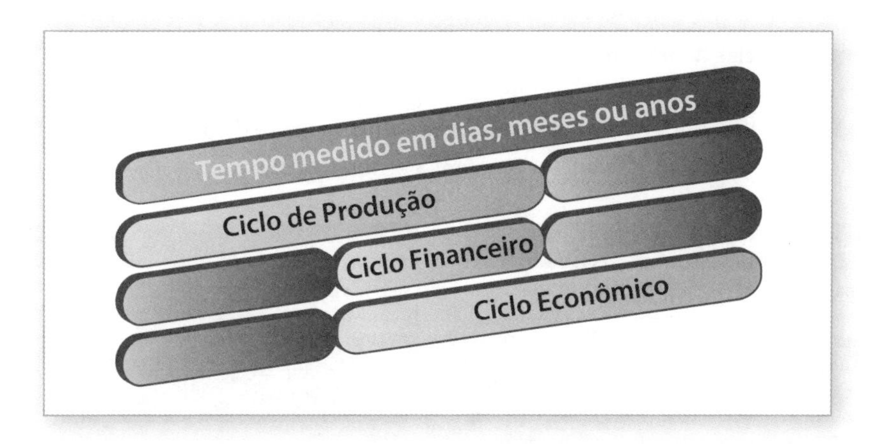

Figura 2.2: Ciclos empresariais

Durante o ciclo de produção, praticamente não gastamos nada, pois normalmente a matéria-prima utilizada é comprada a prazo, e como não existem vendas não se pagam impostos sobre os produtos. Tão logo se iniciem os pagamentos dos insumos e matérias-primas, começa o ciclo financeiro. E, finalmente, aparece o ciclo econômico ou contábil, ou seja, é uma fase da empresa completamente "descolada" de questões de caixa, é a fase contábil e fiscal. Em resumo, a situação ideal seria comprar todas as mercadorias no maior prazo possível e vender à vista. Em tal hipótese, os ciclos estariam mais sobrepostos e as vendas "financiariam" as compras das matérias-primas ou insumos. É claro que esse raciocínio vale apenas para o primeiro momento, pois logo as coisas começam a "girar" e a empresa entra em um ritmo normal de comprar, produzir, vender, receber e, finalmente, contabilizar.

Mas, muito importante nesse imbróglio econômico é entender a diferença entre o financeiro e o econômico, ou também chamado de contábil. Dizemos isso porque o financeiro está ligado ao regime de caixa, ou seja, à entrada e à saída do dinheiro na empresa. Já o econômico corresponde às regras de contabilidade fixadas pelas autoridades fiscais, no caso brasileiro, pela Receita Federal, a chamada competência dos exercícios.

Para exemplificar esse dilema, diremos que uma empresa fez uma venda no mês de março, com pagamento para 90 dias, ou seja, o cliente apenas irá pagar a fatura no mês de junho. Do ponto de vista econômico ou fiscal, a receita é apurada em março, inclusive com todas as obrigações de pagamentos de impostos. Já no regime de caixa, o empresário verá a "cor do dinheiro" do cliente em junho.

Observe essa diferença no exemplo que se segue. A indústria *SKF* vendeu um conjunto de mercadorias no mês de dezembro por R$ 30.322,00. Nesse mesmo mês, ela havia comprado a matéria-prima para ser usada na produção dessas mercadorias pagando R$ 19.356,00, à vista. Entretanto, a venda foi realizada com prazo de pagamento de 60 dias. Vejamos como ficaram os balanços, econômico e financeiro:

Contábil, econômico	Valores
Receitas de vendas	R$ 30.322,00
(-) CVM	R$ 19.356,00
(=) lucro	R$ 10.966,00

Financeiro, caixa	Valores
Receitas de vendas	R$ 0,0
(-) CVM	R$ 19.356,00
(=) lucro/prejuízo	-R$ 19.356,00

Quadro 2.5 — Balanços fechados em dezembro

Sob o olhar da Receita Federal, o balanço contábil ou econômico apresentou um lucro de R$ 10.966,00. Entretanto, como se diz na gíria empresarial, "naquilo que interessa", ou seja, falando em caixa, temos um prejuízo de R$ 19.356,00. A leitura acima mostra que a máxima "comprar a prazo e vender à vista" deve ser uma obsessão. É claro que na prática as coisas não são bem assim, pois é preciso combinar com o time adversário, como dizia o maior jogador de futebol de todos os tempos: Mané Garrincha[7].

Histórias de futebol à parte, o empresário precisa estudar o seu ciclo de produção, anotar os prazos médios de fabricação, pagamento de fornecedor, recebimento de clientes e criar uma série de indicadores, com metas estabelecidas em dias, premiando os empregados cada vez que uma delas for alcançada. (Veja no Capítulo 12 como criar as métricas). A Figura 2.3 mostra o Ciclo Operacional da empresa, indicando algumas conclusões interessantes e ensinando boas lições, pois quanto maior for o "ciclo operacional", mais capital de giro será necessário para financiar as operações da firma. E como todos sabem, o capital de giro é um "dinheiro morto", um mal necessário, quanto menos investir melhor. Como reduzir o capital de giro? Assim: encurtando os prazos de pagamento dos clientes, alongando os prazos de pagamentos dos fornecedores, produzindo cada vez mais rápido, mas com qualidade. Fácil de entender, mas muito difícil de fazer.

[7] Conta a história que Feola, o treinador da seleção brasileira, teria dito para Garrincha: entra lá, Mané, e faz três gols nos caras. Garrincha olhou para o treinador, baixou a cabeça, pensou um pouco e respondeu com a célebre frase: pois é, seu Feola, mas antes a gente precisa combinar com os gringos.

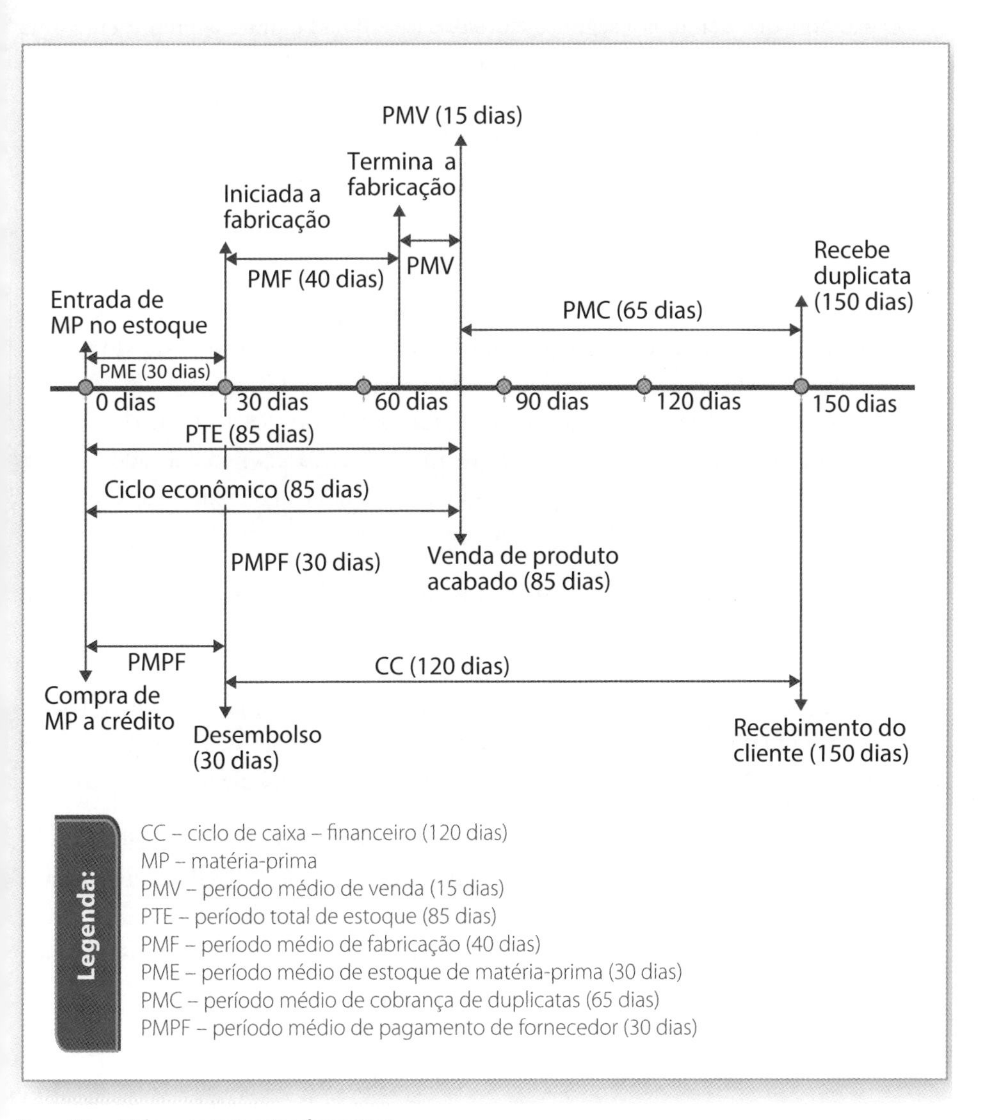

Figura 2.3: Ciclos operacionais e finaneiros

O exemplo que daremos a seguir é teórico, baseado na Figura 2.3 e representa uma "fotografia", como se a empresa tivesse iniciado suas atividades no "dia zero". É claro que, na prática, esse conjunto de ações "gira", se sobrepondo, mas, em média, em um determinado número de dias, chamado de ciclo operacional. No exemplo, desde a compra da matéria-prima até o recebimento da fatura paga pelo cliente temos um tempo de 150 dias.

Em face disso, conforme veremos nos capítulos que se seguem, estudar o "ciclo" e reduzir o número de dias significa economizar capital de giro. Isso é importante? Muito. Veja, por exemplo, uma pequena empresa que tem um capital de giro de R$ 150.000,00. Ela deixa 150 mil reais aplicados no giro durante todo o ano. Se custo médio do dinheiro para um pequeno empresário é de cerca de 15% ao ano, a firma tem uma despesa financeira de manutenção desse dinheiro de R$ 22.500,00 (R$ 150.000,00 x 15%). Podemos afirmar isso? Claro, pois se o dinheiro não estivesse sendo aplicado no giro, renderia em alguma outra coisa, ou, por outro lado, evitando ou reduzindo um desconto de duplicatas, por exemplo.

Imagine que o empresário se colocou a pensar, desafiou os empregados, analisou o ciclo operacional por meses e reduziu o ciclo de 150 para 120 dias, ou seja, o prazo contado (em média) desde a compra da matéria-prima até o recebimento final do cliente foi reduzido, em média, 30 dias. Essa decisão baixou a necessidade de capital de giro para R$ 119.000,00, reduzindo o custo financeiro de manutenção desse capital para R$ 17.850,00 (R$ 119.000,00 x 15%), resultando em uma economia de R$ 4.650,00.

Nos capítulos seguintes, especialmente no Capítulo 12, veremos em detalhes como calcular os prazos médios mencionados na Figura 2.3, com os dados da contabilidade: PME, PMF, PMC[8], etc. A mesma figura mostra que o ciclo de caixa da empresa tem um período de 120 dias, ou seja, desde o primeiro pagamento feito pela matéria-prima até o recebimento do cliente há uma demora de 120 dias.

Ciclo de Caixa = PME + PMF + PMV + PMC - PMPF = 30 + 40 + 15 + 65 - 30 = 120 dias

Isso é bom ou ruim? Um ciclo de caixa de 120 dias é satisfatório? Pois bem, se um ano tem 360 dias, quer dizer que a empresa "gira o caixa" apenas três vezes ao ano (360/120). Como todos sabem, quanto mais "girar" melhor. Os supermercados, por exemplo, têm uma margem de lucro muito baixa, no entanto, como giram o caixa muitas vezes no ano, acabam ganhando um bom dinheiro.

[8] Nota: Veja as definições na página 38, Ciclo de Caixa.

A teoria ensina que se a empresa tivesse gastos totais (matéria-prima e outros custos) de R$ 450.000,00, por exemplo, teria que investir R$ 150.000,00 no giro para manter o ciclo operacional em funcionamento, isso porque, de uma maneira muito simplista, a necessidade de investimento de dinheiro em capital de giro é o total dos gastos anuais, dividido pelo giro.

$$\text{Capital de Giro} = \frac{\text{Total de gastos anuais}}{\text{Giro de Caixa}} = \frac{\text{R\$ 450.000,00}}{3} = \text{R\$ 150.000,00}$$

O Capítulo 12 deste livro contém uma parte dedicada ao estudo da Análise Dinâmica. Nesse conteúdo, mostramos que, muitas vezes, realizar o sonho de qualquer empresário, ou seja, aumentar as vendas pode ser o fim de uma empresa. Por quê? Imagine que a empresa tem um PMC (prazo médio de cobrança) de 60 dias. Em média, recebemos por aquilo que vendemos em 60 dias; uns nos pagam em 30, outros, em 60 e outros ainda, em 90, mas na média é 60 dias. Na prática, isso quer dizer que o empresário "banca" o cliente por 60 dias se tiver que pagar todas as compras à vista; se fizer as compras e pagar com 30 dias, mesmo assim bancará os clientes em 30 dias. Neste caso, se as vendas aumentarem drasticamente, de onde o empresário irá "tirar" o dinheiro para bancar o aumento no volume de recursos do Contas a Receber pelo prazo concedido aos clientes? Se os recursos vierem de fornecedores temos certeza que o aumento de vendas será um sucesso, mas isso é muito difícil de fazer. Se emprestar o dinheiro do banco certamente a firma vai quebrar, pois ninguém consegue repassar o custo de financiamento para a mercadoria vendida. Em resumo, vendeu mais, aumentou o Contas a Receber e vai precisar de uma fonte de financiamento para bancar esse acréscimo.

Para fechar o assunto: o capital de giro é necessário para pagar os fornecedores, empregados, impostos, utilidades (luz, água, internet, telefone), enquanto não recebemos o dinheiro do cliente pelo serviço prestado ou pela mercadoria vendida. É dinheiro investido na produção, para manter a empresa "rodando".

Essa parte é muito importante, por isso vamos explicar melhor. Uma empresa tem a seguinte estrutura de capital no Passivo, ou seja, ela está devendo para várias pessoas os seguintes valores: empréstimos para terceiros e bancos R$ 5.869,00 (R$ 2.934,50 + R$ 2.934,50), dívidas com fornecedores por conta de compras R$ 8.803,50 e capital dos sócios R$ 14.672,50.

Ativo		Passivo	
Caixa	R$ 2.934,50	Empréstimos de terceiros	R$ 2.934,50
Contas a receber	R$ 5.869,00	Empréstimos em bancos	R$ 2.934,50
Estoques	R$ 8.803,50	Fornecedores	R$ 8.803,50
Imobilizado	R$ 11.738,00	Capital social	R$ 14.672,50
Total	R$ 29.345,00	Total	R$ 29.345,00

Quadro 2.6 — Balanço patrimonial

Com esse Quadro 2.6, vamos fazer um exercício mental imaginando que a empresa aumentou suas vendas mensais em R$ 20.000,00 e que o prazo médio de recebimento de títulos dos clientes é de 60 dias. Não é difícil perceber que os R$ 40.000,00 (R$ 20.000,00 x 2 meses) investidos no Contas a Receber teriam que vir de algum lugar? Não vamos esquecer que os estoques também teriam que ser ampliados, isso custa. Quem emprestaria o dinheiro? Vamos pelo modo mais fácil e barato: os sócios poderiam aumentar o capital e colocar mais dinheiro no negócio (Quadro 2.7). Outra maneira, já não tão barata e fácil é pedir mais prazo para os fornecedores. Por último, o que tem custo muito elevado é tomar o dinheiro emprestado no banco.

Ativo		Passivo		Quem financia o aumento de capital de giro?
Caixa	R$ 2.934,50	Empréstimos de terceiros	R$ 2.934,50	???????
Contas a receber	R$ 25.869,00	Empréstimos em bancos	R$ 2.934,50	???????
Estoques	R$ 8.803,50	Fornecedores	R$ 8.803,50	???????
Imobilizado	R$ 11.738,00	Capital social	R$ 14.672,50	???????
Total	R$ 49.345,00	Total	R$ 29.345,00	

Quadro 2.7 — Balanço patrimonial

Entretanto, há uma maneira mais barata de obter o dinheiro, difícil, trabalhosa, mas segura e rápida: melhorar o ciclo operacional para economizar capital de giro. Isso mesmo, retiramos dinheiro do giro e investimos no Contas a Receber. Não é fácil a vida de empresário; por conta disso, aqueles que são conscientes, muitas vezes, preferem esperar um pouco, aumentar as vendas vagarosamente, sem dar um "passo maior que a perna permite". Um momento de arroubo impensado pode colocar a perder o trabalho dedicado de toda uma vida.

Como já vimos e estudamos é possível concluir que a MPE tem que concentrar seu foco de Administração Financeira em três pontos fundamentais.

- Análise, execução e planejamento financeiro – planejamento de pagamentos de matérias-primas, salários, impostos e outros custos em geral, elaboração do fluxo de caixa, administração de disponibilidades, aplicações, administração das receitas e da arrecadação (função: administrar o capital de giro);
- Administração da estrutura de ativos – incluindo níveis de investimento, capacidade de a empresa investir, aumentar as vendas, administração de contratos, melhores formas de aquisição de ativos e verificação constante da rentabilidade dos ativos (função: investimento);
- Administração da estrutura financeira – administração dos passivos, dívidas, empréstimos, alternativas de financiamento do passivo via financiamento, empréstimos ou fornecedores, entre outros (função: planejamento).

Mas, como aprendemos nas biografias dos homens de sucesso que, aliás, como dissemos são todas aborrecidas e iguais, o administrador deve impor limites de gastos, ser controlador e saber dizer não. Planejar para antecipar possíveis situações de dificuldade no futuro. Parece fácil, mas, na prática, é muito difícil.

Capítulo III

ADMINISTRAÇÃO DE CAIXA

Neste capítulo, você vai aprender a importância de controlar o caixa da empresa. Manter dinheiro no caixa é um mal necessário, pois precisamos ter um mínimo de dinheiro em espécie para fazer as atividades empresariais funcionarem. Entretanto, esse dinheiro tem uma baixa remuneração, quando não negativa, e administrá-lo com eficiência é fundamental para evitar o desperdício de recursos. Na micro e pequena empresa essa atividade deve ser feita pelo próprio empresário, usando uma simples planilha Excel.

- Ao contrário da crença popular, os "passivos" não são obrigações, mas fontes de financiamento empresarial
- Os financeiros não "enxergam" os ativos como direitos ou propriedades da empresa, mas onde o empresário investiu o dinheiro que tomou "emprestado" das diversas "fontes" constantes do passivo
- Como fazer um simples fluxo de caixa usando a planilha Excel
- Controlar os ciclos de caixa significa investir menos em capital de giro
- Como controlar o caixa mínimo operacional

Na contabilidade tradicional aprendemos que os "ativos" são direitos da empresa, bem como os "passivos" são obrigações. Entretanto, nós que administramos as finanças empresariais preferimos uma abordagem gerencial, a qual, mesmo baseada na contabilidade, mostra essas contas sob outro ponto de vista.

Para os financeiros, os "passivos" são fontes de recursos, ou seja, a origem do dinheiro usado pela empresa, ou quem "emprestou" esses recursos financeiros utilizados no negócio. Assim, se a firma tem no seu passivo R$ 2.096,07 de impostos a pagar (Quadro 3.1), isso significa que ela "emprestou" do governo essa quantia. Isso é bom ou ruim? Ora, é muito melhor dever para empregados, fornecedores e governo do que para bancos. Na mesma linha, a empresa "emprestou" R$ 14.672,50 dos proprietários (Capital Social), ou seja, deve esta quantia para eles.

Ativo		Passivo	
Caixa	R$ 2.934,50	Empréstimos de terceiros	R$ 2.934,50
Aplicações	R$ 1.467,25	Empréstimos em bancos	R$ 2.305,68
Contas a receber	R$ 5.869,00	Impostos a pagar	R$ 2.096,07
Estoques	R$ 8.803,50	Fornecedores	R$ 8.803,50
Imobilizado	R$ 11.738,00	Capital social	R$ 14.672,50
Total	R$ 30.812,25	Total	R$ 30.812,25

Quadro 3.1 — Balanço patrimonial

Por outro lado, o Ativo, sob o ponto de vista financeiro, não se configura um "direito" como tradicionalmente falamos em contabilidade, mas onde a empresa investiu o dinheiro que tomou emprestado das diversas fontes constantes do Passivo. Entender isso é saudável, pois imagine que uma companhia toma um dinheiro emprestado no banco (registrado no passivo) e investe em estoques, ou pior, em contas a receber. Essa operação é um forte indício de problemas no futuro. Como você sabe, os recursos emprestados nos bancos são muito caros e conseguir repassar esses custos para os clientes não será tarefa fácil.

Entendido o conceito podemos ver que as firmas "emprestam dinheiro" de diversas fontes para aplicar no caixa. O caixa é um mal necessário, trata-se de um dinheiro "parado", cuja finalidade é manter o ciclo operacional "girando". O seu rendimento é muito baixo, na maioria das vezes, negativo. Administrar o caixa é tarefa essencial na firma bem-sucedida e o administrador deverá se esforçar para manter o menor valor possível nessa conta. É claro, sem comprometer as operações da companhia.

Evidentemente, esse recurso não fica todo guardado na empresa; a sua quase totalidade está depositada em banco ou em títulos negociáveis. São recursos muito líquidos, ou seja, pode-se fazer dinheiro deles a qualquer instante. Quanto maior for a quantidade de moeda no caixa ou no saldo dessas contas, menor será o risco de insolvência técnica da empresa. No entanto, os valores aplicados no caixa, mesmo sendo indispensáveis em alguns ramos de negócios, devem ser mantidos ao mínimo, haja vista a baixa remuneração.

Mas, se o caixa é assim tão ruim e rende tão pouco, por qual razão as empresas mantêm dinheiro nessas contas? Acontece que elas são obrigadas a sustentar essas aplicações para fazer frente a uma série de despesas, indispensáveis para manter o ciclo operacional do negócio. Por exemplo, uma revenda de veículos necessita de dinheiro em espécie para adquirir carros e, posteriormente, revendê-los. Uma planta de esmagamento de soja tem necessidade de dispor de capital para adquirir soja em grão no período de safra. Essa soja comprada durante a safra somente será transformada em moeda alguns meses depois, quando for processada e transformada em óleo.

Desse modo, um nível diferente de disponibilidade financeira é exigido de acordo com o segmento. As empresas se esforçam muito para bem administrar e manter os recursos no menor nível possível. Em linhas gerais, temos três grandes razões para manter dinheiro em caixa, banco e títulos, tudo com altíssima liquidez:

a. Para manter o ciclo operacional ou o giro empresarial, como matéria-prima, insumos, mão de obra, impostos, combustível, utilidades (luz, água, telefone, internet), pequenos pagamentos, etc.;

b. Como precaução, ou seja, como um modo para enfrentar situações adversas e inesperadas no futuro. Em resumo, como uma reserva;

c. Para aproveitar oportunidades e também para especular, aproveitando ofertas, comprando produtos, mercadorias e insumos. Poder-se-ia dizer: ter dinheiro para aproveitar uma boa oportunidade de negócio.

Os empresários devem prestar atenção em cinco pontos importantes para reduzir o valor do caixa ao mínimo:

1. Tentar conseguir o maior prazo de pagamento dos fornecedores, retardando ao máximo a saída do dinheiro do caixa;
2. Reduzir ao mínimo possível o prazo de pagamento dos clientes, negociando tenazmente com eles, concedendo descontos e fazendo ofertas para que o pagamento seja feito à vista, ou no menor tempo possível;
3. Ter uma atenção especial para os estoques, fazendo com que estes girem no limite da capacidade. Os estoques são grandes devoradores de recursos do caixa;
4. Reduzir o caixa, estoques e contas a receber de clientes no menor valor possível;
5. Fazer um planejamento sistemático de caixa, projetando os valores para, no mínimo, seis meses e revisando os dados todos os dias. Aqui vai uma dica especial: essa tarefa, o microempresário não deve delegar a ninguém.

O fluxo de caixa retrata o movimento real de valores no mês; é elemento indispensável em qualquer empresa, porque controla as entradas e saídas de dinheiro. O fluxo de caixa deve ser planejado para, no mínimo, seis meses, antecipando necessidades de adequação de caixa via empréstimos a bancos. Isso evita contratempos no decorrer da gestão empresarial. Ressalte-se que, repetimos, se a firma é pequena ou média, o empresário não deve repassar a ninguém o prazer de desenvolver essa atividade, deve fazê-la ele mesmo.

Uma simples planilha de Excel assegura absoluto domínio das finanças e do ciclo operacional. Nada é mais revelador que um fluxo de caixa.

O fluxo de caixa cumpre basicamente duas finalidades: a) controle dos pagamentos e recebimentos; b) agenda dos compromissos de caixa, tanto de entrada como de saída.

Resumidamente, o fluxo de caixa é o controle e planejamento da situação futura, orçamento das entradas e saídas do dinheiro, no sentido de prever possíveis situações adversas (Quadro 3.2[1]).

[1] Todos os quadros aqui mencionados estão disponíveis no Apêndice deste livro, em planilha Excel, no site da editora www.altabooks.com.br. Procure pelo título do livro.

			Mês: ______		Moeda: ______	
Item	Dia		Dia		Dia	
	Orçado	Realizado	Orçado	Realizado	Orçado	Realizado
Entradas[1]						
Saldo inicial (dia anterior)						
Duplicatas a receber						
Empréstimos						
TOTAL						
Saídas[2]						
Luz						
Água						
Telefone						
Salários						
Fornecedores						
Impostos						
Outras						
TOTAL						
Disponível[3]						

Quadro 3.2 — Modelo de planilha de fluxo de caixa

Notas:

[1] **Entradas** – são todos os ingressos de recursos financeiros no caixa da empresa: receitas à vista, empréstimos de curto e longo prazos; descontos de duplicatas, juros recebidos, comissões, alienações e outros.

[2] **Saídas** – são todos os pagamentos efetuados, como fornecedores, impostos, folha, empréstimos, luz, água, telefone, aluguel, condomínio e outros.

[3] **Disponível** – é o saldo financeiro ou em dinheiro ao final do dia, resultante das entradas subtraídas das saídas de caixa; esse saldo é sistematicamente transferido para o início do dia posterior.

As colunas: "orçado" e "realizado" permitem uma avaliação sistemática da qualidade de previsão das entradas e saídas. Sempre que possível deve-se utilizar uma planilha eletrônica para a confecção do fluxo, pois ela permite acesso irrestrito a todos os que estão ligados à administração do caixa, e também facilitam a compreensão dos dados. Para as empresas de grande porte, o fluxo é uma agregação de vários planejamentos: resumo de fluxo de caixa, projeção de receita, projeção de pessoal, entre outros.

A projeção dos fluxos de entrada e saída de caixa é feita conforme a peculiaridade de cada firma (Quadro 3.3). De modo geral, todas as projeções de caixa são difíceis de executar; algumas, porém, são extremamente complexas, exigindo bastante conhecimento contábil e financeiro, tais como:

- **Impostos** — a projeção do Imposto de Renda, Contribuição Social e dividendos obriga a projeção de todos os itens do balanço (Ativo, Passivo e Demonstração de Resultados);
- **Folha de pagamento** — a projeção das contas é considerada muito complexa, principalmente as econômicas (regime de competência), como provisões para pagamentos de férias, décimo terceiro e outras;
- **Despesas** — estimação de gastos com luz, água, telefone, aluguel, pequenos materiais, matéria-prima, etc.

			Mês: ______		Moeda: ______	
Item	Dia		Dia		Dia	
	Orçado	Realizado	Orçado	Realizado	Orçado	Realizado
Entradas						
Saldo inicial (dia anterior)	424,04		351,08		1.019,16	
Duplicatas a receber	11.873,15		16.537,60		10.601,03	
Empréstimos	4.240,41		-		6.784,66	
Total	16.537,60	-	16.888,68	-	18.404,85	
Saídas						
Luz			180,00			
Água					230,00	
Telefone	497,00					
Salários	1.696,16	-	-	-	-	
Fornecedores	8.480,82	-	11.449,11	-	12.721,23	
Impostos	4.240,41	-	3.392,33	-	2.968,29	
Outras	1.272,12	-	848,08	-	1.272,12	
Total	16.186,52	-	15.869,52	-	17.191,64	
Disponível	351,08	-	1.019,16	-	1.213,21	

Quadro 3.3 — Modelo de planilha de fluxo de caixa

Na administração de caixa, não é difícil acontecer de o empresário ser obrigado a recorrer a fontes de financiamento disponíveis, sejam essas de fornecedores ou bancos, na forma de empréstimos ou de conta garantida. Independentemente das fontes, devemos ter amplo domínio das alternativas de financiamentos e especialmente de seus custos, conhecendo em profundidade a conjuntura financeira, taxas, juros, cálculos de custos efetivos, riscos, coberturas de riscos e garantias. Atualmente, o mercado financeiro oferece inúmeras alternativas de financiamento de curto e longo prazo, como empréstimos em moeda nacional e internacional, financiamentos de máquinas equipamentos (por exemplo, Finame repassado pelo BNDES), *leasing*, entre outros. Finalizando, o planejamento da Administração Financeira propicia sustentabilidade econômica e financeira, sendo fator essencial para o sucesso da organização.

CICLO DE CAIXA

As micro e pequenas empresas são muito práticas, no entanto, vamos ver um pouco de teoria sobre administração de caixa e entender melhor o que significa o chamado "ciclo de caixa", aquele período compreendido entre a compra da matéria-prima e o recebimento das vendas (Figura 3.1).

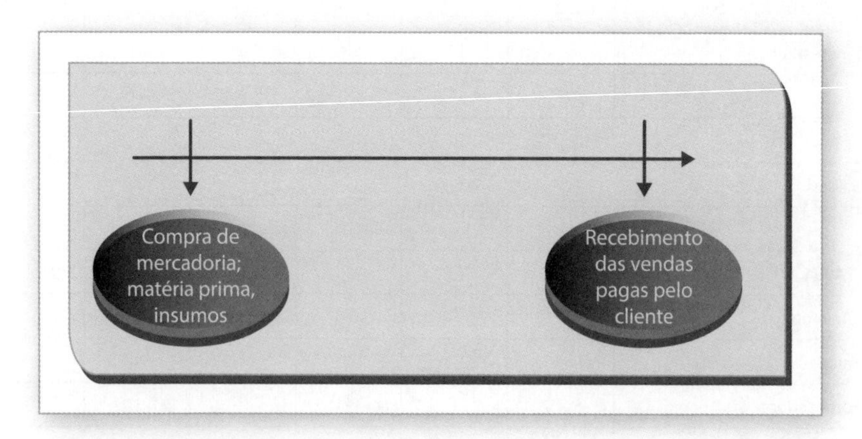

FIGURA 3.1: **Ciclo de caixa**

E por giro de caixa nós entendemos ser o número de vezes que o caixa da empresa "gira", ou se reveza durante o ano (Figura 3.2).

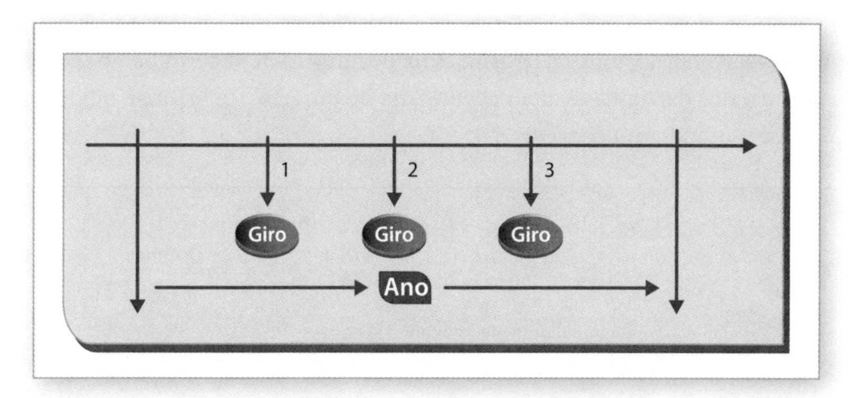

Figura 3.2: Giro de caixa

Vejamos um exemplo, utilizando os conceitos que aprendemos no Capítulo 2, quando analisamos o ciclo operacional da empresa:

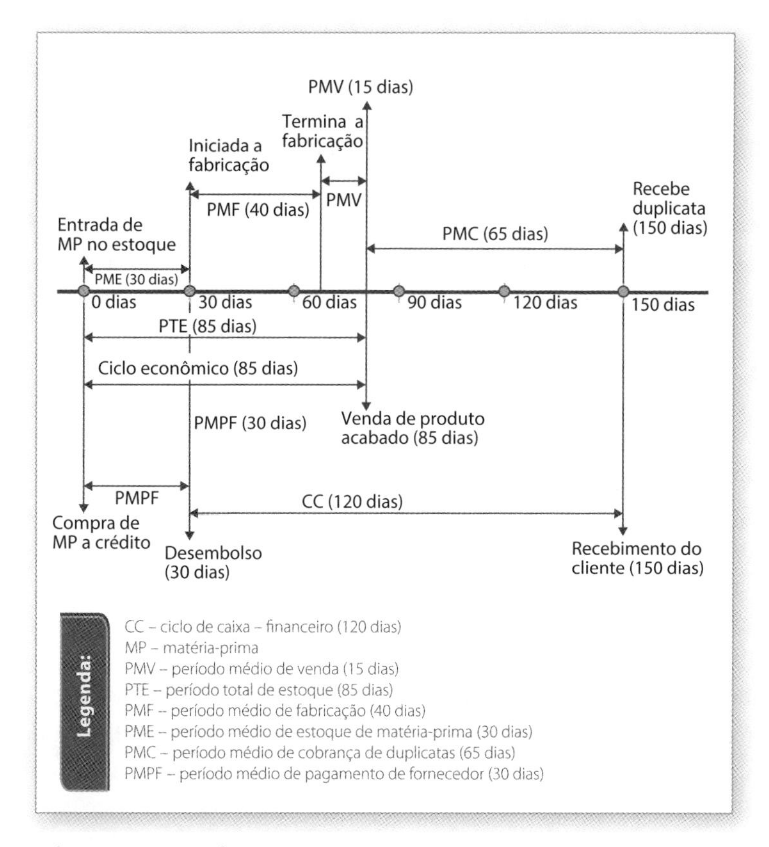

Figura 3.3: Ciclos operacionais e financeiros

Ora, a observação da Figura 3.3 mostra que o ciclo de caixa inicia no primeiro pagamento da mercadoria ou matéria-prima (dia de número 30) e termina no dia em que recebemos o valor da venda feita ao cliente (dia de número 150). Desse modo, vamos contar os dias, usando um conceito:

Ciclo de caixa = PME + PMF + PMV + PMC - PMPF

Ciclo de caixa = 30 + 40 + 15 + 65 - 30

Ciclo de caixa = 120 dias

Finalmente, o conceito ensina que o "giro de caixa" é o número de vezes em que o caixa "gira" durante o ano. Assim, para transformar todos esses dados em um indicador operacional, vamos dividir o ciclo de caixa por 360 dias e teremos o número de vezes em que o caixa gira.

Giro de caixa = 360 / Ciclo de Caixa

Giro de caixa = 360 / 120

Giro de caixa = 3 vezes ao ano

A administração de uma empresa pequena torna-se muito mais fácil quando feita por objetivos. Assim, recomendamos que o empresário adote uma dezena de indicadores e, com eles, estabeleça metas de desempenho para si e para os seus empregados. Esses indicadores podem ser facilmente calculados com os dados da contabilidade e lhe permitirão saber se as medidas tomadas estão ou não surtindo efeito.

Para exemplificar essa proposta, verifique no quadro a seguir que, segundo os dados da contabilidade, nossa empresa conseguiu alcançar uma média de 30 dias para o Período Médio de Estoque – PME (Quadro 3.4). Como você sabe, os estoques são um mal necessário, quanto menos melhor. No entanto, reduzi-los requer paciência e, sobretudo inteligência, pois estoques muito baixos poderão acarretar atrasos na entrega da mercadoria deixando os clientes insatisfeitos. Assim, depois de uma rigorosa análise, reconhecemos que se o PME fosse reduzido em dois dias não afetaria as operações da empresa. Desse modo, para o próximo ano vamos trabalhar com a meta de PME fixada em 28 dias, uma pequena redução, mas poderá manter o pessoal envolvido mobilizado nessa melhoria.

Outro avanço poderia ser proposto, tentar melhorar a eficiência da cobrança. Assim, pode-se tentar reduzir os atuais 65 dias do PMC (prazo médio de cobrança) para 63 dias.

As propostas são apenas exemplos, mas, na verdade, o que vale é a vontade de controlar e estabelecer metas de melhoria. Essas medidas mantêm o pessoal envolvido mobilizado, sem contar que a satisfação de atingir um objetivo e ganhar uma recompensa sempre surtiram bons resultados nas firmas, independentemente do negócio explorado.

Sigla	Indicador estabelecido em dias	Realizado	Meta para o próximo ano
PME	Período Médio de Estoque de MP	30	28
PTE	Período Total de Estoque	85	80
PMPF	Período Médio de Pagamento de Fornecedor	30	32
PMC	Período Médio de Cobrança de Duplicatas	65	63

Quadro 3.4 — Indicadores operacionais financeiros

Caixa Mínima

Nesse instante do estudo, vem a pergunta: é possível determinar a quantidade mínima de caixa que uma empresa deve ter para fazer frente as suas operações? A resposta é sim. Pesquisando na literatura encontraremos modelos muito sofisticados de projeção de necessidade mínima de caixa, como, por exemplo, o Modelo de Baumol, uma aplicação bastante simplificada que estipula as necessidades de caixa baseado nos seus custos de manutenção. O Modelo de Miller-ORR, usado quando existem incertezas em relação aos fluxos de caixa, isto é, quando a empresa não consegue prever com segurança as entradas e saídas, é geralmente considerado mais realista que o modelo de Baumol, apesar de mais difícil na aplicação, pois minimiza os custos de manutenção, determinando um ponto superior e um ponto de retorno, o qual representa o nível estipulado para o saldo de caixa.

Para fins do nosso estudo, vamos considerar uma metodologia muito mais simples, o do chamado Caixa Mínimo Operacional (CMO), representado pela divisão de todos os desembolsos totais anuais (DTA) realizados pela empresa e pelo Giro de Caixa (GC). Assim, temos que:

Caixa Mínimo Operacional = DTA / GC.

Supondo que a nossa empresa *SKF* gaste R$ 450.000,00 anuais em desembolsos operacionais (DTA), a necessidade de caixa é de R$ 150.000 (R$ 450.000,00 / 3). Se consideramos um custo do dinheiro a taxa de 15% ao ano, podemos supor que a empresa gastaria R$ 22.500,00 ao ano (R$ 150.000,00 x 15% = R$ 22.500,00) para manter esse volume de dinheiro em caixa.

O método acima descrito é extremamente simplista e possui algumas restrições, como por exemplo, supor que não existe lucro, que as saídas de caixa serão sempre uniformes e que as datas dos desembolsos serão sempre as mesmas. Vejamos o exemplo de uma microempresa que implanta um conjunto de medidas, otimizando a administração do caixa, simultaneamente, de acordo com o Quadro 3.5:

Sigla	Indicador	Dias	Dias de redução/ melhoria
CC	Ciclo de Caixa Anterior	120	
PME	Período Médio de Estoque de MP	30	25
PMF	Período Médio de Fabricação	41	40
PMV	Período Médio de Venda	18	15
PMC	Período Médio de Cobrança de Duplicatas	61	50
PMPF	Período Médio de Pagamento de Fornecedor	-30	-35
CC	Novo Ciclo de Caixa		95

Quadro 3.5 — Ciclo operacional

Ciclo de caixa = PME + PMF + PMV + PMC - PMPF

Ciclo de caixa = 25 + 40 + 15 + 50 - 35

Ciclo de caixa = 95 dias

A taxa de giro cresceu de 3 (360/120) para 3,8 (360/95). O maior giro de caixa reduz o caixa mínimo operacional de R$ 150.000,00 (R$ 450.000,00 / 3) para R$ 118.750,00 (R$ 450.000,00 / 3,8). A redução do caixa mínimo operacional (CMO) de R$ 31.250,00 (R$ 150.000,00 – R$ 118.750,00) representa uma economia de R$ 17.812,50 (R$ 118.750,00 x 15%) contra os R$ 22.500,00 de custos originalmente previstos. O número absoluto não é importante, pois a ideia é que vale.

Boas práticas corporativas para a administração de caixa:

Procedimentos de cobrança:

- Taxas reais de custos financeiros
- Jamais descontar os títulos, duplicatas
- Concentração bancária, use apena um banco, no máximo dois

Procedimento de Desembolso:

- Reduzir o máximo de CMO
- Reduzir o máximo de estoques
- Análise sistemática do calendário
- Fluxo de caixa sistemático
- Análise estatística dos pagamentos feitos

Procedimento de estoques:

- Técnicas científicas de administração
- Administração participativa
- Sistema KAMBAM, JUST-IN-TIME, TQC

Capítulo IV

ADMINISTRAÇÃO DE DUPLICATAS A RECEBER E TÍTULOS

Neste capítulo, você vai aprender a estabelecer e a gerir uma política de crédito para a sua pequena empresa, considerando premissas importantes de resultados, pois, com crédito frouxo as vendas aumentam, mas os riscos também sobem na mesma proporção. Finalmente, vamos discutir as melhores práticas para gerenciar o Contas a Receber da firma, esta importante aplicação de capital, respondendo à pergunta: por que aumentar as vendas sem planejamento é arriscar todo um empreendimento?

- O sucesso das vendas está intrinsecamente ligado à política de crédito da empresa. Uma política pouco restritiva significa aumento significativo das vendas
- Vender a prazo é perder uma parte da venda. Financiar cliente é incorrer em despesas financeiras. Como vender muito e perder o mínimo possível?
- Como minimizar o risco de crédito da micro e pequena empresa?
- Por que qualquer empresa, por menor que seja, deve ter um padrão de concessão de crédito?

Nos dias de hoje, praticamente não existem setores entre as micro e pequenas empresas onde a concorrência não seja, no mínimo, acirrada. Em um ambiente dessa natureza, o sucesso das vendas e, por consequência, o futuro da empresa está ligado diretamente ao modo como conduz sua política de concessão de crédito. É desejo de todas as empresas venderem à vista, entretanto, em ambientes de muita concorrência isso não é possível. A companhia é obrigada a seguir a concorrência e a prática usual do mercado, é comprar em 30, 60 e 90 dias, no mínimo. Em alguns setores, essa situação é ainda pior. No varejo, as Lojas Americanas, por exemplo, além de serem muito eficientes na prestação dos serviços e trabalhar com preços muito baixos, parcela as compras, em geral, em até dez vezes no cartão de crédito.

As Americanas são uma empresa gigante, mas, se um microempresário que trabalha em um bairro distante, com a mesma linha de produto, não seguir uma política de financiamento de clientes similar a essa grande rede de varejo, não vende. Isso se repete em outros segmentos, na indústria ou nos serviços, como: pneus, manutenção de veículos, materiais diversos e outros produtos e serviços em geral.

Devemos lembrar que em uma empresa onde a política de crédito é "frouxa", ou seja, na qual o parcelamento é feito em muitas vezes e o cliente tem o crédito aprovado sem muitas restrições, vende-se muito mais, entretanto, o risco é também muitas vezes superior e os níveis de inadimplência são altos. Em caso contrário, quando os micro e pequenos empresários são muito exigentes na concessão do crédito, assumindo menos riscos, as vendas ficam prejudicadas. Acertar esse "ponto de equilíbrio" é tarefa muito difícil e exige anos de experiência.

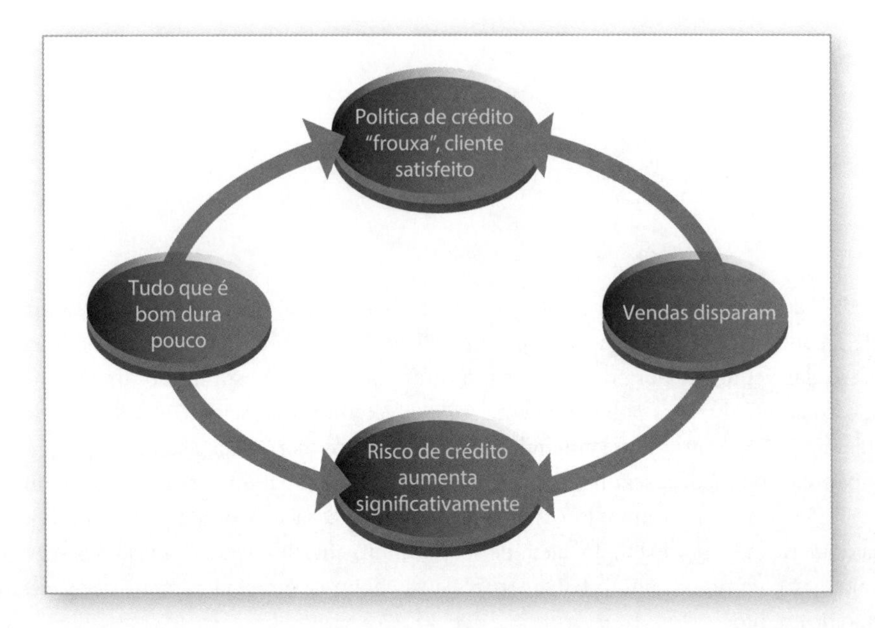

Figura 4.1: **Política de crédito**

O sucesso das vendas está intrinsecamente ligado à política de crédito da empresa (Figura 4.1). Uma estratégia pouco restritiva implica aumento significativo das vendas e, ao mesmo tempo, nesse sentido, dois aspectos precisam ficar bem elucidados: a) vender a prazo é perder uma parte da venda; b) financiar cliente é incorrer em despesas financeiras.

O financeiro deve ter como premissa que o recebível tem um custo. Algumas questões devem ser respondidas:

- Qual o custo para financiar os clientes?
- A empresa tem capital de giro suficiente?
- É necessário contrair empréstimos?
- É possível repassar os custos do empréstimo para o cliente?
- Podemos suportar o risco financeiro envolvido?
- É possível assumir o risco de crédito do cliente?

O ideal é sempre receber antes de entregar o produto, mas às vezes isso não é possível. Assim, postos de gasolina são obrigados a receber cheques pré-datados, cartão de crédito ou débito direto. Mesmo supermercados aceitam cheques pré-datados e cartões. Lojas de confecções, móveis e utensílios, eletrodomésticos e outras são obrigadas a parcelar as compras dos clientes em várias vezes. No segmento industrial, a maioria das vendas é realizada a prazo, dificilmente se vende à vista e o faturamento é invariavelmente feito por duplicatas parceladas. Ou adota-se a política de crédito equivalente do setor ou não vende.

Risco de Crédito

O crédito está presente em praticamente todas as micro e pequenas empresas comerciais e industriais, como forma de alavancar as vendas. Conceder crédito significa confiar que o cliente deverá pagar seus compromissos na data de vencimento. O leitor deve lembrar que todo o planejamento de caixa será realizado esperando que um alto percentual desses clientes pague as suas contas no vencimento. Na maioria das análises de crédito, o risco está relacionado a fatores internos e externos, que podem prejudicar o pagamento da fatura de prestação de serviços ou de mercadorias. A política de crédito de uma empresa deve considerar inúmeros fatores. Destacamos aqui os principais:

a. Restrição na concessão do crédito
b. Prazo concedido ao cliente para pagamento
c. Volume em dinheiro autorizado por cliente
d. Concentração de prazo e volume por cliente

A análise e a administração do risco de crédito estão baseadas na verificação das informações sobre o cliente que está pleiteando o prazo. Nos dias de hoje, com a economia aquecida e os níveis de inadimplência estáveis, novas técnicas são necessárias para mensuração do risco de crédito. Além disso, indícios de que o cliente é mal pagador são importantes, daí a necessidade de consultar Serasa, Equifax, Telecheque, SPC, etc.

Qualquer empresa, por menor que seja, deve ter um padrão de concessão de crédito. Se esse procedimento não for registrado em uma norma interna, como fazem as grandes corporações, está delineado na "cabeça" do proprietário, mas que ela existe, não há dúvidas. Ninguém sobrevive sem um critério mínimo para concessão de crédito. Políticas de crédito "frouxas" aumentam as vendas; ao contrário, o rigor por certo irá diminuí-las. Tudo dependerá do setor e do ambiente econômico e, principalmente, da concorrência submetida.

Assim, conforme vimos o ideal é sempre receber antes de vender e entregar o produto. No entanto, na prática, isso não é tão simples, somos obrigados a fazer "o que todo mundo faz". Por conclusão, o crédito é inerente à maioria dos negócios e sem ele não sobrevivemos, nem os nossos clientes. Desse modo, todos são obrigados a receber cheques pré-datados, vender por meio de cartão de crédito ou débito direto. Em um ambiente desta natureza, quem melhor souber gerenciar o crédito (em Contabilidade o Contas a Receber) terá mais sucesso. Ou adota uma política de crédito equivalente ao usado pela concorrência ou não vende. Lojas de confecções, móveis e utensílios, eletrodomésticos e outros são obrigados a parcelar as compras dos clientes em várias vezes.

Para complicar ainda mais, o crédito no formato adotado pelas empresas de hoje dificulta muito a "precificação" ou a formação de preços. Observe que o empresário deve repassar uma lista enorme de custos para o preço e não pode esquecer também os custos de financiamento:

- Inadimplência média
- Taxa de inflação
- Custo da forma de financiamento: cartão de crédito, cartão de débito, como: custo da máquina do cartão, taxas, comissões e, inclusive, a banda larga
- Inadimplência do cheque
- Taxas de desconto de cheques ou pedidos de antecipação dos créditos do cartão de crédito

Em todo esse contexto, o controle da inadimplência é fundamental. Mas não entre em pânico, uma simples planilha de Excel pode controlar tudo. Observe na tabela que o faturamento da empresa do mês de janeiro, no valor de R$ 120.800,00, foi sendo recebido dentro de um período de seis meses. O saldo final, não recebido, após esse período de tempo, é considerado como inadimplência, ou seja, 2,9%. Tipicamente, essa empresa vende mercadorias com prazo de 30, 60, 90 e 120 dias, sendo que 50% das vendas são realizadas com 90 dias (Quadro 4.1). A análise de crédito é bastante eficiente e as perdas são baixas, pois 2,9% de inadimplência é considerado um bom desempenho para o comércio:

Mês	Faturamento	Arrecadação	Contas a Receber	% Inadimplência
Janeiro	R$ 120.800,00	R$ 12.080,00	R$ 108.720,00	90,0%
Fevereiro		R$ 24.160,00	R$ 84.560,00	70,0%
Março		R$ 60.400,00	R$ 24.160,00	20,0%
Abril		R$ 14.496,00	R$ 9.664,00	8,0%
Maio		R$ 6.040,00	R$ 3.624,00	3,0%
Junho		R$ 120,80	R$ 3.503,20	2,9%
Julho			R$ 3.503,20	2,9%

Quadro 4.1 — Evolução dos recebimentos

Na Contabilidade, o controle é realizado em bases mensais, inclusive separando os valores recebidos por ciclo de faturamento, ou seja, cada faturamento é tratado individualmente e os seus resultados contabilizados em uma "ficha". Posteriormente, a Contabilidade acumulará essas fichas individuais mensais em uma grande "ficha", na qual serão controlados todos os meses do ano, com os valores consolidados, de modo que se o empresário quiser analisar os seus níveis de inadimplência terá esse controle em apenas uma folha.

No exemplo a inadimplência média verificada varia na casa dos 3%. Um percentual é provisionado todos os meses como despesas com devedores duvidosos, os chamados PDD, o qual é posteriormente ajustado para a inadimplência real. O leitor deve perceber que o controle é simples e que o nível de informações é muito rico e com um tremendo valor gerencial.

O Quadro 4.2 resume a arrecadação dos meses do ano. Na medida em que o tempo vai evoluindo, a Contabilidade vai atualizando o quadro. Deste modo, o gestor poderá ter uma visão perfeita do desempenho da sua cobrança. Observe que no mês de março a firma faturou R$ 119.400,00. Por conta desse faturamento, ela arrecadou apenas R$ 11.940,00, no entanto, nos meses subsequentes os títulos foram sendo pagos e a arrecadação relativa ao mês foi aumentando. Em junho, entrou a maior parcela do faturamento de março, quando foram arrecadados R$ 59.700,00 e, ao final de agosto, a arrecadação, ainda relativa a março, foi de apenas R$ 1.203,00. No total, esse faturamento arrecadou R$ 117.250,80, ou seja, a inadimplência, nesse mês foi de 1,80% ((R$ 117.250,80 / R$ 119.400,00-1) x 100).

Item	Janeiro	Fevereiro	Março	Abril	Maio	Junho	Julho	Agosto	Setembro	Outubro	Novembro	Dezembro
Vendas do mês	120.800,00	122.100,00	119.400,00	120.300,00	125.400,00	126.400,00	118.800,00	120.100,00	120.000,00	123.200,00	123.600,00	121.400,00
Vendas acumuladas	12.080,00	13.418,00	13.281,80	13.358,18	13.875,82	14.027,58	13.282,76	13.338,28	13.333,83	13.653,38	13.725,34	13.512,53
Janeiro	12.080,00	24.160,00	60.400,00	14.496,00	6.040,00	120,80	-	-	-	-	-	-
Fevereiro	-	12.210,00	24.420,00	61.050,00	14.652,00	6.105,00	244,20	-	-	-	-	-
Março	-	-	11.940,00	23.880,00	59.700,00	14.328,00	5.970,00	1.432,80	-	-	-	-
Abril	-	-	-	12.030,00	24.060,00	60.150,00	14.436,00	6.015,00	1.203,00	-	-	-
Maio	-	-	-	-	12.540,00	25.080,00	62.700,00	15.048,00	6.270,00	250,80	-	-
Junho	-	-	-	-	-	12.640,00	25.280,00	61.200,00	15.168,00	6.320,00	2.528,00	-
Julho	-	-	-	-	-	-	11.880,00	23.760,00	57.800,00	14.256,00	5.940,00	1.782,00
Agosto	-	-	-	-	-	-	-	12.010,00	24.020,00	60.050,00	14.412,00	6.050,00
Setembro	-	-	-	-	-	-	-	-	12.000,00	24.000,00	60.000,00	14.400,00
Outubro	-	-	-	-	-	-	-	-	-	12.320,00	24.640,00	61.600,00
Novembro	-	-	-	-	-	-	-	-	-	-	12.360,00	24.720,00
Dezembro	-	-	-	-	-	-	-	-	-	-	-	12.140,00
Janeiro												
Fevereiro												
Março												
Abril												
Arracadação do mês	12.080,00	36.370,00	96.760,00	111.456,00	116.992,00	118.423,80	120.510,20	119.465,80	116.461,00	117.196,80	119.880,00	120.692,00

Arracadação acumulada	12.080,00	48.450,00	145.210,00	256.666,00	373.658,00	492.081,80	612.592,00	732.057,80	848.518,80	965.715,60	1.085.595,60	1.206.287,60
Janeiro	12.080,00	36.240,00	96.640,00	111.136,00	117.176,00	117.296,80						
Fevereiro		12.210,00	36.630,00	97.680,00	112.332,00	118.437,00	118.681,20					
Março			11.940,00	35.820,00	95.520,00	109.848,00	115.818,00	117.250,80				
Abril				12.030,00	36.090,00	96.240,00	110.676,00	116.691,00	117.894,00			
Maio					12.540,00	37.620,00	100.320,00	115.368,00	121.638,00	121.888,80		
Junho						12.640,00	37.920,00	99.120,00	114.288,00	120.608,00	123.136,00	
Julho							11.880,00	35.640,00	93.440,00	107.696,00	113.636,00	115.418,00
Agosto								12.010,00	36.030,00	96.080,00	110.492,00	116.542,00
Setembro									12.000,00	36.000,00	96.000,00	110.400,00
Outubro										12.320,00	36.960,00	98.560,00
Novembro											12.360,00	37.080,00
Dezembro												12.140,00
Inadimplência %	2,90%	2,80%	1,80%	2,00%	2,80%	2,58%	2,85%	2,00%	2,00%	2,00%	2,00%	2,00%
Inadimplência valor	3.503,20	3.418,80	2.149,20	2.406,00	3.511,20	3.264,00	3.382,00	2.402,00	2.400,00	2.464,00	2.472,00	2.428,00

Quadro 4.2 — Resumo geral de arrecadação

Como foi possível verificar pelo Quadro 4.2, uma simples planilha de Excel é capaz de mostrar informações preciosas sobre o desempenho da arrecadação. Controles simples e objetivos são uma excelente ferramenta de trabalho para as pequenas e microempresas que não podem contar com uma estrutura de trabalho muito grande.

Analisar e conceder crédito são tarefas para profissionais muito bem preparados e experientes. De tal política pode depender o sucesso ou fracasso da organização e, mesmo, o seu final. De toda a forma e retórica à parte, o proprietário deve ter como objetivo, para não falar em obsessão: vender à vista é a meta. Podem-se obter margens menores, conceder descontos que cheguem ao limite do custo, mas a máxima é receber o mais rapidamente possível.

A Importância do Crédito no Mundo Moderno

O crédito é um elemento fundamental da nossa sociedade. Sem ele nós não existiríamos tal como somos hoje e, muito provavelmente, estaríamos em um estágio de desenvolvimento muito aquém.

Não são raras as vezes que ouvimos empresários dizerem "minha empresa não deve nada para ninguém". Trata-se de um tolo engano, pois o crédito, seja tomar ou dar, é indispensável. Tomar crédito é antecipar realização de necessidades futuras, mesmo sem ter dinheiro; é comprometer hoje um recurso que nos estará disponível amanhã.

O crédito está presente em todas as políticas financeiras das empresas comerciais e industriais como ferramenta de alavancagem de aquisições, aumento de capacidade de produção ou até simples cobertura de "furos" de caixa. Nada mais perfeito que o crédito para melhorar as vendas de uma empresa. No entanto, ele não é uma coisa simples e banal, é preciso muita experiência e organização para trabalhar com esse instrumento, seja avaliando capacidade de pagamento, taxas de juros ou determinando o "quanto" podemos ceder para um cliente.

O homem empresta dinheiro desde que o mundo existe, talvez seja essa uma das práticas mais antigas. Até o Código de Hamurabi (Babilônia), cerca de dois mil anos antes de Cristo (1800 a.C.), mostrava procedimentos relativos à tomada de crédito.

Entretanto, vender a crédito significa investir dinheiro em contas a receber com um grau de probabilidade de não receber parte do mesmo. Ora, contas a receber é um imobilizado financeiro e, como tal, possui alto custo de manutenção e precisa ser repassado para o custo da mercadoria ou serviço. Isso tudo, com a possibilidade, ou como chamamos em Administração Financeira, de um "risco" de o cliente não pagar o débito na época devida, atrasando o ingresso do dinheiro na empresa ou, até mesmo, não quitando o débito em tempo nenhum, obrigando o empresário a lançar esta fatura, ou parte dela, em prejuízos (Figura 4.2).

Essa parcela de crédito não recebido dos clientes, juntamente aos juros ou "custo do dinheiro", devem ser acrescidos na fatura de venda de mercadorias ou prestação dos serviços. Em uma linguagem mais clara, os bons clientes pagarão pelos riscos assumidos com os maus clientes, pois o empresário deve "diluir" os juros e os riscos de não recebimento, chamado de percentual de inadimplência, em todas as vendas.

À vista
• Preço de custo da mercadoria vendida à vista
Juros
• Custo financeiro ou juro do financiamento do cliente
Risco
• Risco envolvido na atividade de financiamento dos clientes
Preço de venda a prazo

Figura 4.2: Formação de preço de venda

As micro e pequenas empresas estão mais suscetíveis ao risco de crédito do que as médias e grandes por várias razões, mas a principal é pela falta de análise e profissionalização da concessão de crédito. Observe, leitor, que não se trata de vender apenas à vista, ou usar aquela célebre frase: "se for para perder é melhor não vender". A questão, em última análise, é que sem o crédito não vendemos, deste modo, o empresário precisa assumir o risco, pois sem este a empresa não vai sobreviver (com poucas exceções, é claro).

Já que precisamos conceder crédito para os clientes, é necessário então sistematizá-lo o máximo possível. Veja que isso não significa ser mais rígido ou frouxo, mas assumir critérios objetivos de análise, sistematizando-os rigorosamente antes de conceder o crédito. Como a micro e a pequena empresa não possuem um departamento especial para exercer essa atividade, o próprio empresário terá que fazê-lo.

Avaliar risco de crédito é fazer ao mesmo tempo uma série de tarefas, colhendo informações dos clientes para verificar se eles pagarão pela compra ou não. Basicamente, essa tarefa está dividida em três grupos:

- Verificar se o cliente é um mau pagador contumaz
- Examinar se o cliente tem capacidade para pagar pela sua aquisição
- Analisar se existe algum risco sistêmico

Nos dias de hoje, com o meio empresarial informatizado e com novas técnicas e prestadores de serviço nessa área, a tarefa pode ficar mais fácil, mas não confie nisso. Siga as três regras acima; elas são simples, mas eficientes.

Na primeira regra, basta verificar com as entidades que controlam inadimplência, como Serasa, Equifax e outros, se o seu cliente é ou não bom pagador. Se o cliente tem um histórico de atrasos e faltas de pagamento, terá mudado de atitude? Embora não tenha pago por compras realizadas em outras empresas, a partir de agora, com a sua micro ou pequena empresa, isso será diferente?

Em segundo lugar, é bom avaliar se o cliente tem condições financeiras de pagar. Embora ele tenha um bom histórico, uma compra em particular poderá alterar sua condição de pagamento. Perceba que ele mesmo, muitas vezes, não tem condições de avaliar se poderá pagar pela dívida contraída ou não. Assim, caberá a sua empresa fazer essa avaliação e conceder ou não o crédito.

O terceiro ponto é mais ligado à economia e está diretamente associado às vendas de produtos ou serviços que possuem prazos de pagamentos mais longos. É claro que a experiência de vida e conhecimento do mercado do empresário contribuirá fortemente para isso, ou seja, esse conjunto de conhecimentos poderá permitir que o empresário avalie se o investimento do cliente terá ou não bons resultados, se a economia irá se desenvolver a contento nesse segmento. Imagine, por exemplo, que se trata de um negócio com construção civil, cujo prazo de maturação dos pagamentos deverá ter 36 meses. O empresário precisará avaliar o risco sistêmico e saber se o comprador poderá pagar pela compra se a economia andar em outra direção.

Avaliação de Crédito

Para avaliar o crédito, a literatura recomenda que sejam analisados os cinco "C" do cliente: Caráter, Capacidade, Capital, Condições e Colateral (garantias). Uma pequena ficha ou um processo para avaliação e concessão de crédito poderá considerar os "C". O empresário deve perceber que essas teorias apenas orientam o trabalho na empresa, a prerrogativa de conceder ou não o crédito sempre será dele.

Caráter no Sentido Moral

Este item se refere à avaliação do aspecto moral do cliente, pois, embora difícil, existem clientes que compram com a clara intenção de não pagar. Outros, ainda, compram com a clara intenção de fraudar a empresa vendedora. Assim, verificar coisas simples, como históricos, recomendações, contas de telefones, luz, taxas de condomínios, cartões de crédito, etc., podem evitar sérios aborrecimentos.

Capacidade de Gestão do Próprio Negócio

As empresas recém-fundadas sofrem muita desta questão, ou seja, quando vendemos para uma firma devemos avaliar se os donos têm capacidade para gerir o próprio negócio, se são do ramo, conhecem particularidades do mercado e terão condições de enfrentar a dura vida empresarial. Não é raro que alguém saído de um banco resolve abrir uma padaria, mesmo sem experiência nenhuma. Neste caso, as chances do negócio prosperar e o seu título ser pago no vencimento, por este novo empresário, que não conhece do assunto e está se iniciando na vida empresarial, são poucas.

Capital ou Capacidade Financeira

Por intermédio de demonstrações financeiras, balanços, contas e da nossa própria avaliação devemos verificar se o cliente tem condições financeiras para pagar pelos serviços ou objetos comprados, no médio prazo. Conforme afirmamos acima, muitas vezes os clientes imaginam por otimismo que será possível pagar uma conta, quando uma avaliação mais severa revela que não. Observe, por exemplo, que uma pessoa interessada em comprar uma casa própria com financiamento bancário terá a vida escrutinada, e o aspecto renda é muitas vezes decisório. O banco verificará se a prestação consome uma parcela muito grande da renda do futuro mutuário; neste caso, qualquer movimento significativo na economia, reduzindo o seu ímpeto, por exemplo, poderá colocar o cliente em dificuldades e ele não terá mais sobras de salário para pagar as contas do financiamento. Muitas vezes, observamos reclamações do excesso de burocracia e rigor dos bancos na concessão desses créditos. Na verdade, eles são muito organizados e profissionais.

Condições Econômicas Afetariam o Negócio no Médio e Longo Prazo

Neste quesito são avaliadas questões ambientais, econômicas, além de fenômenos naturais, caráter geral da economia, como inflação, nível de emprego e nível de atividade da indústria a que o cliente pertence. Esses fatores, embora mais difíceis de serem quantificados, não podem ser desconsiderados.

Garantias (Colateral) que o Cliente Pode Oferecer

Este ponto trata da possibilidade de o cliente oferecer garantias nas suas compras de produtos ou serviços. Embora aplicável para um pequeno segmento, para o varejo e o comércio em geral essa regra não vale, alguns ramos devem considerar fortemente as garantias oferecidas, como no imobiliário, por exemplo.

Finalmente, tanto quanto possível, o executivo não pode depender de apenas um comprador ou cliente, concentrando nele muito crédito. A possibilidade de um "atraso" seria considerada desastrosa. Alguns negócios nascem por meio da terceirização, ou seja, a empresa "mãe" terceiriza uma determinada atividade para seus próprios empregados que iniciam a nova firma tendo como cliente apenas a empresa "mãe". Situações como essa devem ser rapidamente alteradas, buscando diversificação e novos clientes. Concentração é perigosa em todos os sentidos. No mercado financeiro, quando estudamos investimentos, existe uma máxima que também poderá ser usada nesse caso:

NUNCA COLOQUE TODOS OS OVOS NA MESMA CESTA

De toda forma, seria muito importante que o empresário se dedicasse à leitura de livros específicos sobre avaliação e concessão de crédito. Em geral, a literatura é voltada apenas para as grandes empresas, mas, mesmo assim, sempre é possível tirar boas ideias e aprender novas lições com quem já sofreu do problema anteriormente.

Administrando Recebíveis e Concedendo Crédito – Uma Visão Financeira

A premissa para o administrador financeiro é que todo recebível tem um custo real para a empresa. Conceder crédito aumenta vendas, mas implica em altos custos e riscos. Especialmente no Brasil, a economia tem andado bastante conturbada e os juros em níveis muito elevados, acarretando custos acima dos normais.

DUPLICATAS E TÍTULOS A RECEBER = CUSTOS FINANCEIROS

Para uma relação prática e direta com o problema, vamos analisar um dilema diário encontrado em todas as empresas, de acordo com a Figura 4.3:

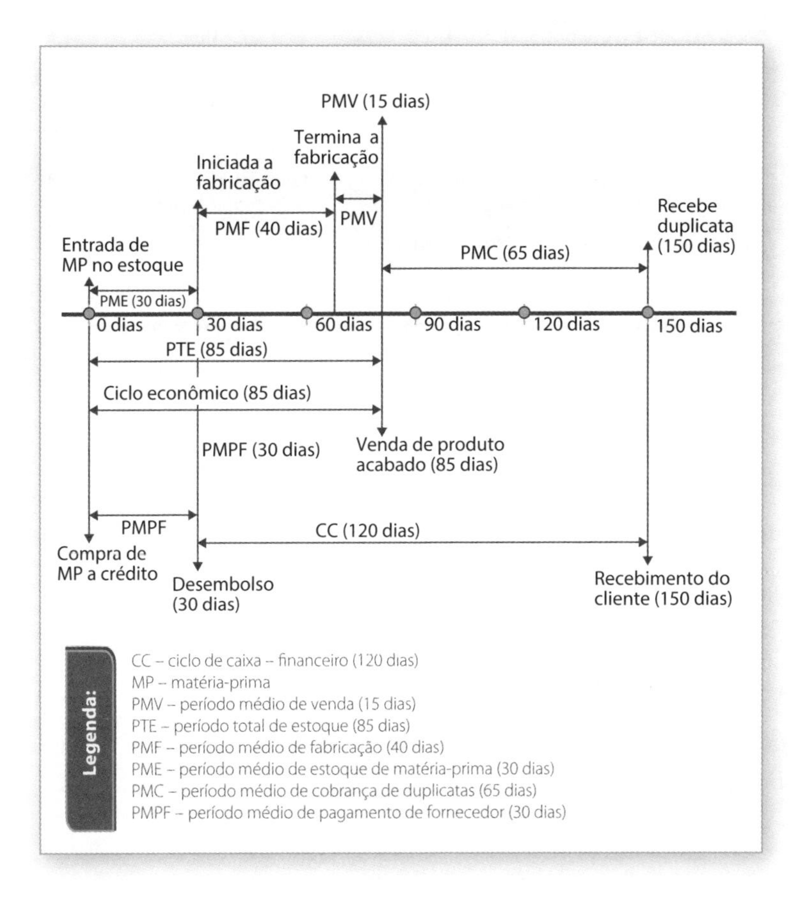

Figura 4.3: Ciclos operacionais e financeiros

Observe que a Figura 4.3 mostra de forma esquemática o ciclo operacional de uma empresa. Conforme vimos anteriormente, quanto maior for esse ciclo, mais necessidade de investimento no giro. Observando o esquema de fluxos, você verá que um item salta aos olhos: o prazo de pagamento concedido ao cliente, ou seja, o prazo médio de cobrança, aqui no nosso exemplo de 65 dias, em média. Reduzir esse prazo não é tarefa fácil e muitas vezes independe da própria firma, entretanto, controlá-lo é indispensável (Figura 4.4).

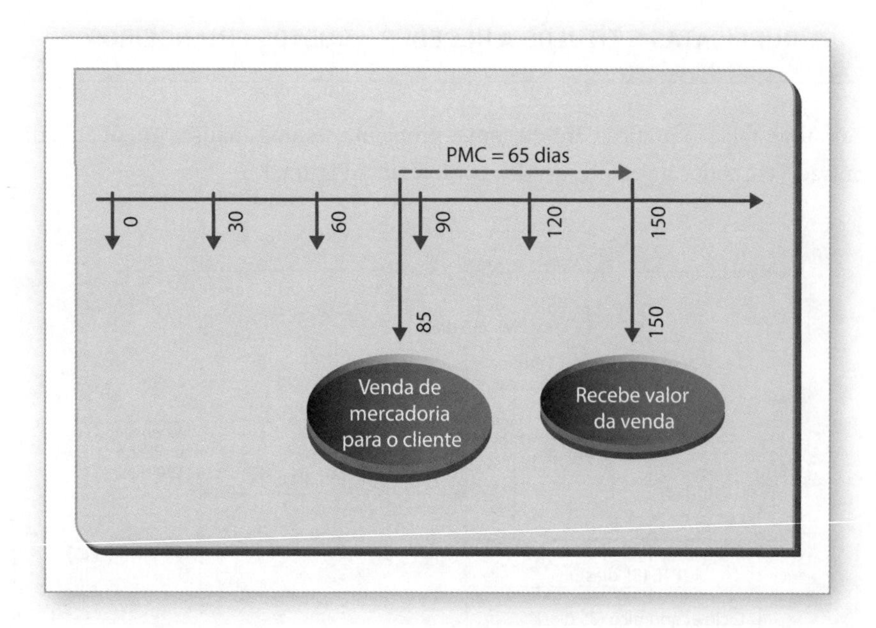

Figura 4.4: **Prazo médio de cobrança**

Na prática, o empresário deverá colocar algumas questões para serem respondidas pela empresa como um todo:

- Qual o custo para financiar os clientes por 65 dias?
- A empresa terá recursos para financiar um PMC de 65 dias?
- A empresa tem condições de fazer frente ao risco envolvido nessas contas a receber?

Vamos estudar e analisar um exemplo de venda de produto com as seguintes características, do Quadro 4.3:

Preço de venda	R$ 18,00
Custo variável	R$ 9,20
Custo médio por unidade	R$ 14,40
Custo fixo por unidade	R$ 3,6
Custos fixos totais (60.000 x R$ 3,60)	R$ 216.000,00
Período médio de cobrança (dias)	65
Devedores incobráveis	3,00%
Taxa de retorno exigida	10,00%
Unidades vendidas (todas a crédito)	60.000

Quadro 4.3 — Simulação de vendas

A empresa pretende "relaxar" sua política de crédito e assim aumentar suas vendas em 10% (60.000 x 10% = 6.000), passando para 66 mil unidades. Entretanto, essa elevação nas vendas deverá aumentar o atual índice de inadimplência de 3% para 5%. O período médio de cobrança esperado é de 100 dias. Vamos verificar se o aumento pretendido nas vendas será lucrativo.

1ª Parte – Cálculo da Margem Adicional

"Afrouxando" as restrições de crédito a margem aumenta, pois os custos fixos de R$ 216.000,00 já são absorvidos (pagos) pelas atuais 60 mil unidades vendidas. Assim, as unidades vendidas a mais (6 mil) produzirão uma margem unitária de R$ 8,80, a diferença entre o preço de venda e o custo variável (R$18,00 - R$ 9,20), totalizando uma margem adicional de R$ 52.800,00 (6.000 x R$ 8,80).

2ª Parte – Custo do Investimento Adicional em Duplicatas a Receber

Oferecendo mais prazo aos clientes, serão necessários mais recursos para financiar as vendas. Para calcular o custo adicional desses recursos é necessário obter o giro atual das duplicatas.

Giro atual:

$$\text{Giro} = \frac{360 \textit{ dias}}{\textit{Período} \text{ Médio de Cobrança}} = \frac{360 \textit{ dias}}{65 \text{ dias}} = 5{,}54 \text{ vezes}$$

Giro Futuro:

$$\text{Giro} = \frac{360\ \textit{dias}}{\textit{Período}\ \text{Médio de Cobrança}} = \frac{360\ \textit{dias}}{100\ \text{dias}} = 3{,}60\ \text{vezes}$$

Nesse caso, temos que: o Investimento Médio em Duplicatas a Receber é:

Investimento Médio em Duplicatas a Receber (IMDR) atual:

$$\text{IMDR} = \frac{\textit{Custos}\ \text{das vendas anuais}}{\textit{Giro}} = \frac{\text{R\$ } 14{,}40 \times 60.000}{5{,}54} = \text{R\$ } 155.956{,}68$$

Investimento em Contas a Receber Futuro:

$$\text{IMDR} = \frac{\textit{Custos}\ \text{das vendas anuais}}{\textit{Giro}}$$

$$\text{IMDR} = \frac{(\text{R\$ } 14{,}40 \times 60.000) + (\text{R\$ } 14{,}40 \times 6.000)}{360} = \text{R\$ } 264.000{,}00$$

Os cálculos acima mostram que a empresa deverá arcar com um investimento adicional em contas a receber de R$ 108.043,32 (R$ 264.000,00 – R$ 155.956,68). Com um custo financeiro ou do dinheiro de 10%, teremos R$ 10.804,33 a mais de custo financeiro (R$ 108.043,32 x 10%).

3ª Parte - Custo Adicional da Inadimplência

Flexibilizando o crédito, aumentam-se também as duplicatas incobráveis, como mostra o Quadro 4.4:

O faturamento atual é de R$ 1.080.000,00 (R$ 18,00 x 60.000) x 3%	R$ 32.400,00
O faturamento proposto é de R$ 1.188.000,00 (R$ 10,00 x 66.000) x 5%	R$ 59.400,00
Custo marginal dos devedores incobráveis (R$ 59.400,00 - R$ 32.400,00)	R$ 27.000,00

Quadro 4.4 — Custo adicional da inadimplência

4ª Parte - Tomada de Decisão

Resta, agora, resumir todas as ações deste planejamento em um único quadro, para verificar se a medida é viável ou não (Quadro 4.5):

Margem adicional criada pelos custos fixos	R$ 52.800,00
Custo do investimento no Contas a Receber	-R$ 10.804,33
Custo marginal dos devedores incobráveis	-R$ 27.000,00
Resultado final do planejamento	R$ 14.995,67

Quadro 4.5 — Tomada de decisão

O exemplo é simples e singelo. O objeto deste exercício de planejamento é reforçar a necessidade de fazer cálculos para embasar a decisão. No caso presente, a empresa aumentou as vendas e, mesmo assim, o saldo foi positivo em R$ 14.995,67.

Decidir empiricamente, ou apenas usar o *feeling* do empresário, às vezes dá certo, mas se for possível é melhor tomar uma atitude que contenha uma indicação numérica.

Capítulo V
ADMINISTRAÇÃO DE ESTOQUES

Neste capítulo, você vai apreender a importância de organizar e controlar os estoques, utilizando técnicas e conselhos simples e diretos. Dizem os financeiros que o melhor nível de estoque é o "zero". Entretanto, na prática isso não é possível, mas da adequação das diferentes visões dos departamentos é que nasce um bom controle de estoques.

- Como entender e controlar um dos mais importantes itens de controle financeiro da empresa: o estoque
- Estoques representam custos elevados; as despesas financeiras para mantê-los podem engolir o lucro da empresa
- Quais os métodos de controle de estoque mais eficazes para a pequena e microempresa?

Os estoques têm uma função especial na empresa. O pessoal da produção gosta que eles sejam generosos, pois grandes quantidades estocadas permitem fazer um trabalho planejado e sem solavancos no processo. Para os colaboradores de vendas os estoques são essenciais; todos sabem que é muito mais fácil vender quando a mercadoria é entregue na hora. Se deixar para depois o cliente reluta em fechar a venda e algumas vezes até muda de ideia.

Entretanto, para aqueles que trabalham na área financeira, os estoques são um mal necessário; consomem enormes quantias de dinheiro, sem falar de outros males, como perdas, obsolescência, furtos ou mesmo deterioração. Estocar significa deixar dinheiro parado.

Mas, conforme vimos uma empresa não pode funcionar adequadamente sem estoques. Ele age como um lubrificante e, ao mesmo tempo, como um amortecedor entre as várias fases do processo de fabricação até a data da venda.

Existem vários tipos de estoques: matéria-prima, produto em processo, produto acabado, mercadorias para serem revendidas e materiais diversos. Até mesmo as prestadoras de serviços têm estoques. Um administrador financeiro jamais poderá considerar cada um dos estoques em particular, pois eles não podem ser analisados de forma independente, haja vista que qualquer decisão por certo terá consequências sobre outros tipos de estoque. O leitor deve lembrar-se da máxima: ao contrário do que pensam alguns, ninguém ganha dinheiro com estoque, a empresa cria valor operando o negócio. Se a firma ganha dinheiro especulando com estoque, mude a finalidade dela para "especuladora".

Políticas de Estoque

Seja qual for o tamanho da MPE devemos definir uma política para gestão de estoques, bem como criar indicadores operacionais de controle. Os indicadores são ótimos, podem ser calculados facilmente com as informações da contabilidade. Aliás, eles também lançam desafios para o proprietário e para os administradores quando colocados sob a forma numérica. De todo modo, mesmo sem muitas burocracias escritas, a micro ou pequena precisar definir algumas diretrizes com relação ao seu estoque. Aqui seguem algumas sugestões de como poderia ser essa política:

Figura 5.1: **Políticas de gerenciamento de estoque**

Algumas empresas, com um grau de sofisticação maior, estabelecem indicadores de atendimento de clientes, para manter altos níveis de prestação de serviço e qualidade no atendimento. Imagine uma firma que trabalha com esquadrias de alumínio antirruído. Trata-se de um produto caro usado por pessoas muito exigentes e de alto poder aquisitivo. Entretanto, como o trabalho é totalmente artesanal é executado por MPE's.

Vamos analisar uma MPE que deseja ter um alto nível de atendimento dentro do prazo: 98% de clientes atendidos na data prometida. Uma produção mensal de 40 janelas antirruído consomem 500kg de perfis de alumínio. Seria necessário um estoque mínimo dessa matéria-prima entre 490 quilos e 500 quilos (500 x 98%). Caso contrário, poderia acontecer algum atraso na entrega por falta de matéria-prima para fabricação das janelas. Isso sem considerar outros fatores. Nesses segmentos de alto consumo, os clientes sempre estão dispostos a pagar um pouco mais por uma qualidade maior do produto, mas é importante a qualidade do atendimento, considerando que a propaganda, nesses casos, quase sempre é feita pessoa a pessoa.

Existe uma relação entre o capital investido e a previsão de uso, indicada como grau de atendimento em percentual que mostra o quanto da parcela de consumo ou das vendas deverá ser fornecido pelo almoxarifado. Por exemplo: Se quisermos um grau de atendimento de 98% e temos um consumo ou venda mensal de 600 unidades, devemos ter disponíveis para fornecimento 570 unidades (600 x 98%).

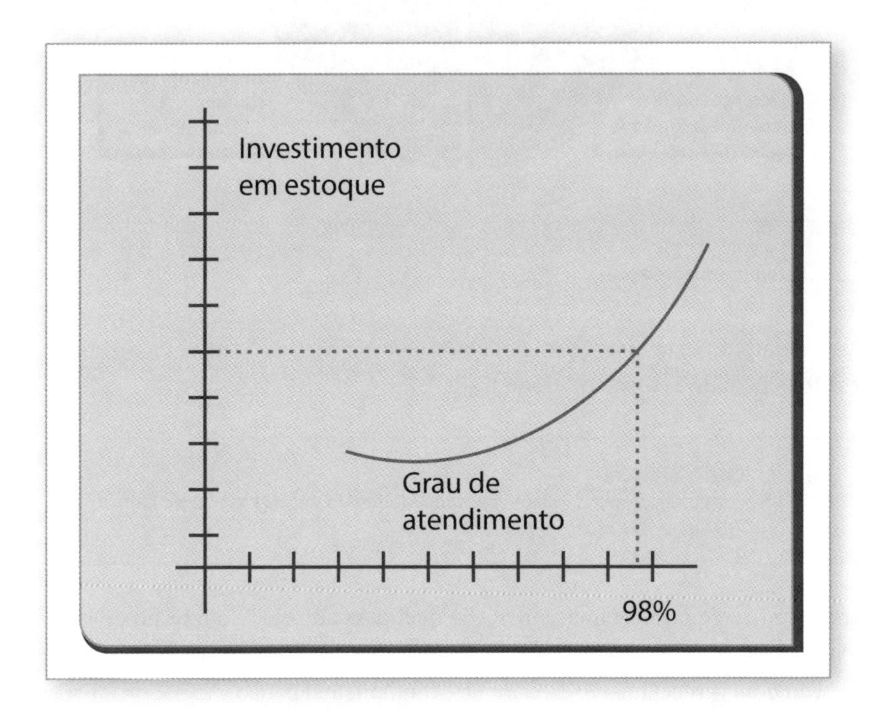

Figura 5.2: **Grau de satisfação do cliente**

Como vimos gerenciar esse importante item da nossa contabilidade não se constitui tarefa fácil e muito menos deve ser desempenhado por amadores. Basicamente, gerenciar estoques significa administrar as relações entre despesas, volumes de produção, custo do dinheiro e demanda, conforme expressa a Figura 5.3.

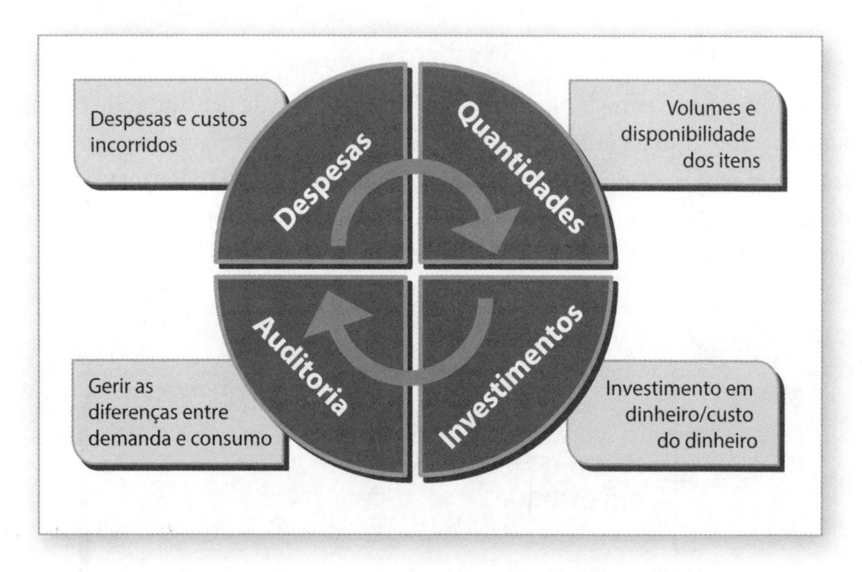

FIGURA 5.3: **Estoque e suas relações**

Sob o ponto de vista financeiro, podemos resumir a situação na equação abaixo, que representa a taxa de Retorno do Capital (RC):

$$RC = \frac{Lucro}{Venda} \times \frac{Venda}{Capital}$$ ou = ***rentabilidade das vendas x giro de capita***

Analisando a equação acima se percebe que, para aumentar o retorno do capital investido no negócio é necessário elevar também a rentabilidade das vendas e/ou o giro de capital. Um bom gerenciamento de estoque é fundamental para o sucesso de tal operação, pois os estoques estão diretamente ligados sobre o giro de capital. Assim, para melhorar o desempenho do giro de capital, supondo que as vendas permaneçam constantes, é necessário diminuir o capital investido em estoques. Dessa forma, estamos diminuindo o ativo que está diretamente ligado ao giro de capital.

Recomendações para Aprimorar Controles de Estoques

O sucesso de uma empresa depende do seu nível de organização. As firmas são como as pessoas: triunfam as mais organizadas, as que possuem maior inteligência e, especialmente, as que são mais controladas com o dinheiro. Os estoques, como sempre representam um investimento muito elevado, devem ser gerenciados com cuidados, mas, sobretudo, com métodos eficazes. Gerenciando estoques, o empresário deve ter em mente que alguns pontos são fundamentais para o sucesso da tarefa:

- Fazer inventários periodicamente para avaliar a quantidade do método usado na estocagem;
- Criar mecanismos internos à empresa para o processo de compras e reposição do estoque;
- Estabelecer qual o tipo de item deve permanecer estocado;
- Empregar o método "tolerância zero" com erros e diferenças entre os controles e o físico estocado;
- Estabelecer a periodicidade de reposição do item estocado;
- Estabelecer volumes mínimos de compras de material estocável dentro de determinados períodos;
- Manter controle das quantidades estocadas e, sobretudo, das quantidades e do valor dessas peças. Sabemos que alguns itens são pequenos em quantidades, mas, possuem alto valor;
- Retirar do estoque tudo aquilo que foi inservível e não estiver mais sendo utilizado.

Tipos de Estoques

Depois das recomendações, é necessário estabelecer controles mínimos por tipo de estoque, características do material, valor do produto estocado, dentre outros. Vejamos agora quais são os tipos de estoque encontrados, de forma geral, e como tratar a sua gerência: matéria-prima, produtos em processo de produção, produtos acabados, mercadorias para serem revendidas, peças de manutenção e materiais diversos.

Estoque de Matérias-primas

O estoque de matérias-primas é encontrado em empresas industriais e prestadoras de serviços. Esse tipo de estoque é constituído de matérias que serão usados no processo de produção. Anteriormente, falamos de uma MPE que fabrica janelas antirruído. Neste caso, os estoques seriam: vidros, perfis de alumínios, roldanas, cola, silicone, isolantes e uma variada miscelânea formada por parafusos, porcas, rebites, etc.

Os volumes de materiais estocados dependem muito do grau de atendimento que se deseja manter e da rotatividade dos pedidos, durabilidade dos produtos (prazo de validade) e capacidade financeira de manter os volumes estocados.

Estoque de Produtos em Processo de Produção

Poucas micro e pequenas empresas dão atenção necessária ao estoque de produtos em processo. Esse estoque é constituído principalmente por material "espalhado" na linha de produção, produtos parcialmente acabados e, até mesmo, produtos acabados que ainda não foram transferidos para o estágio seguinte: estoque de produtos acabados. O nível desse tipo de estoque depende muito da complexidade do processo de produção, mas especialmente da qualidade e organização mantida. Quanto maior for o ciclo de produção tanto maior será o nível estocado e, por consequência, os problemas de gestão. Esse fator é muito importante, pois normalmente os custos envolvidos não são desprezíveis. A gerência qualificada desse tipo de estoque, bem como o rigor dos controles, reduz os valores estocados e, consequentemente, a necessidade de capital de giro.

Estoque de Produtos Acabados

Esse tipo de estoque é constituído por produtos já terminados e testados, mas que ainda não foram vendidos. Muitas empresas, no intuito de manter um estoque mínimo, movimentam a produção apenas se houver pedidos em carteira. Esse procedimento é muito comum na indústria que fabrica móveis. Atualmente, a maioria das lojas que vende móveis os entrega apenas algum tempo depois. O pedido do cliente é enviado para a fábrica, processado e apenas depois de duas ou três semanas o cliente receberá a mercadoria. Entretanto, quando se trata de produtos de consumo mais populares isso não é possível, pois esse tipo de cliente deseja ver o resultado da compra de imediato. No caso de móveis populares de baixo valor, por exemplo, a fabricação é seriada e as peças são formadas pela montagem de módulos.

De outro modo, caso não seja possível trabalhar por demanda, ou seja, produzir apenas se houver pedido, a empresa precisará fazer um planejamento de médio prazo, estimar a demanda pelo produto e manter em estoque uma quantidade tal que o processo de venda não sofra solução de continuidade. Nesses casos, para adequar os estoques ao nível de demanda exigidos, deverá haver uma grande harmonia entre a programação da produção, a gestão de estoques e o departamento de vendas para que a produção forneça uma quantidade suficiente de produtos acabados de modo a satisfazer as previsões de vendas sem criar estoques em excesso. Do ponto de vista financeiro, esse tipo de estoque, ao contrário dos anteriores, possui mais liquidez, ou seja, é mais fácil de transformar em caixa.

Estoque de Peças de Manutenção

Muitos tipos de indústrias e prestadores de serviços utilizam estoque de manutenção. Esse tipo de estoque é constituído de peças e componentes necessários para manter a maquinaria e os equipamentos em funcionamento, pois se algumas máquinas essenciais ao processo de produção apresentarem algum defeito, a empresa não pode esperar até que a peça de reposição chegue, muitas vezes, de outras cidades e até países. Todas essas medidas são necessárias para manter os níveis de qualidade de atendimento ao cliente.

Mercadorias para Serem Revendidas

Esse é o tipo de estoque usado pelas micro e pequenas empresas que estão no varejo, atuando diretamente em contato com o cliente, as quais adquirem mercadorias acabadas de algum fabricante ou atacadista e depois as revendem. Trata-se de um tipo de estoque muito importante do ponto de vista financeiro e dois fatores são importantes, além dos já mencionados anteriormente: rotatividade e acondicionamento adequado. Com relação ao primeiro, o nível desse estoque, conforme veremos a seguir, precisar ser rigorosamente estudado; as quantidades devem ser estabelecidas de tal forma que não acarretem prejuízos para as vendas e também não sobrecarreguem os custos. Muitas vezes, os empresários costumam dizer que o lucro está nas prateleiras, numa alusão a que o estoque vale dinheiro vivo. Por outro lado, aqueles que trabalham com produtos perecíveis, como um pequeno mercado, por exemplo, devem ter todo o cuidado com as datas de validade e questões de acondicionamento, pois alguns produtos requerem locais de armazenamento especiais, como refrigeração.

Materiais Diversos

Todas as empresas usam materiais diversos, como itens de copa, limpeza e conservação e material de escritório em geral. O empresário deve ter em mente que o melhor local para estocar esses produtos é no supermercado e na livraria. Por isso, compre o mínimo possível, pois os valores são baixos e os produtos podem ser obtidos facilmente. Nunca mantenha um estoque centralizado de material de escritório, faça isso apenas com os itens personalizados, deixe que cada setor compre e use o seu. Vai sair muito mais barato.

PREVISÃO DE ESTOQUES

Esta é parte crucial da gestão dos estoques: Como fazer as previsões de consumo? Como veremos a seguir, existem muitos métodos de calcular a demanda e prever as necessidades de compra. Os empresários devem estudar todos os métodos e depois criar o seu próprio. Não existem duas empresas iguais, assim, os métodos de previsão também devem ser adaptados para as características de cada uma. Nas micro e pequenas que sempre lidam com escassez de capital e têm pouca condição de barganha na hora da compra, estabelecer um modo de previsão adequado poderá ser um passo importante. A previsão de estoques contém algumas particularidades:

- Elementos e dados de partida do planejamento de estoques;
- Métodos simples e adaptados à empresa. Não existem fórmulas prontas para as micro e pequenas;
- Determinação das variáveis a serem consideras na previsão: necessidades dos clientes, qualidade do atendimento, dados sobre o setor, informações sobre a economia e a conjuntura.

As metodologias de previsão de estoques podem ser:

- **Predição ou intuição:** seguimos o "faro" e a intuição do empresário. Tudo isso, com a ajuda do conhecimento e experiência são importantes ferramentas para estabelecer as necessidades futuras;
- **Projeção:** método simples e direto, assim como fazem aqueles que trabalham no mercado de ações. Projeta-se um gráfico e as decisões são tomadas seguindo a tendência da "curva" do gráfico. Nesse tipo de previsão, estamos admitindo que o futuro seja uma cópia do passado;
- **Explicação:** explica e relaciona os históricos de vendas com variáveis cuja evolução é conhecida e bastante previsível, usando técnicas de regressão e correlação. Relacionar as vendas com o crescimento do consumo de energia elétrica ou com o nível de emprego.

Dois tipos de informações devem ser considerados nas previsões: qualitativas e quantitativas. Elas ajudarão na decisão das quantidades e na distribuição destas no tempo:

Quantitativas:

- Histórico de vendas
- Perfil de consumo dos clientes
- Informações conjunturais como: inflação, PIB, emprego

- Histórico de investimentos em propaganda, catálogos, folders, sites, programas e publicidade

Qualitativas:

- Pesquisas de opinião dos empregados, vendedores, atendentes, ou seja, do pessoal interno
- Pesquisas de opinião dos clientes
- Pesquisas sobre atitudes / ações / preços dos concorrentes
- Pesquisas de mercado em geral

Na prática, aqueles que conhecem o passado podem prever o futuro com maior acerto, entretanto, isso apenas será verdade se as condições futuras não se alterarem. Alguns fatores podem mudar as previsões de estoques das empresas:

- Questões políticas
- Questões conjunturais
- Alterações em hábitos de consumo – sazonais
- Mudanças de comportamento do cliente
- Inovações tecnológicas
- Mudanças de estratégias dos concorrentes
- Ingresso de uma grande empresa no mercado explorado pelas micro e pequenas

Existe farta literatura exibindo as diversas técnicas para calcular a previsão de consumo dos estoques:

- Método do Último Período
- Método da Média Móvel
- Método da Média Móvel Ponderada
- Método da Média com Ponderação Exponencial
- Método dos Mínimos Quadrados

Podemos concluir que a gestão de estoques requer uma completa harmonia entre os diversos departamentos, de forma a assegurar que ele esteja sendo bem dimensionado para atender as necessidades de cada, sem imobilizar de forma desnecessária o capital ou prejudicar a operacionalidade de seus departamentos. Para um correto dimensionamento dos estoques é preciso fazer uma previsão confiável do mesmo, onde podem ser aplicadas técnicas qualitativas ou quantitativas, sendo as quantitativas as mais usuais[1].

Administrando Estoques – Uma Visão Financeira

O volume investido em estoques varia conforme o segmento, mas certamente representa um montante significativo de recursos aplicados no ativo para a maioria das empresas. No exemplo dado anteriormente, os estoques assumiram o seguinte fluxo:

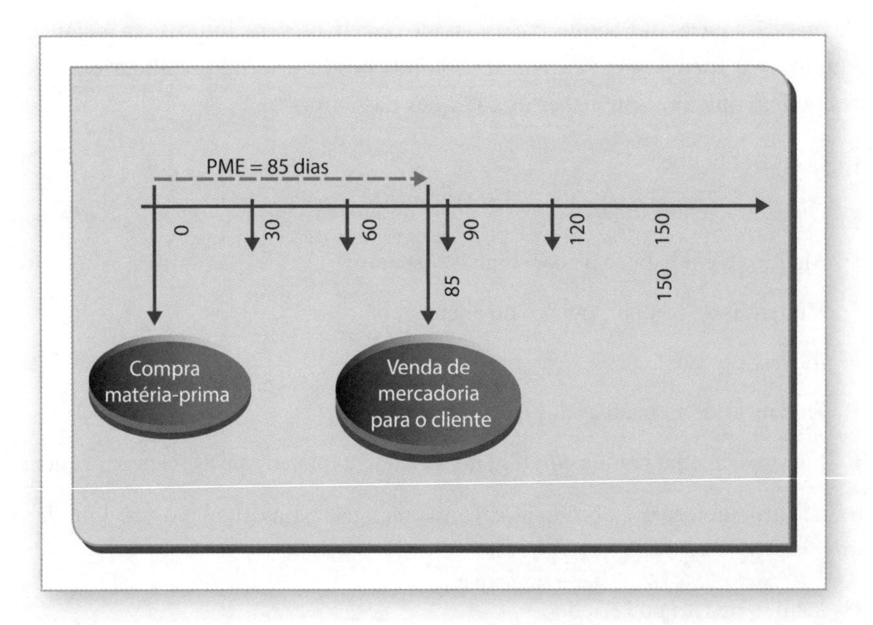

Figura 5.4: **Prazo médio de estoque**

Como vimos, estoque são custos elevados. Entretanto, a empresa não conseguiria sobreviver sem eles, dada a sua razão estratégica. Dessas contradições decorre a necessidade de tratar este importante item do Ativo, observando algumas premissas básicas, quais sejam:

[1] Saiba tudo sobre estoques - André de S. Arruda Camargo, Felipe G. C. do Amarante. Disponível em: http://www.eps.ufsc.br/labs/grad/disciplinas/GerenciaDeMateriais/99.1/GestaoDeEstoques.doc.

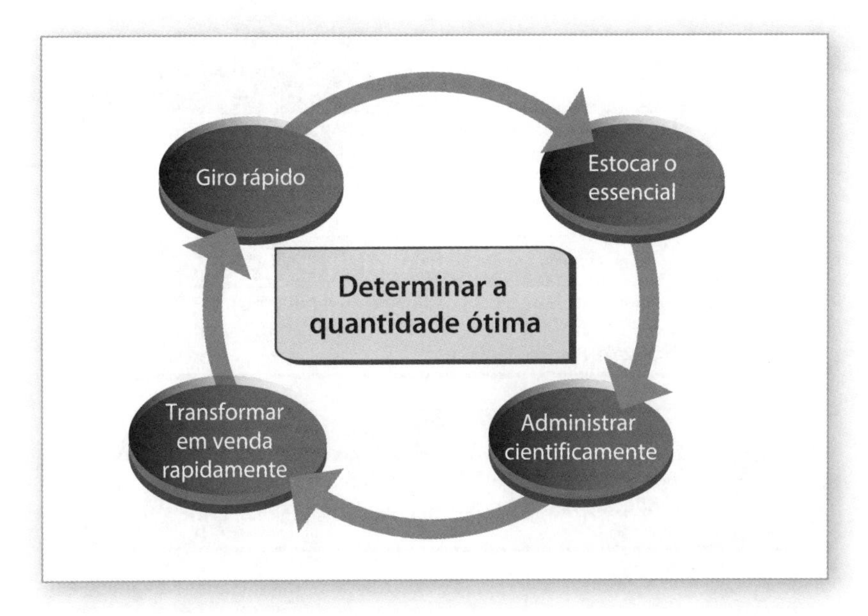

Figura 5.5: **Premissas de gerenciamento de estoque**

Infelizmente, algumas áreas da firma se acham uma ilha, defendem ferrenhamente suas posições sem entender que a companhia é um conjunto de atividades, nas quais cada um deve ceder um pouco da sua posição para formar um todo coeso e voltado para satisfazer as necessidades dos clientes, a finalidade última da MPE. Não são raras as vezes em que ocorrem conflitos na gestão dos estoques, principalmente quando estão frente a frente os profissionais da área financeira, contabilidade, vendas e produção. Isso decorre do fato de que cada uma dessas áreas enxerga os estoques de uma maneira muito diferente.

Figura 5.6: **Diferenças de visão quanto ao estoque**

Essa visão individualista sobre o estoque, estritamente ligada à área de interesse, não poderá ser tolerada pela empresa competitiva. Todos os administradores, independentemente da área de atuação, devem manter uma visão holística e sistêmica sobre os resultados. O que importa é o resultado do grupo, sucessos individuais não contam.

A empresa participará como um corpo formado por vários órgãos, todos agindo para o bem comum. O Gráfico 5.1 mostra o dilema no qual consiste gerir um item estocado. O leitor deve observar na linha do "tempo" que o número de períodos pode significar qualquer coisa, até mesmo, dias, dependendo do tipo de negócio e do nível de organização da companhia. Nas micro e pequenas empresas, essa tarefa ficará um pouco mais difícil, pois o tamanho reduz o poder de pressão econômica sobre os fornecedores.

De toda forma, a linha central do Gráfico 5.1 abaixo mostra o "nível de pedido", ou seja, depois de muitos estudos, erros e acertos a empresa define "quando" o pedido deve ser colocado. Ao receber a mercadoria comprada para repor o estoque, o nível deste sobe para o "nível de recebimento do pedido". Entretanto, o nível crucial, e o mais difícil de determinar, é o estoque de segurança. O leitor deve observar que, no Gráfico 5.1, no eixo das "quantidades", o estoque nunca chega a "tocar" no zero. Assim, quanto maior for a organização, menor será esse nível de segurança, pois uma simples análise do gráfico mostra que o empresário deixará um dinheiro "morto" aplicado no estoque de segurança, pela eternidade. O piloto Ayrton Senna é um grande exemplo, porque freava o carro no limite, ou seja, alguns milésimos de segundos depois dos seus concorrentes. Para sua empresa também ser eficiente deverá agir assim, deixar para emitir o pedido no último segundo e manter o nível de segurança o menor possível. Correm-se alguns riscos, mas, se bem calculados, trazem enormes retornos.

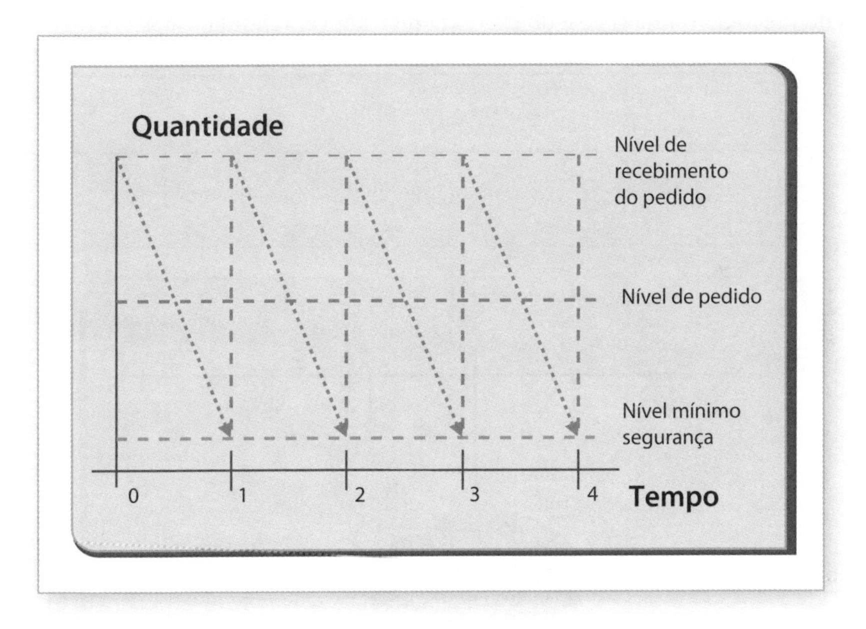

Gráfico 5.1: **Níveis de estoque**

Manter estoque, em qualquer que seja o nível, obriga a empresa a arcar com pesados custos financeiros. O dinheiro investido no estoque tem um custo para a empresa. Não são raras as vezes em que, ao irmos a um supermercado, encontramos os funcionários dos fabricantes repondo mercadorias na prateleira. Isso significa que os grandes supermercados, com enorme poder econômico, na tentativa de evitar essa "imobilização" de capital de giro em estoques, pressionam os fornecedores a manterem às suas custas os estoques. As mercadorias que estão ali expostas não fazem parte do estoque do supermercado, mas dos fabricantes dos produtos. Baseados nestas informações, podemos concluir que:

- Sempre que o período médio de estoque (PME) for maior que zero (sempre será), o micro ou pequeno empresário estará obrigado a suportar os custos financeiros de mantê-lo (financiar os estoques);
- O chamado "custo financeiro de manter o estoque" é o mesmo custo de captação do dinheiro pago pelo empresário ao banco;
- Se, por hipótese, o estoque fosse zero, o lucro seria calculado diretamente pela diferença entre o custo da mercadoria vendida (CMV) e o preço de venda (PV).

A Figura 5.7 representa uma situação hipotética de uma empresa que compra e ao mesmo tempo vende. Essa situação não tem aplicação prática e o seu objetivo é apenas ilustrar que o lucro ocorre conforme a fórmula, na qual o lucro advém da simples diferença do preço de venda (PV) e do custo da mercadoria vendida (CMV).

$$\text{Lucro} = PV - CMV$$

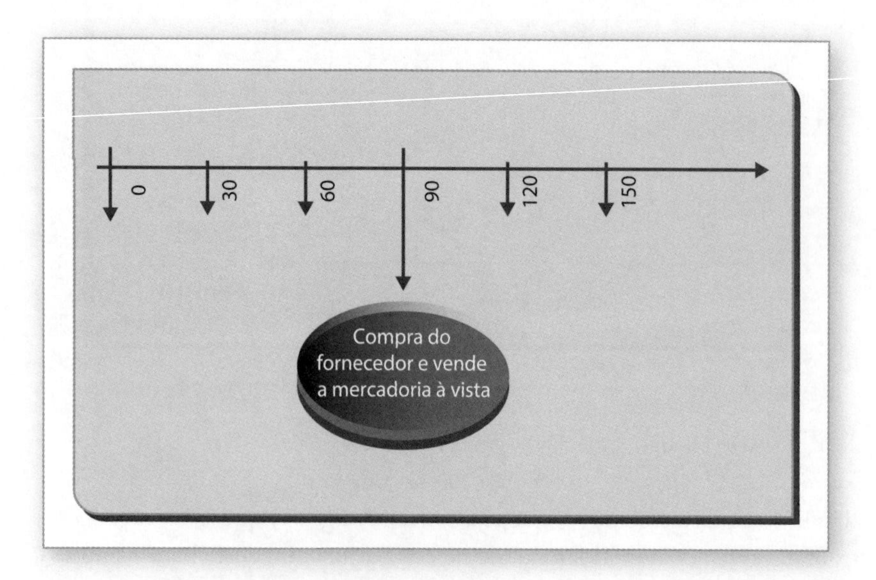

Figura 5.7: **Empresa sem estoque**

Atribuindo valores para o exemplo mencionado na Figura 5.7, no formato de uma demonstração de resultados simplificada, teremos que (Quadro 5.1):

Vendas totais	R$ 129.000,00
Custo da mercadoria vendida	R$ 118.000,00
Lucro líquido apurado	R$ 11.000.00

Quadro 5.1 — Demonstração de resultados

Entretanto, no mundo real, onde o empresário é obrigado a manter o estoque, essa fórmula, mesmo que aqui simplificada para fins didáticos, teria uma nova variável: o custo financeiro de manter o estoque. Vejamos como os estoques afetam o lucro da empresa.

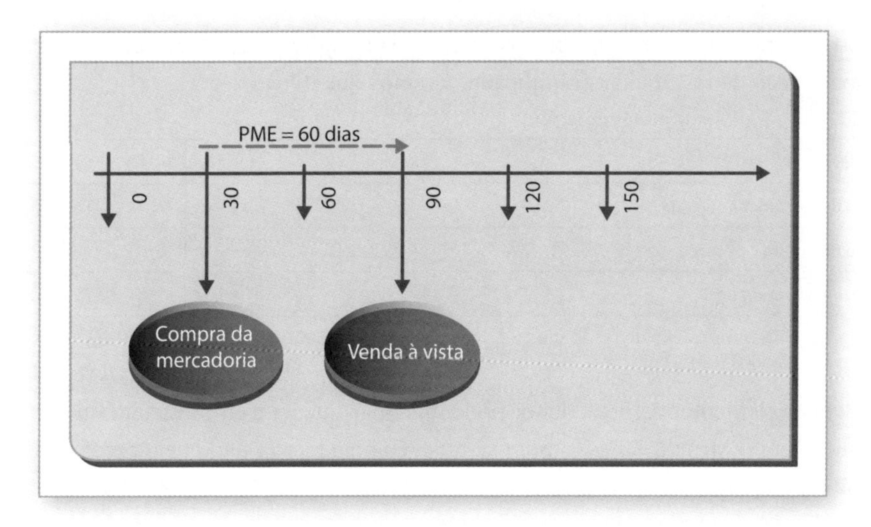

Figura 5.8: **Empresa com estoque**

Ademais, como o período de estocagem (PME) está sempre presente nas operações das empresas, de forma simplificada o lucro será o resultado do valor da venda à vista (PV) menos o custo da mercadoria vendida (CMV), corrigida pelo custo financeiro de manter o estoque. O leitor percebeu que o autor colocou um exemplo no qual a mercadoria é vendida à vista, entretanto, justificamos o exemplo, que fica um pouco afastado da prática, apenas para chamar a atenção de que o estoque gera realmente um alto custo financeiro.

$$Lucro = PV - CMV\,(1 + i)^{Pe}$$

$$R\$\ 129.000{,}00 - R\$\ 118.000{,}00\,(1 + 0{,}02)^2$$

$$R\$\ 129.000 - R\$\ 122.767{,}20 = R\$\ 6.232{,}80$$

Onde:	
Preço da mercadoria vendida à vista (PV)	R$ 129.000,00
Custo da mercadoria vendida à vista (CMV)	R$ 118.000,00
Prazo médio de estoque em meses (PME)	2
Custo do dinheiro (i)	2% ao mês

Atribuindo valores para o exemplo mencionado na Figura 5.8, no formato de uma demonstração de resultados simplificada, teremos que (Quadro 5.2):

Vendas totais	R$ 129.000,00
Custo da mercadoria vendida	R$ 118.000,00
Custo financeiro	R$ 4.767,20
Lucro líquido apurado	R$ 6.232,80

Quadro 5.2 — Demonstração de resultados

Com os elementos acima, o leitor pode imaginar que, se a empresa tem um período de estocagem (PME) de 4 meses, por exemplo, como o lucro é dado pelo preço de venda à vista (PV) menos o custo da mercadoria vendida à vista (CMV) acrescida dos encargos financeiros, o estrago seria grande.

$$Lucro = PV - CVM(1 + i)^{Pe}$$

$$R\$\ 129.000{,}00 - R\$\ 118.000{,}00\,(1 + 0{,}02)^4$$

$$R\$\ 129.000 - R\$\ 128.238{,}67 = R\$\ 761{,}33$$

Onde:	
Preço da mercadoria vendida à vista (PV)	R$ 129.000,00
Custo da mercadoria vendida à vista (CMV)	R$ 118.000,00
Prazo médio de estoque em meses (PME)	4
Custo do dinheiro (i)	2% ao mês

Analisando o problema por meio de uma Demonstração de Resultados:

Vendas totais	R$ 129.000,00
Custo da mercadoria vendida	R$ 118.000,00
Custo financeiro	R$ 10.238,67
Lucro líquido apurado	R$ 761,33

Quadro 5.3 — Demonstração de resultados

Perceba que na comparação dos Quadros 5.1 e 5.2, o lucro do empresário praticamente desapareceu, pois foi "devorado" pelo custo financeiro (Quadro 5.3). A situação ideal, que deve ser o objetivo do micro e pequeno empresário é comprar a prazo e vender à vista mantendo o menor prazo possível de estocagem. Evidentemente, tal situação é muito difícil de ser obtida.

Técnicas de Administração de Estoques

Como dissemos, existem várias técnicas de administração de estoques. Dificilmente, a MPE encontrará uma que se ajuste totalmente às suas necessidades. É necessário, pois, estudar e adaptar uma delas à empresa. As técnicas japonesas como Kambam e Just-in-time (Jit) são ótimas e têm mostrado excelentes resultados, entretanto, dependem muito do treinamento dado aos empregados e, principalmente, da sua conscientização sobre qualidade e necessidade de trabalho em grupo. Nessas técnicas, os colaboradores de todas as áreas devem trabalhar sincronizados e coordenados. Essas metodologias reduzem sensivelmente a necessidade de materiais estocados, principalmente daqueles colocados ao longo de uma linha de montagem, pois, após um rigoroso estudo da velocidade da montagem, os componentes são disponibilizados na quantidade exata e repostos em tempos que minimizem a sua estocagem.

Para as micro e pequenas empresas atentas ao custo gerado pelo excesso de mercadorias em estoque, que consomem enormes quantias de capital, recomendam-se duas metodologias, dentre as várias: (i) sistema da curva ABC e o (ii) sistema do lote econômico.

Sistema ABC

O sistema ABC é uma manifestação estatística da natureza, muito utilizado em programas de qualidade total, pois se preocupa com os "pouco vitais" dando uma atenção menos rígida aos "muito triviais". São vários os exemplos desta máxima: existe pelo menos uma centena de cores de carros, no entanto, 60% deles são pretos, brancos ou cinzas. As outras 97 cores são distribuídas entre os demais 40% dos carros. A cidade de São Paulo possuiu 21 canais gratuitos de televisão aberta, para serem sintonizados pelos telespectadores, entretanto, 4 canais (Globo, Record, SBT e Band) dominam 80% da audiência. Os demais 17 canais têm apenas 20% da audiência.

Empregar o sistema ABC como técnica de gerenciar estoques significa separar os itens em grupos distintos, pelo menos em três, baseado no valor destes. Vejamos um exemplo:

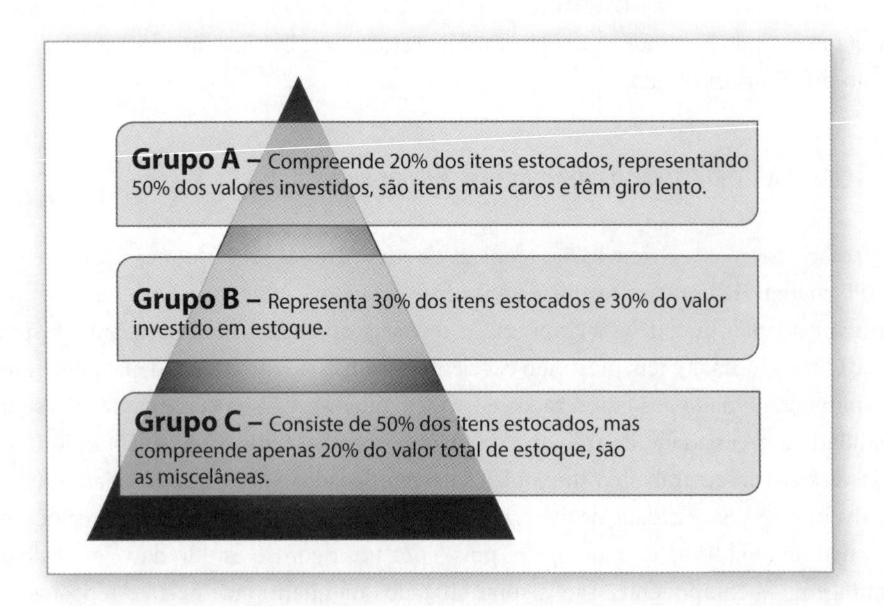

FIGURA 5.9: **Sistema da curva ABC**

Esse tipo de separação dá condições à empresa para dedicar maior controle e preocupação aos itens do estoque com maior valor. Nessa separação, os itens do estoque classificados como do Grupo A receberão um forte controle e os demais grupos B e C, um controle não tão rígido. Perceba que a recomendação aqui é por um "controle estrito" aos itens do Grupo A, mas isso não significa que os demais itens devam ter controles frouxos.

O Gráfico 5.2 mostra ao leitor, de forma esquemática, a ideia representada pela curva ABC. Considere que os números podem não ser exatamente esses, mas essa é uma lei da natureza e vale em qualquer circunstância.

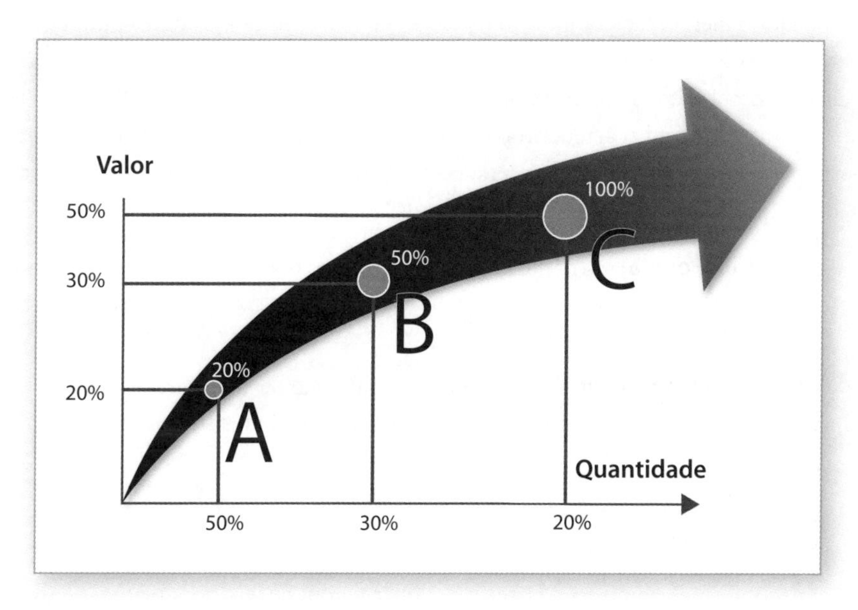

Gráfico 5.2: **Curva ABC**

Sistema de Lote Econômico

Uma angústia constante daqueles que trabalham com estoques é estabelecer o momento exato da compra e especialmente a quantidade a ser comprada. Se o pedido não for colocado na rua a tempo, corre-se o risco de ficar sem mercadorias para vender ou matéria-prima para dar continuidade à produção. Ademais, decidido o tempo exato para colocar o pedido nas mãos do fornecedor, resta saber qual a quantidade ideal a ser comprada, pois todos sabem, especialmente aqueles que operacionalizam as compras, quanto maior for a quantidade pedida mais fácil comprar. As razões para esse fato são muitas, mas apenas duas, certamente, esgotam o assunto: maior quantidade, mais desconto e mais poder econômico, ou seja, consegue-se mais benesses que o normal do fornecedor.

O sistema do lote econômico traz um pouco de luz para esse problema, mas significa ter recursos mais sofisticados de controle. Esse modelo, baseado em dados históricos, oferece ao empresário a quantidade perfeita de itens do pedido. De maneira simplificada, ele considera:

- Custos gerenciais e financeiros
- Quantidades que minimizam os custos totais de compra e estocagem

Explicando melhor, ao comprar mais recebemos descontos e os fretes também serão menores, pois decrescem de valor em função da quantidade. Ademais, emitir um pedido tem custos burocráticos e operacionais, assim, mais pedidos mais custos. Por outro lado, comprar muito também acarreta problemas, pois é necessária maior área de estocagem, pessoas para controle e outras burocracias. Por uma questão de simplificação, vamos considerar que esses custos fossem apenas três:

- **Custos do Pedido:** são os custos de fazer e receber um pedido, meramente administrativos ou burocráticos: pedido, verificação, emissão, cadastro, controles, sistemas, mão de obra, dentre outros;
- **Custos de Manter em Estoque:** custos para manter um item em estoque: área, aluguel, climatização, seguro, deterioração, mão de obra, sistemas, controles, energia, etc. Em geral, tem-se que cada item representa um custo de 20% do seu valor, em um ano;
- **Custos Totais:** é a soma dos custos de fazer o pedido e manter em estoque.

Assim, conforme o exposto, o sistema do lote econômico tem por objetivo estabelecer qual a quantidade perfeita de um pedido, ou seja, qual o número de itens do lote de mercadorias comprado que compatibiliza os custos entre si, causando o menor custo.

O Gráfico 5.3 ilustra esses custos. O leitor deve observar que a curva do custo de manter um item estocado aumenta na medida em que o número de unidades também aumenta. Por outro lado, o custo de pedir só diminui com a quantidade pedida. Assim, o instante em que essas curvas se cruzam é o lote econômico, ou seja, essa é a quantidade que tem o menor custo de pedir e a menor despesa de manter.

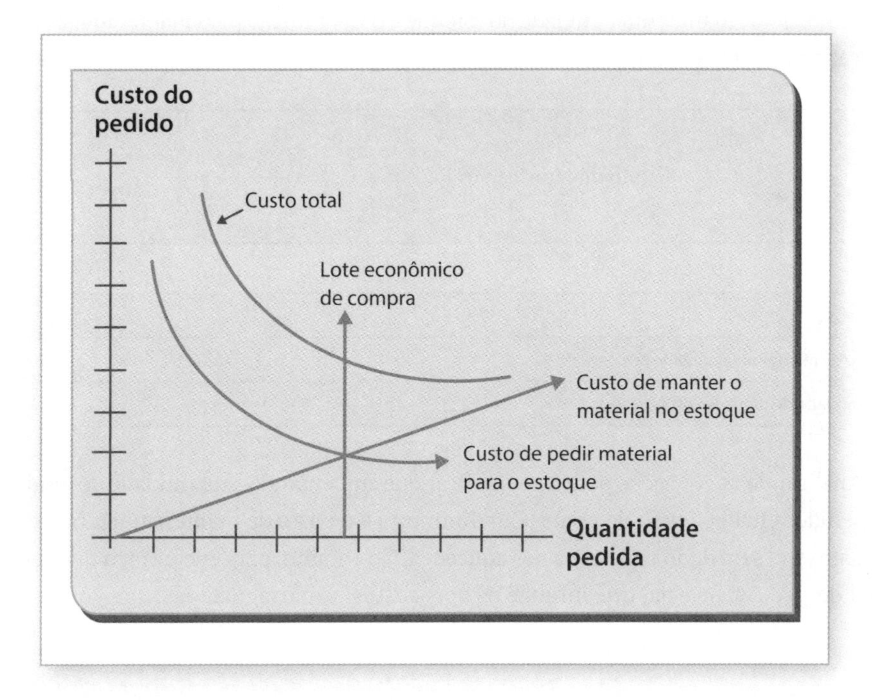

Gráfico 5.3: Sistema do lote econômico

Vejamos como se aplica esse dilema do ponto de vista matemático, ou seja, à medida que a quantidade pedida aumenta o custo de pedir diminui. O contrário ocorre com o custo de manter. A função da curva do custo total mostra um formato em "U" significando que possui um valor mínimo: o lote econômico de compra ou pedido. Desse modo, o custo do pedido será representado: custo de pedir por pedido, vezes a demanda do item em unidade, dividido pelo custo por pedido:

$$\text{Custo do Pedido} = \frac{CP^{*}\ DU}{QUP}$$

Onde:	
Custo do pedido por pedido	CP
Demanda do item estocado em unidades, no período	DU
Quantidades de unidades do pedido	QUP4

Já o custo de manter uma unidade no estoque é o valor médio para manter uma unidade estocada dividido pela quantidade de unidades do pedido por período:

$$\text{Custo de Manter em Estoque} = CM \times \frac{QUP}{2}$$

Onde:	
Custo de manter uma unidade por período	CM
Quantidade de unidades do pedido	QUP

Analisando as equações podemos verificar que aumentando a quantidade de unidades do pedido (QUP) o custo de pedir (CP) diminuirá e o custo de manter aumentará (CM). O custo total será dado pela soma das equações. No entanto, para encontrar a quantidade ideal do pedido, ou seja, que inimize os dois custos, vamos igualá-las:

$$\left\{\frac{CP \times DU}{QUP}\right\} = \left\{CM \times \frac{QUP}{2}\right\} \Rightarrow CP \times DU = CM \times \frac{QUP^2}{2}$$

$$2 \times CP \times DU = CM \times QUP^2 \Rightarrow \frac{2 \times CP \times DU}{CM} = QUP^2$$

$$QUP = \left(\frac{2 \times CP \times DU}{CM}\right)^{1/2}$$

Assim, deduzida a quantidade ideal de um pedido que minimiza os custos de manter e pedir, obtemos a fórmula do lote econômico de compra (LEC):

$$\text{Lote econômico do compra (LEC)} = \left(\frac{2 \times CP \times DU}{CM}\right)^{1/2}$$

Item	Janeiro	Fevereiro	Março	Abril	Maio	Junho	Média
Estoque de matérias-primas	R$ 33.349,09	R$ 34.969,82	R$ 33.380,28	R$ 34.176,06	R$ 36.104,63	R$ 33.301,81	R$ 34.213,62
Custo em R$ da MP correspondente aos produtos fabricados e vendidos	R$ 15.007,14	R$ 15.386,72	R$ 14.353,52	R$ 16.404,53	R$ 16.247,08	R$ 16.317,91	R$ 15.619,48
Número de meses de suprimentos (MP) em estoque	2,22	2,27	2,33	2,08	2,22	2,04	2,19

Quadro 5.4 — Simulação do lote econômico

Vejamos um exemplo para ilustrar o conceito mencionado. A *SKF* tem um perfil de estoque, conforme Quadro 5.4, ou seja, o valor do estoque de matérias-primas, em média, é de R$ 34.213,62, enquanto o custo da matéria-prima correspondente aos produtos fabricados e vendidos é de cerca de R$ 15.619,48, também em média. Isso quer dizer que, em termos de valores, a empresa mantém estoques de suprimentos de matérias-primas suficientes para atender um período de 2,19 meses (Quadro 5.4).

Com 2,19 meses de matérias-primas em estoque, ou seja, R$ 34.213,62 e um custo do dinheiro de 15% ao ano a empresa tem gasto financeiro para manutenção desse estoque da ordem de R$ 5.132,04 (R$ 34.213,62 x 15%) anuais. Isso tudo sem contar os demais custos de manter tais quantidades estocadas, como: espaço físico, controles, energia, obsolescência, perdas, furtos, dentre outros. Todos esses custos devem ser repassados para o preço, resultando em perda de competitividade nas vendas.

Devido aos altos custos e à ferocidade da concorrência, a SKF resolveu radicalizar seus controles e procedimentos, empregando técnicas científicas de controle para reduzir custos e melhorar a competitividade dos seus preços. A opção foi pela aplicação do sistema do lote econômico de compra.

Uma vez aplicado o sistema do lote econômico, para um exemplo de item típico do estoque, ou seja, cujo valor e quantidade encontram-se exatamente na média do quadro acima a empresa passaria a ter um estresse extra de administrar a escassez e o controle rígido, correndo certos riscos que certamente não apareceriam no modo como vinha operando, ou seja, mantendo 2,19 meses de suprimentos estocados. Entretanto, os ganhos seriam compensadores. Vejamos o que aconteceria com o item típico.

Onde:	
Quantidade de unidades da peça estocadas em média (QU)	1.214
Valor da peça (VP)	R$ 0,39
Valor médio do estoque da peça (QU x VP)	R$ 476,32
Utilização mensal de circuito em unidades (DU)	811
Custo do pedido (CP)	R$ 20,12
Custo de manter uma unidade por mês (CMUP.)	R$ 0,05

$$\text{Lote econômico do compra} = \left[\frac{2 \times 20{,}12 \times 811}{0{,}05}\right]^{1/2} = 808 \text{ unidades do circuito eletrônico}$$

Matematicamente, a quantidade ideal ou lote econômico para comprar a peça em questão em estoque é de 808 unidades por pedido. Quando a empresa emite pedidos de 808 unidades do circuito está minimizando seu custo total de estoque.

Considerando que o item estocado terá pedidos contendo 808 unidades, pode-se dizer que o estoque médio desse mesmo item será 404 (808/2). Por outro lado, um item com demanda mensal (consumo) de 811 unidades cujo lote ideal de entrega seja de 808 unidades, deverá ter apenas uma entrega por mês de modo a manter o fluxo de produção sem interrupções (811/808 = 1,0). Finalmente, como o produto será entregue uma vez por mês, o tempo, em dias, entre cada entrega, será de 30 dias (30 dias = 1 entrega). Esses números uma vez estabelecidos precisam ser verificados cuidadosamente e ajustados para a realidade da empresa, de modo a não gerar entregas absurdas, ou seja, muito frequentes para item de baixo valor, etc.

Estoques otimizados e bem controlados resultam em enormes ganhos financeiros, sem mencionar que deixam as firmas mais competitivas, pois, quanto menor for o custo maior será a agressividade da oferta. Empresas com processos de controle de estoque bem dimensionados e definidos podem vender por um custo menor.

Imagine-se, por hipótese, que o item acima estivesse dentro da média do estoque, ou seja, a firma mantém uma quantidade estocada de matéria-prima suficiente para atender a 2,19 meses de produção, conforme Quadro 5.4. Nesse caso, a implantação do sistema do lote econômico significaria reduzir o estoque médio de R$ 473,46 (1.214 x 0,39) por mês, para R$ 157,54 (404 x R$ 0,39 por peça), conforme acima calculado, ou seja, o valor estocado na nova situação seria em média 33,3% menor quando comparado ao valor anterior ((R$ 157,54 / R$ 473,46) -1). Imagine o leitor que este item que acabamos de calcular fosse a média do estoque. Poderíamos dizer, observando o Quadro 5.5, que o valor total cairia de R$ 34.213,62 para R$ 11.384,26 (R$ 34.213,62 x 33,3%), enquanto o custo financeiro para manter o estoque cairia de R$ 5.132,04 para R$ 1.707,64 (R$ 11.384,26 x 0,15), ou seja, uma redução de 67% ((R$ 1.707,64 / R$ 5.132,04) - 1).

Item	Média (mês) antes do controle do sistema do lote econômico	Média (mês) após a implantação do sistema de lote econômico
Estoque de matérias-primas	R$ 34.213,62	R$ 11.384,26
Custo da MP correspondente aos produtos fabricados e vendidos	15.619,48	R$ 15.619,48
Número de meses de MP em estoque	2,19	0,73

Quadro 5.5 — Resumo das medidas de implantação do SLE[2]

Exageros à parte, uma coisa é inegável: controles rígidos causam estresse ao mesmo tempo em que desafiam a capacidade do corpo gerencial, entretanto, os ganhos são expressivos.

[2] Eventualmente, ao recalcular os exemplos com a calculadora, você poderá encontrar pequenas diferenças nos números, pois fizemos todas as contas em planilha Excel e consideramos todas as casas decimais.

Capítulo VI

ALAVANCAGEM — FINANCEIRA E OPERACIONAL

Neste capítulo, você vai aprender que a empresa pode "alavancar" seus negócios em duas frentes: operacional e financeira. A operacional significa usar os custos fixos para compor condições especiais de vendas, pois estes custos são totalmente absorvidos a partir de uma quantidade vendida. É a quantidade certa de vendas que comporta todos os custos, fixos e variáveis; abaixo significa prejuízo, mas acima é lucro. Por outro lado, as firmas que pagam imposto de renda (lucro real) podem se beneficiar dos empréstimos bancários para elevar a lucratividade, pois os juros desses empréstimos, em níveis razoáveis, são abatidos no pagamento do imposto. Este último fato chamamos "alavancagem financeira".

- Manter um sistema de custeamento, simples, em planilha Excel, é fundamental quando você precisar dar um desconto especial para um cliente
- Como e quando acontece a alavancagem operacional, ou seja, a quantidade necessária de produtos vendidos para pagar os custos fixos
- Empresas que são contribuintes do imposto de renda podem se beneficiar de um endividamento saudável
- Tenha controle sobre as suas margens, assim, você conseguirá ser mais competitivo

São dois os tipos de alavancagem: financeira e operacional, uma ligada a empréstimos e financiamentos e outra diretamente relacionada aos custos (Quadro 6.1).

"Minha empresa não deve nada, compro tudo à vista. Detesto dívidas." O autor pede desculpas para os empresários que usam essas frases, mas trata-se de um pensamento tolo. As decisões financeiras devem ser tomadas com critérios técnicos. É muito difícil construir qualquer tipo de negócio sem o uso de financiamento, seja do banco ou do fornecedor. Existem excelentes linhas de financiamentos à disposição, especialmente para as pequenas. Muitas prefeituras e governos de estado e mesmo bancos, oferecem linhas de crédito para projetos empreendedores. Obter financiamento para uma empresa significa "alavancar" o resultado financeiramente.

Também chamamos alavancagem, mas neste caso operacional, quando a empresa encontra um ponto de equilíbrio entre a quantidade de produto vendido e os seus respectivos custos. Quando isso acontece, na medida exata em que compatibiliza os custos fixos e variáveis, sobrando alguma coisa (lucro), dizemos que existe "alavancagem operacional".

<table>
<tr><td rowspan="6">Alavancagem Financeira</td><td>Receita de Operacional líquida</td><td rowspan="9">Alavancagem Total</td></tr>
<tr><td>(-) custo da mercadoria vendida</td></tr>
<tr><td>(=) lucro bruto</td></tr>
<tr><td>(-) despesas operacionais</td></tr>
<tr><td>(=) lucro antes dos juros e do imposto de renda e da contribuição social (LAJI)</td></tr>
<tr><td>(-) despesas financeiras</td></tr>
<tr><td rowspan="3">Alavancagem Operacional</td><td>(=) lucro antes do imposto de renda e da contribuição social</td></tr>
<tr><td>(-) imposto de renda e contribuição social</td></tr>
<tr><td>(=) lucro após o imposto de renda e a contribuição social</td></tr>
</table>

QUADRO 6.1 — Alavancagem total

Assim, alavancagem é o produto do uso de ativos ou fundos, a custo fixo, para multiplicar retornos dos proprietários. Em linguagem mais popular significa melhorar o resultado usando empréstimos ou custos fixos. O Quadro 6.2 resume esses conceitos baseados na demonstração de resultados da *SKF*, nossa empresa imaginária.

Demonstração de resultados da *SKF* 31/12/2011 (R$)			2.011	2.010	2.009
Alavancagem total	Alavancagem operacional	Receita operacional bruta	611.767,02	511.392,12	446.048,46
		Deduções da receita op. bruta	-109.252,68	- 79.260,18	- 67.943,01
		Receita operacional líquida	502.514,34	432.131,94	378.105,45
		Custo da mercadoria vendida	-355.591,08	-310.482,36	-272.331,90
		Lucro bruto	146.923,26	121.649,58	105.773,55
		Despesas com vendas	- 86.418,39	- 68.342,91	- 60.544,86
		Despesas gerais e administrativas	- 18.755,31	- 17.235,69	- 13.996,50
		Depreciação e amortização	- 19.595,10	- 18.155,46	- 16.555,86
		Impostos e taxas	- 2.439,39	- 1.719,57	- 2.879,28
	Alavancagem financeira	Despesas financeiras	- 24.713,82	- 30.392,40	- 24.073,98
		Receitas financeiras	13.196,70	22.994,25	17.555,61
		Resultado equivalência patrimonial	199,95	- 359,91	- 399,90
		Lucro operacional	8.397,90	8.437,89	4.878,78
		Resultado não operacional	3.199,20	199,95	199,95
		Lucro antes do ir e contribuição social	11.597,10	8.637,84	5.078,73
		Ir e contribuição social	1.999,50	399,90	4.718,82
		Lucro líquido do exercício	13.596,60	9.037,74	9.797,55

Quadro 6.2 — Alavancagem total

Alavancagem Operacional

As empresas, de modo geral, devem cobrir uma parcela de custos fixos; produzindo ou não, esses custos deverão ser pagos (aluguéis, salário dos administradores, despesas administrativas, etc.). Por outro lado, a produção implica em custos variáveis como matérias-primas e insumos, associados diretamente à quantidade produzida. A conjugação desses custos resulta que devemos produzir uma quantidade mínima do produto por meio da qual todos os custos fixos são absorvidos, bem como os custos variáveis associados à produção daquela quantidade específica de produto. Quando a quantidade de produto gera receita na medida exata para cobrir os custos fixos e variáveis e sobra uma pequena importância (lucro), dizemos que existe alavancagem operacional.

Por outro lado, os juros pagos sobre os empréstimos geram os mesmos efeitos, aumentando o retorno dos proprietários, sob certas condições, como veremos adiante. Em geral, aumentos de alavancagem resultam em elevações da taxa de retorno e risco, ao passo que a diminuição da alavancagem provoca reduções nessas taxas. Normalmente, empresas muito "alavancadas[1]" sofrem restrições de crédito, pois, em finanças, "estar alavancado" significa utilizar intensamente o capital de terceiros (empréstimos, por exemplo), por isso essa medida de endividamento deve ser feita na proporção certa. Em virtude de seu efeito sobre o valor da empresa, riscos assumidos e dificuldades de obtenção de crédito, o administrador financeiro deve saber como medir e avaliar a alavancagem, principalmente ao tomar decisões quanto à estrutura dos capitais que financiam as operações (fontes).

Análise do Ponto de Equilíbrio da Alavancagem Operacional

A análise do ponto de equilíbrio, também conhecida como "análise custo-volume--lucro", é utilizada para determinar o nível de produção necessário para cobrir todos os custos operacionais e avaliar a rentabilidade associada aos diversos níveis de vendas (GITMAN, 2004). Inicialmente, para calcular o ponto de equilíbrio operacional, é preciso separar detalhadamente o custo dos produtos vendidos e as despesas operacionais em custos operacionais fixos e variáveis. Os custos fixos são função de tempo, desse modo, não estão atrelados à quantidade de vendas; na sua maioria, são decorrentes de contratos, como o aluguel, por exemplo. Já os custos variáveis variam diretamente com as vendas e dependem do volume, mas não do tempo. Os custos de matéria-prima, por exemplo, são custos variáveis.

De maneira resumida, poder-se-ia dizer que a Receita Operacional Bruta, demonstrada no Quadro 6.3, foi obtida pela multiplicação do preço do produto pela quantidade vendida. Do mesmo modo, os custos variáveis estão associados à quantidade vendida. Quanto maiores forem as vendas da *SKF*, maiores serão os custos das mercadorias vendidas.

[1] Em finanças, o termo "alavancada" é usado como sinônimo de "endividada".

Entretanto, exageros à parte, as despesas comerciais e gerais/administrativas independem da quantidade vendida, ou seja, deverão ser pagas aumentando-se as vendas ou não.

	Item	Representação algébrica
Alavancagem Operacional	Receita Operacional Bruta	Quantidade vendida x preço unitário de venda
	(-) custos operacionais fixos	Despesas comerciais e gerais e administrativas
	(-) custos operacionais variáveis	Insumos, matérias-primas, mercadorias revendidas x quantidade vendida de cada item
	(=) lucro antes dos juros e do IR e contribuição social (LAJIR)	Lucro antes dos impostos e das despesas financeiras

Quadro 6.3 — Alavancagem operacional, custos e análise do ponto de equilíbrio

Do Quadro 6.3 podemos deduzir que a quantidade ideal de produto, necessária para os pagamentos dos custos fixos e variáveis, será o cociente do total de custos fixos incorridos pela diferença entre os preços unitários de venda e variável. O leitor deve considerar que o lucro antes dos juros e do imposto de renda (LAJIR), nessa quantidade, será zero.

$$\text{Unidades vendidas} = \frac{\text{Custos fixos}}{\text{Preço de venda} - \text{Custos variáveis}}$$

Por unidades vendidas, o leitor deve entender a quantidade de unidades vendidas necessárias para equilibrar os custos fixos e variáveis.

Seguindo essa mesma lógica, suponha-se que uma loja tenha custos operacionais fixos de R$ 2.300,00, que o preço de venda por unidade é de R$ 9,50 e o custo operacional variável por unidade é de R$ 5,50.

Pela aplicação da fórmula acima, tem-se que o volume de produção necessário para que o LAJIR[2] seja "0" ou para que todos os custos sejam cobertos é de 575 unidades por período. Sempre que as vendas forem superiores a 575 unidades por período, o LAJIR será positivo; e quando forem inferiores será negativo:

2 Lucros antes dos juros e do imposto sobre a renda.

$$\text{Quantidade} = \frac{\textit{Custos}\ \text{fixos}}{\textit{Preço}\ \text{de venda} - \textit{Custos}\ \text{variáveis}} = \frac{R\$\ 2.300{,}00}{R\$\ 9{,}50 - R\$\ 5{,}50}$$

O ponto de equilíbrio operacional, representado no Gráfico 6.1, é sensível a diferentes fatores: custos fixos, preços de vendas e custos varáveis. Um aumento de custos (fixos ou variáveis) tende a elevar o ponto de equilíbrio, ao mesmo tempo em que um aumento no preço de venda provoca a sua redução.

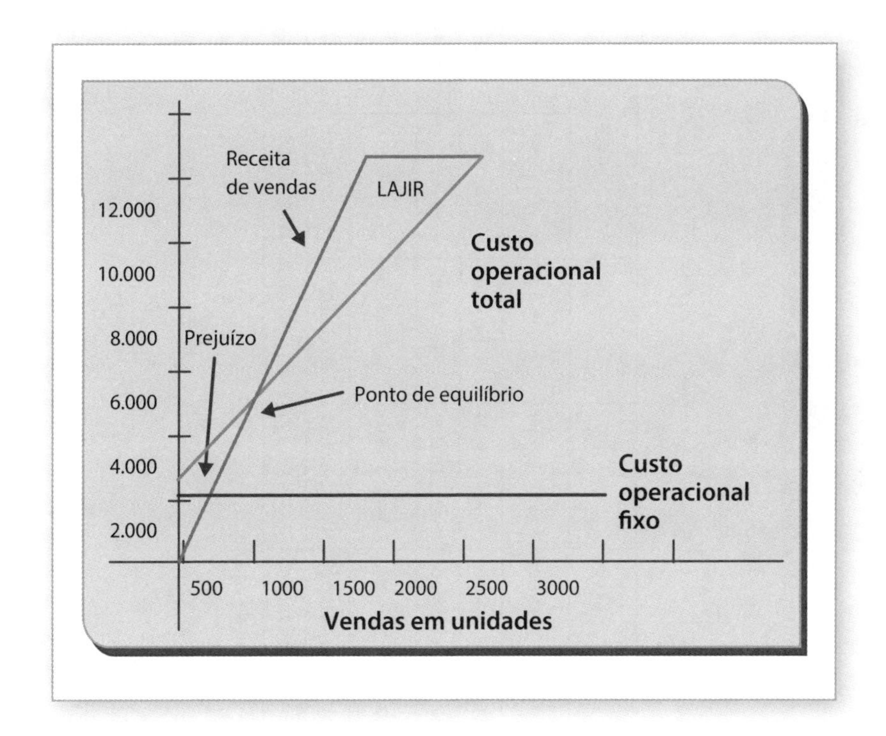

Gráfico 6.1: **Ponto de equilíbrio operacional**

Observe-se no Quadro 6.4 uma análise de sensibilidade para a situação em que o preço de venda por unidade é de R$ 8,00, os custos fixos somam R$ 24.000,00 e os custos variáveis são de R$ 5,00 por unidade.

Unidades vendidas (1)	2.000	4.000	6.000	8.000	10.000	12.000	14.000	16.000
Preço de venda unitário (2)	R$ 8,00	R$ 8,00	R$ 8,00	R$ 8,00	R$ 8,00	R$ 8,00	R$ 8,00	R$ 8,00
Receita	R$ 16.000,00	R$ 32.000,00	R$ 48.000,00	R$ 64.000,00	R$ 80.000,00	R$ 96.000,00	R$ 112.000,00	R$ 128.000,00
Custo fixo	R$ 24.000,00	R$ 24.000,00	R$ 24.000,00	R$ 24.000,00	R$ 24.000,00	R$ 24.000,00	R$ 24.000,00	R$ 24.000,00
Custo variável unitário (3)	R$ 5,00	R$ 5,00	R$ 5,00	R$ 5,00	R$ 5,00	R$ 5,00	R$ 5,00	R$ 5,00
Custo variável (1x3)	R$ 10.000,00	R$ 20.000,00	R$ 30.000,00	R$ 40.000,00	R$ 50.000,00	R$ 60.000,00	R$ 70.000,00	R$ 80.000,00
LAJIR	-R$ 18.000,00	-R$ 12.000,00	-R$ 6.000,00	R$ 0,00	R$ 6.000,00	R$ 12.000,00	R$ 18.000,00	R$ 24.000,00

Quadro 6.4 — Análise de sensibilidade do ponto de equilíbrio

Como se pode perceber, o ponto de equilíbrio – em que todos os custos (fixos e variáveis) estão cobertos — acontece somente quando são atingidas vendas no total de 8.000 unidades. A partir desse ponto, quanto maiores forem as vendas tanto maior será o lucro, pois os custos fixos estarão totalmente absorvidos pelas 8.000 unidades; consequentemente, haverá alavancagem operacional.

A alavancagem operacional resulta da existência de custos operacionais fixos na estrutura de resultados da empresa. É a possibilidade de uso dos custos operacionais fixos como forma de aumentar o efeito das variações das vendas sobre o lucro, no caso do LAJIR. É importante observar que a alavancagem operacional atua nas duas direções, ou seja, pode resultar também em LAJIR negativo.

Ao final, a melhor parte. Por que é importante ter esse tipo de controle? Ora, se você tem uma planilha Excel com os dados dos custos fixos e variáveis razoavelmente controlados, como no exemplo do Quadro 6.4, imagine que está produzindo 14.000 unidades por mês que geram uma receita de R$ 112.000,00 e um lucro de R$ 18.000,00. Nesse momento, um cliente lhe faz uma proposta para compra de 6.000 unidades do produto, mas com um desconto de 25%, ou seja, o preço de venda unitário de R$ 6,00. Podemos fechar a venda? Claro, feche logo, principalmente se isso for estratégico. Vamos explicar por que.

O Quadro 6.4 mostra que a empresa tem um custo fixo de R$ 24.000,00, os quais já estão sendo totalmente pagos pelas 14.000 unidades que você está produzindo e vendendo e, ainda, lhe proporcionam um lucro de R$ 18.000,00. Assim, o que aconteceria se você vendesse o produto por R$ 6,00? Como o custo fixo, especialmente olhando essa operação de venda, é zero, se você vender por R$ 6,00, ainda terá um lucro de R$ 6.000,00, conforme ilustrado no Quadro 6.5.

Unidades vendidas (1)	6.000
Preço de venda unitário (2)	R$ 6,00
Receita	R$ 36.000,00
Custo fixo	R$ 0,00
Custo variável unitário (3)	R$ 5,00
Custo variável (1x3)	R$ 30.000,00
LAJIR	R$ 6.000,00

Quadro 6.5 — Simulação de venda

ALAVANCAGEM FINANCEIRA

Segundo Assaf e Martins (1989), toma-se como premissa que o lucro gerado pelos ativos antes dos encargos financeiros é genuinamente o lucro operacional. Alavancagem financeira é o efeito de tomar recursos de terceiros a um custo "Y", aplicando esses recursos em ativos a uma taxa "X". A diferença irá para os proprietários, alterando o retorno sobre o Patrimônio Líquido para mais ou para menos. O grau de alavancagem financeira (GAF) é o resultado da divisão da Taxa de Retorno do Capital Próprio (TRCP) pela Taxa de Remuneração do Ativo (TRA).

$$GAF = \frac{TRCP}{TRA}$$

Pela fórmula acima, podemos entender que, com um determinado nível de capital de terceiros, a uma taxa de juros "razoável", a taxa de retorno sobre o capital próprio, ou seja, sobre o montante de dinheiro que os donos investiram no negócio, não raramente será maior do que a taxa de retorno de uma empresa que tenha um baixo endividamento. Evidentemente, este raciocínio apenas se aplica para aquelas empresas que pagam o imposto de renda pelo lucro real. Os demais tipos de tributação não estão contemplados por essa regra. E por que isso acontece? Esse fato se deve ao efeito de que a despesa financeira causará sobre a parcela do imposto de renda a pagar, ou seja, a despesa financeira sobre o capital de terceiros gerará um efeito no imposto de renda, aumentando a TRCP.

Nada melhor que um exemplo para tentar elucidar esse dilema. A *SKF* gerou um lucro de R$ 160.000,00 por meio dos seus ativos que somam R$ 1.000.000,00. Imagine o leitor uma hipótese absurda (não tem aplicação prática), mas que servirá para ilustrar a ideia da alavancagem financeira: os ativos mencionados são financiados exclusivamente com capital próprio, pois a empresa não usa nenhum capital de terceiros. Neste caso, os proprietários teriam uma Taxa de Retorno do Capital Próprio de:

$$TRCP = \frac{\textit{Lucro}\text{ Líquido} - \textit{Despesas}\text{ Financeiras}}{\textit{Patrimônio}\text{ Líquido}}$$

$$TRCP = \frac{R\$\ 160.000,00 - R\$\ 0,00}{R\$\ 1.000.000,00} = 16\%$$

A Taxa de Retorno do Ativo, por sua vez, é calculada segundo a seguinte fórmula:

$$TRA = \frac{Lucro\ \text{Líquido}}{Ativo\ \text{total}}$$

$$TRA = \frac{R\$\ 160.000{,}00}{R\$\ 1.000.000{,}00} = 16\%$$

No singelo exemplo acima não existe nenhuma alavancagem financeira, já que a empresa não usa capitais de terceiros. Aplicando o conceito, podemos constatar isso:

$$GAF = \frac{TRCP}{TRA} = \frac{16{,}0}{16{,}0} = 1{,}0 = \text{alavancagem financeira nula}$$

Entretanto, vamos supor que 60% dos ativos da empresa, formados pelo passivo circulante (PC) e passivo não circulante, neste caso R$ 600.000,00 (R$ 600.000,00 x 60%), são financiados a um custo médio de capital (custo do dinheiro – CD) de 13%. De acordo com essa premissa, a empresa terá uma despesa financeira de R$ 78.000,00 (R$ 600.000,00 x 13%). Definidos estes pontos, vamos agora recalcular e verificar se existe alavancagem financeira, ou melhor, se a taxa de retorno do capital próprio aumentou ou não.

$$TRCP = \frac{Lucro\ \text{Líquido} - Despesas\ \text{Financeiras}}{Patrimônio\ \text{Líquido}}$$

$$TRCP = \frac{R\$\ 160.000{,}00 - R\$\ 78.000{,}00}{R\$\ 400.000{,}00} = 20{,}57$$

A Taxa de Retorno do Ativo, por sua vez, é calculada segundo a seguinte fórmula:

$$TRA = \frac{Lucro\ \text{Líquido}}{Ativo\ \text{total}}$$

$$TRA = \frac{R\$\ 160.000{,}00}{R\$\ 1.000.000{,}00} = 16\%$$

Pelo exemplo calculado, podemos perceber que agora existe alavancagem financeira, já que a empresa usa capitais de terceiros. Aplicando o conceito, podemos constatar isso:

$$GAF = \frac{TRCP}{TRA} = \frac{20,5}{16,0} = 1,28125 \text{ ou } 28,13\%$$

A taxa de retorno dos proprietários foi "alavancada" de 16% para 28,13%. Explicando melhor, o lucro diminuiu de R$ 160.000,00 para R$ 82.000,00, motivado pelas despesas financeiras. Entretanto, agora, os sócios estão usando menos do seu capital. Onde, anteriormente, aplicavam R$ 1.000.000,00 ganhando 16%, agora, aplicam apenas R$ 400.000,00, ganhando 20,5%. Os sócios podem investir o dinheiro restante em outros projetos.

$$GAF = \frac{TRCP}{TRA} = \frac{\dfrac{R\$\ 160.000,00 + (-R\$\ 78.000,00)}{R\$\ 400.000,00}}{R\$\ 160.000.00} = \frac{20,5}{16,0} = 28,137$$

Isso significa que pelo fato de o capital de terceiros ser 1,5 vezes maior que o Patrimônio Líquido - PL (R$ 600.000,00 / R$ 400.000,00), quando multiplicado pelo diferencial de taxa (16% -13%) de 3% entre o TRA e o CD, aumenta em 4,5 pontos percentuais a TRCP, de 16% para 20,5%:

$$GAF = \frac{TRA + (TRA - CD) \times (PC + ELP)/PL}{TRA}$$

$$GAF = \frac{167 + 167 - 137 \times \dfrac{R\$\ 600.000,00}{R\$\ 400.000,00}}{167} = \frac{167 + 37 \times 1,5}{167} = 28,137$$

Onde:		
Custo do dinheiro (R$ 78.000,00 / R$ 600.000,00)	CD	13%
Capital de terceiros – longo e curto prazo	PC - ELP	R$ 600.000,00
Taxa de retorno do ativo	TRA	16%
Ativo total	AT	R$ 1.000.000,00
Patrimônio líquido	PL	R$ 400.000,00

Assim, o quociente que indica o grau de alavancagem financeira também mostra se os recursos que estão sendo tomados tem um retorno adequado para o acionista, por meio de sua aplicação no ativo da empresa.

Capítulo VII

CONTABILIDADE E CONTROLADORIA, O CORAÇÃO DA EMPRESA

Neste capítulo, você encontrará as explicações que justificam a relevância de manter uma contabilidade adequada e dentro dos padrões exigidos pela Receita Federal. Nunca acredite em soluções milagrosas para economizar impostos, sugeridas por alguns contadores e advogados, pois essas medidas sempre acabam como "lágrimas de sangue". Três relatórios são essenciais em uma empresa, independentemente do tamanho: Demonstração de Resultados do Exercício, Balanço Patrimonial e Demonstração do Fluxo de Caixa. Mesmo que a MPE não esteja obrigada a apresentá-los, não deixe de elaborar e analisar essas importantes fontes de informação.

- A importância de manter bons relatórios contábeis
- A contabilidade é a mais confiável fonte de informações gerenciais de uma empresa
- Como transformar dados econômicos (contábeis) em financeiros (caixa)
- Como elaborar e analisar a Demonstração do Fluxo de Caixa a partir da Demonstração de Resultados do Exercício e do Balanço Patrimonial

Douglass Cecil North (1920) é um economista americano, laureado com o Prêmio Nobel de Economia em 1993[1]; desenvolveu interessante teoria sobre o chamado "amadurecimento institucional" dos países. Concordando com a teoria de North, acreditamos que a contabilidade deverá obter no médio e longo prazo maior destaque no Brasil. Nossa afirmação baseia-se no fato de que nosso País tem crescido institucionalmente. Na área fiscal e tributária, fica cada vez mais difícil achar um "jeitinho" para pagar menos impostos. Desse modo, a contabilidade ganhará cada vez mais destaque, pois o correto está tomando lugar e, esperamos que, em um futuro breve, será a regra.

Nos dias de hoje, as chamadas economias emergentes ou BRICs[2], no qual Brasil está incluído, têm evoluído muito no campo institucional, daí o interesse dos demais países em estudar este "ressurgir" da importância das "instituições sólidas" para se construir uma nação desenvolvida. Em sua conceituação clássica, North afirma que as "instituições podem ser interpretadas como sendo as regras de um certo jogo, que determinam o que os jogadores podem e não podem fazer[3]". Por que a Suécia é melhor que o Paraguai? As pessoas são as mesmas e as condições de vida em decorrência da natureza, do clima, dos recursos minerais, etc. são muito melhores no país sul-americano quando comparado com a Suécia. Então, qual a razão dessa nação escandinava ter situação econômica e social tão mais aperfeiçoada quando comparada com o nosso vizinho Paraguai?

A resposta, segundo a teoria de Douglas North está na solidez das instituições suecas. Lá, não se alteram leis para atender interesses de grupelhos econômicos, a constituição não é alterada para o presidente de plantão se reeleger por outro mandato, os casos de corrupção policial e judicial são raros. Assim, segundo ainda a teoria de North, o desenvolvimento econômico e social dos países tem forte dependência no modo como os deveres e direitos dos cidadãos são estabelecidos e aplicados pela sociedade, em geral.

---

[1] Disponível em: http://www.eumed.net/tesis/2008/kwsr/DOUGLASS%20NORTH%20E%20O%20CONCEITO%20DE%20INSTITUICOES.htm.

[2] Brics – abreviatura de Brasil, Rússia, Índia e China.

[3] www.eumed.net – teses de doutorado em economia: o setor imobiliário informal e os direitos de propriedade: o que os imóveis regularizados podem fazer pelas pessoas de baixa renda dos países em desenvolvimento. Krongnon Wailamer de Souza Regueira.

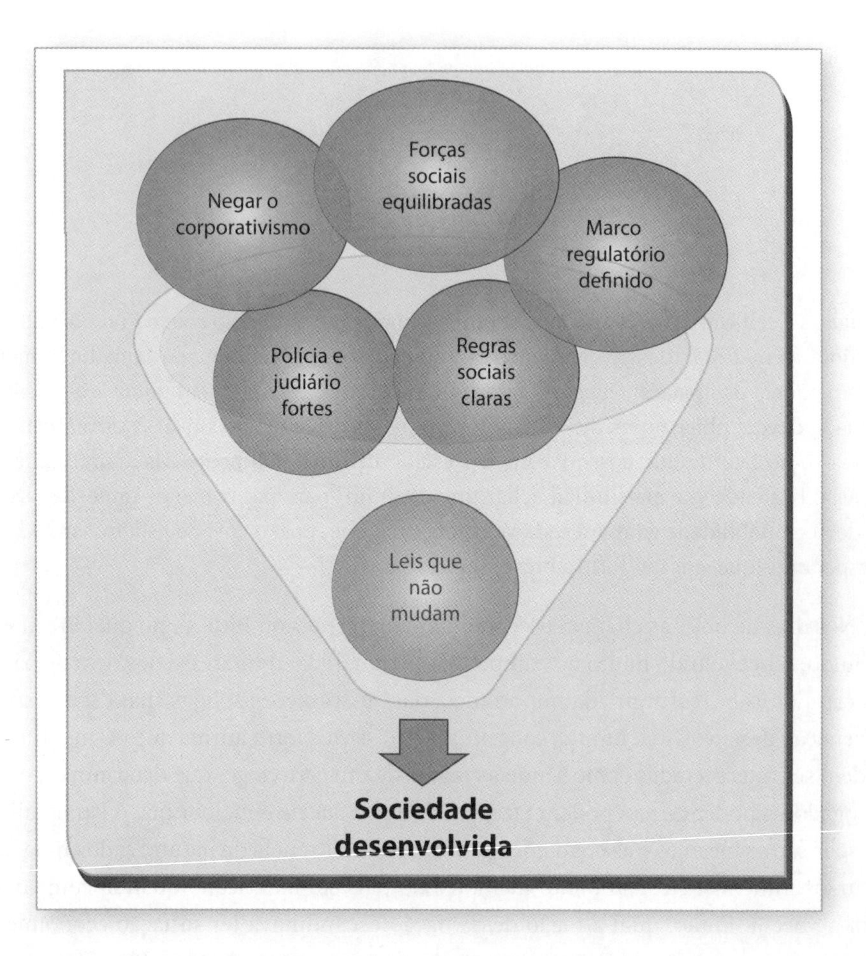

Figura 7.1: **Fatores que influenciam o desenvolvimento social**

O arcabouço regulatório e a estrutura legal do Brasil, institucionalmente ainda fracos, têm relacionamento direto com o poder de pressão, barganha e *lobby* de certos grupos organizados da sociedade. Instituições fracas levam ao desleixo, corrupção, burla de regras legais e fiscais, porque todo esse conjunto é sustentado por grupos influentes, dando vida longa à ineficiência e à injustiça até que a nação como um todo amadureça e altere o equilíbrio entre estas forças sociais.

O Brasil vem crescendo institucionalmente e, neste contexto, podemos ver o aparecimento de jovens juízes e promotores dando nova "cor" ao judiciário. No mesmo sentido, a Receita Federal está se aparelhando materialmente com computadores e equipamentos, aprimorando seus controles, mas, sobretudo, com novos servidores integrando seus quadros, cujo nível de formação moral e acadêmica rivaliza com países europeus. A cada dia são mais raras as queixas de empresários quanto aos atos de corrupção na Receita Federal, coisa que no passado não muito distante era prática comum.

Na mesma linha, decorrente da pressão exercida pelas autoridades fiscais, a contabilidade se aperfeiçoa e ganha importância, devendo assumir no futuro importância cada vez maior. Nos dias de hoje, ter um contador preparado não é apenas um requerimento fiscal, mas uma necessidade gerencial. Podemos ver que muitos empresários encontram soluções excelentes para diminuir sua carga tributária, por meio de artimanhas e jeitinhos. Entretanto, se tais providências não receberem o "de acordo" dos jovens fiscais da Receita e os resultados são desastrosos, com multas astronômicas. Em uma época não muito distante, vender sem nota, manter caixa dois e descumprir regras fiscais e trabalhistas não será mais possível no Brasil.

Apenas uma contabilidade competente e com registros fidedignos poderá satisfazer os empresários que pretendem ver suas empresas crescerem e se perpetuarem. Isso tudo sem mencionar que o acirramento do mercado, com o aumento da competição exigirá registros que possam ser usados para medir o desempenho empresarial e alimentar decisões estratégicas.

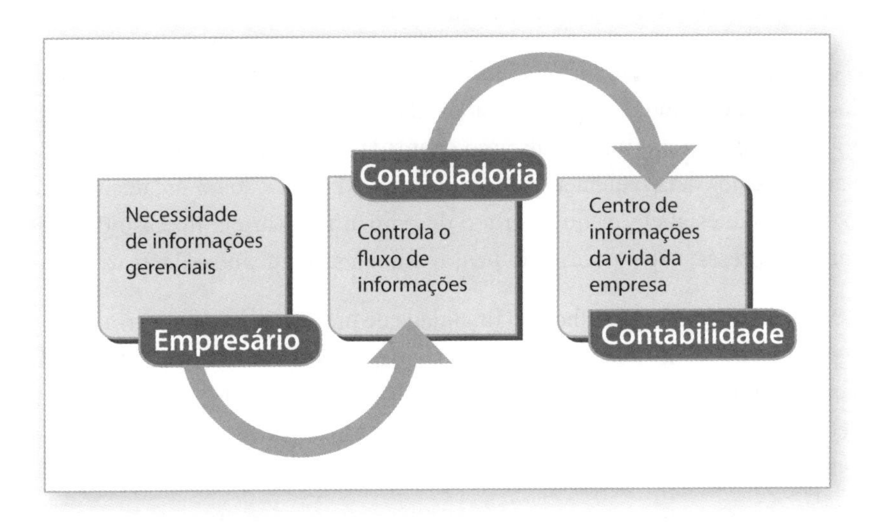

Figura 7.2: Fluxo de informações gerenciais

De todo este discurso temos que tirar uma lição. Contabilidade não é custo, não se procura o contador mais barato, mas o melhor. Economia de despesas se faz na área de produção e operação do negócio, com a área fiscal o empresário deve ser muito conservador e comedido. Não acreditar em receitas milagrosas de advogados e contadores que lhe farão economizar "milhares de Reais" em impostos; não existe "almoço de graça", dinheiro ganho fácil, normalmente se gasta fácil. Soluções "espertas" podem custar "lágrimas de sangue" e derrubar o trabalho de toda uma vida.

Contabilidade, uma Poderosa Ferramenta Gerencial

Baseado em conceitos de contabilidade gerencial (ANTHONY, 1965), os micro e pequenos empresários precisam se conscientizar de que o processo de controle de está intimamente associado a uma contabilidade eficiente, de maneira que os recursos da organização sejam aplicados na obtenção dos seus objetivos.

Esse processo não tem uma fórmula preestabelecida, não possuiu princípios e também não tem finalidade definida. Entretanto, para demonstrar como as informações oriundas da contabilidade são úteis no gerenciamento diário, vamos estabelecer três fases indispensáveis para obter um controle adequado do desempenho da organização: planejamento, apuração e análise dos resultados.

Planejar é tentar estabelecer uma previsão daquilo que será o futuro da firma, utilizando dados da contabilidade, do mercado e da conjuntura socioeconômica. Todo esse palavrório se resume em uma única ação chamada "orçamento". No Capítulo 13 deste livro abordaremos detalhadamente o significado e a elaboração do orçamento. Ele tem como finalidade estabelecer qual seria o desempenho futuro e, no caso das micro e pequenas empresas, não é necessário pensar em mais de um ano adiante.

Essa previsão de desempenho tem finalidade de prever situações adversas no futuro, como recursos de caixa, por exemplo, verificando quais as fontes de empréstimos e financiamentos disponíveis. É estimar para onde se dirige o mercado que atuamos, estudando a concorrência, tendências de produtos e serviços e especialmente preços e necessidades de investimentos em máquinas, equipamentos, softwares, hardwares e serviços.

Para apurar os resultados não há outra maneira organizada senão a estruturação de relatórios contábeis. A contabilidade é a única fonte de informações que merece credibilidade. Empresas sem relatórios e informações contábeis adequadas não têm futuro. Podem até sobreviver por determinado tempo, mas fique ciente o empresário: não vai passá-las para os filhos.

Mas, como controlar o desempenho? Por meio do uso dos dados contábeis, elaboramos um conjunto de informações de desempenho, transformando-os em indicadores numéricos que servirão como referência de medida da performance daquilo que foi planejado na fase de orçamento (ANTHONY, 1965). Para exemplificar essa questão, digamos que a empresa tem um giro de estoque de 55 dias. Na fase de orçamento, estima-se que, com a implantação de uma administração mais eficiente possamos alcançar uma rotação de 51 dias. Assim, esse número passará a ser a nossa referência na análise e acompanhamento do desempenho da gestão dos estoques. Sempre que ficar acima, ou muito abaixo, voltamos ao orçamento e verificamos onde os dados foram super ou subestimados. Em resumo, estamos verificando se a rota traçada para o caminho de desenvolvimento está correta.

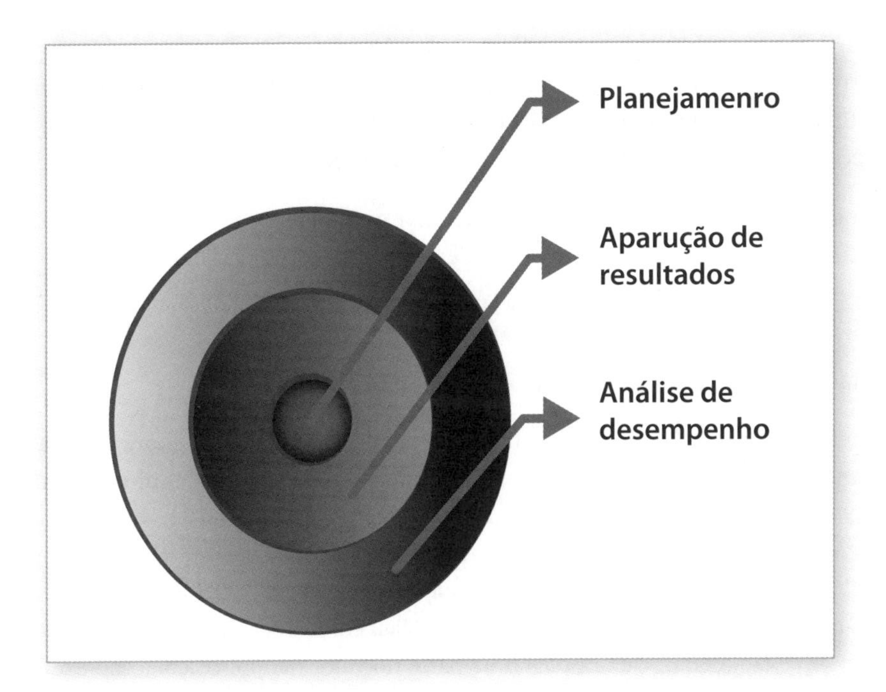

Figura 7.3: Fases do planejamento empresarial

Diz o dito popular: "quem pensa pequeno nunca terá condições de ser grande". No ramo empresarial, pensar grande significa criar um produto ou serviço de qualidade, conhecer profundamente o mercado e suas tendências e ser um administrador eficiente. Micro e pequenos empresários são os chamados "faz-tudo", por isso precisam trabalhar por dois, mas, estudar contabilidade e administração como se fossem quatro.

O que o Empresário Precisa Saber sobre Contabilidade

Mesmo que a empresa não esteja obrigada a apresentar todos os dados completos da contabilidade, assim como acontece com as grandes empresas de responsabilidade limitada (Ltda.) ou sociedades anônimas (S.A.), o empresário deve "estressar" o seu contador para que ele formate e apresente os dados de três peças contábeis fundamentais, mensalmente:

- Demonstração do Resultado do Exercício
- Balanço Patrimonial
- Demonstração do Fluxo de Caixa[4]

Conforme veremos a seguir, essas "peças" ou relatórios são muito importantes para avaliar o desempenho econômico e financeiro da empresa. Os dois primeiros relatórios são triviais e qualquer contador com um conhecimento mínimo poderá fazê-las. Quanto ao último, Demonstração do Fluxo de Caixa, requererá mais aprofundamento, mas com um pequeno treino e estudo é possível montá-la também (TRACY, 2007).

Todo micro e pequeno empresário que criar esse "hábito" está se preparando para o amanhã, pois sem o perfeito domínio desses relatórios nunca poderá ser grande no futuro, o sonho de todos.

Demonstração do Resultado do Exercício

Também conhecida por demonstração de lucros e perdas, esse relatório é muito importante e, para entendê-lo, é necessário compreender o conceito de valores contábeis ou econômicos e os financeiros. Os valores expressos no Quadro 7.1 são baseados no conceito contábil. Neste caso, a primeira linha do Quadro 7.1 mostra a Receita Operacional Líquida, no valor de R$ 257.772,46 que, a grosso modo, representa todas as notas ficais emitidas dentro do exercício de 2012. Mas, como você sabe, essas receitas não significam exatamente "caixa", pois uma parte do valor não foi recebido no exercício. Veja, por exemplo, no Quadro 7.4, na linha Duplicatas a Receber, que o valor de R$ 13.131,95 é a parte da "receita" que não foi recebida. Isso não significa que os clientes estão inadimplentes, mas que o prazo que o empresário deu para o cliente pagar ultrapassou o exercício, no nosso caso, o ano de 2012.

[4] Não se trata de elaborar o fluxo de caixa, conforme abordado no Capítulo 3

NIW Produtos Florestais Ltda.	
Demonstração de Resultados do Exercício, 31 de dezembro de 2012 (R$)	
	2012
Receita operacional líquida	R$ 257.772,46
Custo da mercadoria vendida	R$ 149.508,03
Margem Bruta	R$ 108.264,43
Salários e benefícios	R$ 58.464,25
Despesas de comercialização	R$ 16.994,70
Outras despesas	R$ 12.098,76
Despesas operacionais	R$ 87.557,72
Depreciação	R$ 7.850,84
Total das despesas operacionais	R$ 95.408,56
Lucro operacional	R$ 12.855,87
Despesas financeiras	R$ 4.413,59
Lucro líquido do exercício	R$ 8.442,28
Fluxo de caixa líquido (2)	R$ 3.308,91
Fluxo de caixa gerado pelas atividades operacionais (1)	R$ 11.751,19
(1) Lucro líquido do exercício + Fluxo de caixa líquido (R$8.442,28 + R$3.308,91 = R$11.751,19)	
(2) Fluxo de caixa líquido = -R$5.569,73 + R$8.766,99 + R$ 111.65 = R$ 3.308,91	

Quadro 7.1 — Demonstração do Resultado do Exercício (Fonte: TRACY, 2007)

Uma vez que o contador monte essa planilha em Excel é possível calcular as diferenças entre os valores para verificar quanto ganhamos ou perdemos de caixa neste exercício de 2012. Para melhor entender o Quadro 7.2, vamos analisar um a um os valores ali lançados. Resumidamente, transformaremos os valores econômicos (contábeis), em financeiros (caixa).

Receita Operacional Líquida (1)

A empresa teve em 2012 uma Receita de R$ 257.772,46, entretanto, não recebeu o total, ou seja, ficaram faltando R$ 1.107,68. Por conta disso, você verifica que no Balanço Patrimonial a conta Duplicatas a Receber, que em 2011 era de R$ 12.024,27, aumentou em 2012 para R$ 13.131,95 (Quadro 7.4). Ou seja, estamos financiando os clientes em mais R$ 1.107,68 (R$ 13.131,95 – R$ 12.024,27), em 2012, quando comparado com 2011. Resumindo, em termos de caixa, "perdemos" R$ 1.107,68, isso porque "investimos" esta quantia no Contas a Receber.

NIW Produtos Florestais Ltda.		
Demonstração de Resultados do Exercício, 31 de dezembro de 2012 (R$)		
	2012	Diferenças
Receita operacional líquida (1)	R$ 257.772,46	-R$ 1.107,68
Custo da mercadoria vendida (2)	R$ 149.508,03	-R$ 4.462,05
Margem Bruta	R$ 108.264,43	-R$ 5.569,73
Salários e benefícios	R$ 58.464,25	
Despesas de comercialização	R$ 16.994,70	
Outras despesas	R$ 12.098,76	
Despesas operacionais (3)	**R$ 87.557,72**	R$ 916,15
Depreciação (4)	R$ 7.850,84	R$ 7.850,84
Total das despesas operacionais	R$ 95.408,56	R$ 8.766,99
Lucro operacional	R$ 12.855,87	
Despesas financeiras (5)	R$ 4.413,59	**R$ 111,65**
Lucro líquido do exercício	R$ 8.442,28	
Fluxo de caixa líquido (2)		R$ 3.308,91
Fluxo de caixa gerado pelas atividades operacionais (1)	R$ 11.751,19	
(1) Lucro líquido do exercício + Fluxo de caixa líquido (R$8.442,28 + R$3.308,91 = R$11.751,19)		
(2) Fluxo de caixa líquido = -R$5.569,73 + R$8.766,99 + R$ 111.65 = R$ 3.308,91		

Quadro 7.2 — Demonstração do Resultado do Exercício (Fonte: TRACY, 2007)

Custo da Mercadoria Vendida (2)

O nosso exemplo mostra que a empresa pagou mais R$ 4.462,05 aos fornecedores, além do valor contabilizado de R$ 149.508,03. Tudo isso aconteceu porque aumentamos os nossos estoques de R$ 19.290,82 (2011) para R$ 22.124,45 (2012), o que significa um desembolso de caixa, do mesmo modo como também reduzimos o Contas a Pagar em R$ 2.208,30 (a empresa ficou devendo menos), significando também um desembolso de caixa. O efeito desses acréscimos (estoque) e decréscimos (contas pagar) resultou no valor de R$ 4.462,05 de perda de caixa (Quadro 7.2).

Despesas Operacionais (3)

Como você sabe, algumas despesas são pagas depois de incorridas, pois quando compramos insumos ou outros bens necessários à produção ou à prestação de serviços negociamos um prazo com os fornecedores. O mesmo acontece com os salários dos empregados, pois, por algumas vezes, as organizações não pagam o salário "dentro do mês", mas no dia 5 do mês seguinte. Deste modo, os salários são contabilizados no mês em que são devidos, mas o "financeiro" ocorre no mês seguinte. Na mesma linha, algumas despesas são pagas antecipadamente, como os seguros, por exemplo, por isso mesmo são contabilizadas como "antecipadas". No nosso exemplo, do Quadro 7,2, a combinação dos efeitos de caixa dessas despesas operacionais resultou em R$ 916,15. Isso quer dizer que, do valor contabilizado de R$ 87.557,72, uma parte do mesmo não foi pago no ano, em outras palavras, fomos "financiados" pelos fornecedores em R$ 916,15.

Depreciação (4)

Em contabilidade, o conceito de despesa é "tudo aquilo que se consome no processo produtivo ou na prestação do serviço". Como você sabe, as despesas e os custos são lançados na Demonstração de Resultados do Exercício, na medida em que se consomem no processo de prestação de serviço ou produção (fabricação) de um produto. Vejamos dois exemplos. Compramos vários materiais de escritório (papéis, envelopes, clipes, réguas, canetas, etc.). Esses materiais, quase sempre de baixo valor, são contabilizados diretamente na "conta de resultados" (Demonstração de Resultados do Exercício) como custos, pois é de se esperar que eles se consumam imediatamente ou quase, após a compra. Entretanto, se um empresário compra uma máquina que custa R$ 6.000,00 para a sua serralheria, sabemos que ela deve durar por anos (Figura 7.4).

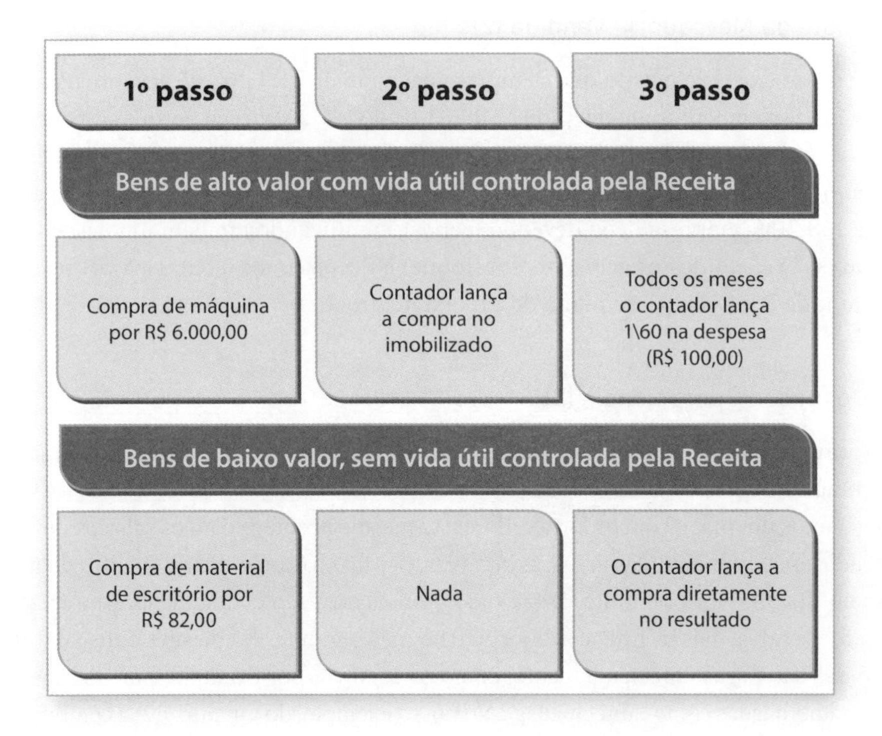

Figura 7.4: **Bens depreciáveis**

Mas, atenção! Quem define por quantos anos o bem deve durar (ser "consumido", ou esgotar-se até não servir mais) é a Receita Federal, por intermédio do RIR[5]. Suponha, para fins desse exemplo que o tempo estabelecido pela Receita Federal foi de 60 meses. Assim, baseado no conceito de custo e/ou despesa, tudo aquilo que se consome no processo deve ser levado à conta de resultados. O contador irá lançar na despesa 1/60 do valor pelo qual a máquina foi comprada, ou seja, R$ 100,00 (R$ 6.000,00 / 60 meses).

Verifique no Quadro 7.2, que o contador lançou como despesa de depreciação o valor de R$ 7.850,84, embora não houvesse desembolso de caixa, pois esses pagamentos "financeiros" ocorreram há muito tempo. Esse valor é apenas econômico ou contábil.

Veja ainda, no Quadro 7.3, que a empresa tinha um imobilizado de R$ 68.367,17 em 2011, mas, durante o ano de 2012 comprou mais R$ 10.754,63 em máquinas e equipamentos, totalizando R$ 79.121,80. Entretanto, todos os meses o contador "retira" uma parte desse valor e lança na despesa. Por exemplo, em 2012, o valor "baixado

[5] RIR — Regulamento do imposto de renda. Veja em www.fazenda.gov.br

acumulado" do imobilizado para a despesa foi de R$ 22.633,27, dos quais R$ 7.850,84 apenas em 2012 (Quadro 7.3). Desse modo, esse valor do imobilizado depreciado em 2012 de R$ 7.850,84, de acordo com o regulamento da Receita Federal (RIR), pode ser lançado na despesa, reduzindo o valor dos impostos a pagar daquelas empresas que trabalham no regime de Imposto de Renda pelo lucro real.

Item do Balanço	2011	2012	Diferença
Imobilizado	R$ 68.367,17	R$ 79.121,80	R$ 10.754,63
Depreciação acumulada	-R$ 14.782,44	-R$ 22.633,27	R$ 7.850,84

Quadro 7.3 — Imobilizado e Depreciação

Quando a empresa adquire algum bem, o contador avalia se ele pode ser lançado diretamente na despesa (demonstração de resultados). Tratando-se de um bem de baixo valor, com consumo imediato, de pronto ele é lançado em despesas. Entretanto, se for uma máquina ou equipamento, de alto valor e vida longa, o contador lançará todos os meses uma parte desse valor na despesa, de acordo com o critério estabelecido no RIR.

Despesas Financeiras (5)

Continuando a nossa "transformação dos valores econômicos" (contábeis) do Balanço e da Demonstração de Resultados em valores financeiros (caixa), podemos perceber que a empresa registrou R$ 4.413,59 em despesas financeiras (juros de empréstimos, por exemplo) incorridas no exercício de 2012 (Quadro 7.2), sendo que desses valores contabilizados, R$ 111,65 não foram pagos. De todo modo, como a despesa foi gerada no exercício, assim deve ser registrada nele, entretanto, uma pequena parcela apenas será paga no exercício seguinte (R$ 111,65).

Em resumo, o fluxo de caixa gerado pelas atividades operacionais foi de R$ 11.751,19 (Quadro 7.2). Esse valor representa a soma entre as diferenças dos valores econômicos (contábeis) e os valores efetivamente pagos (financeiros) com o valor do lucro líquido do exercício. Vejamos essa operação passo a passo, calculando primeiro as diferenças entre o econômico e o financeiro.

Diferenças entre econômico e financeira = Margem Bruta + Despesas Operacionais + Despesas Financeiras

Diferenças entre econômico e financeira = R$ 5.569,73 + R$ 8.766,99 + R$ 116,65

Diferenças entre econômico e financeira = R$ 3.308,91

Uma vez encontrada a diferença entre os valores da contabilidade e o financeiro, resta agora calcular quanto a empresa "fez" de caixa no exercício de 2012 (Quadro 7.2).

Fluxo de Caixa Líquido = Lucro Líquido do Exercício + diferenças entre o econômico e o financeiro

Fluxo de Caixa Líquido = R$ 8.442,28 + R$ 3.308,91

Fluxo de Caixa Líquido = R$ 11.751,19

Mas a demonstração do caixa gerado pela empresa ainda não está pronta, faltam dois passos. O primeiro é calcular as diferenças entre os valores contábeis (econômicos) do Balanço Patrimonial, assim como fizemos com a Demonstração de Resultados, e o segundo passo é somar todos os fluxos financeiros. Para calcular as diferenças entre o contábil (econômico) e o financeiro, no caso do Balanço Patrimonial é mais fácil. Basta verificar as diferenças entre os valores dos dois exercícios: 2011 e 2012, conforme o Quadro 7.4.

Mas, atenção! É preciso pensar antes de utilizar esses valores de modo a verificar se "perdemos" ou ganhamos caixa. Veja, por exemplo, na primeira linha do Balanço no item "Caixa", a diferença entre os dois anos (2011 e 2012) é de R$ 20.855,34 (Quadro 7.4). Nesse caso, a empresa construiu ou destruiu caixa? A resposta correta é: a empresa gerou mais caixa, pois ao final de 2011 tinha R$ 30.695,41 em efetivo, e este aumentou para R$ 51.550,75 ao final de 2012.

Entretanto, no caso de duplicatas a receber e estoques, a empresa teve uma perda de caixa, assim, esses valores devem ser lançados no resumo com valores negativos. Mas, por que isso aconteceu? Ora, gastamos mais dinheiro financiando os clientes, visto que em 2011 os clientes deviam para a empresa R$ 12.024,27 e, ao final de 2012, esse valor passou para R$ 13.131,95, ou seja, tivemos que investir mais R$ 1.107,68. No caso dos estoques aconteceu a mesma coisa, pois ao final de 2011 tínhamos o montante de R$ 19.290,82 investidos em estoques e esse valor passou para R$ 22.124,45 em 2012, ou seja, colocamos mais dinheiro (caixa) no negócio, no total de R$ 2.833,63.

Para finalizar essa parte e firmar os conceitos, vamos ver mais um exemplo, dessa vez no Passivo. No Contas a Pagar, ou seja, dinheiro que a nossa empresa deve aos fornecedores, devíamos em 2011 o montante de R$ 25.282,44, mas em 2012 esse valor ficou menor, ou seja, estamos devendo menos (R$ 23.074,14). Conforme explicamos no Capítulo 3, os passivos são fontes de financiamento empresarial. Nesse caso, os nossos fornecedores estão nos financiando menos R$ 2.208,30, quando comparados os dois anos (R$ 25.282,44 – R$ 23.074,14). Em resumo, perdemos caixa no valor de R$ 2.208,30 na conta "fornecedores".

NIW Produtos Florestais Ltda			
Balanço Patrimonial, 31 de dezembro de 2012 (R$)			
	2011	2012	Diferenças
Ativo			
Caixa	R$ 30.695,41	R$ 51.550,75	R$ 20.855,34
Duplicatas a receber	R$ 12.024,27	R$ 13.131,95	R$ 1.107,68
Estoques	R$ 19.290,82	R$ 22.124,45	R$ 2.833,63
Despesas pré-pagas	R$ 5.757,28	R$ 5.404,68	-R$ 352,60
Total dos ativos correntes	R$ 67.767,78	R$ 92.211,83	
Imobilizado	R$ 68.367,17	R$ 79.121,80	R$ 10.754,63
Depreciação acumulada	-R$ 14.782,44	-R$ 22.633,27	-R$ 7.850,84
Imobilizado líquido	R$ 53.584,73	R$ 56.488,53	
Total dos ativos	R$ 121.352,52	R$ 148.700,35	
Passivo			
Contas a pagar	R$ 25.282,44	R$ 23.074,14	-R$ 2.208,30
Despesas provisionadas	R$ 5.943,95	R$ 7.199,03	R$ 1.255,08
Empréstimos de curto prazo	R$ 8.826,13	R$ 17.652,25	R$ 8.826,13
Total dos passivos correntes	R$ 40.052,52	R$ 47.925,42	
Empréstimos de longo prazo	R$ 26.478,38	**R$ 35.304,50**	R$ 8.826,13
Capital social	R$ 44.130,63	R$ 46.337,16	R$ 2.206,53
Lucros retidos	R$ 10.691,00	R$ 19.133,27	R$ 8.442,28
Patrimônio Líquido	R$ 54.821,62	R$ 65.470,43	
Total dos passivos	R$ 121.352,52	R$ 148.700,35	

Quadro 7.4 — Balanço Patrimonial (Fonte: TRACY, 2007)

Feitas todas as contas, vamos somar os valores da demonstração de resultados e do balanço patrimonial para gerar um terceiro relatório que chamamos de Demonstração do Fluxo de Caixa, conforme mostra o Quadro 7.5. Para facilidade de entendimento, dividimos o relatório mostrado no Quadro 7.5 em três partes, a saber:

- Fluxo de caixa gerado nas atividades operacionais
- Fluxo de caixa gerado nas atividades de investimento
- Fluxo de caixa gerado nas atividades de financiamento

A primeira parte, o fluxo de caixa gerado nas atividades operacionais, é o caixa gerado nas atividades fins da empresa, ou seja, em suas operações. Veja que simplesmente copiamos (via Excel) esses valores da demonstração de resultados e do balanço, totalizando R$ 11.751,19 (confira os cálculos na planilha Excel do Apêndice no site da editora).

Na segunda parte, é mostrado o fluxo de caixa gerado nas atividades de investimento ou imobilizados (máquinas, equipamentos, veículos, edificações e terrenos). Considerando que a empresa aumentou seu imobilizado (investimento) em 2012, quando comparado com 2011, perdemos caixa no valor de R$ 10.754,62 (R$ 68.367,17 – R$ 79.121,80). Não considere isso como uma coisa ruim, pois, às vezes, a empresa é obrigada a aumentar seu imobilizado para poder crescer as vendas.

Finalmente, resumimos o fluxo de caixa gerado nas atividades de financiamento: empréstimos e financiamento e aumento de capital realizado pelos sócios da empresa. Nesse caso, geramos um caixa expressivo de R$ 19.858,78, ou seja, se observar no balanço a empresa aumentou os empréstimos de curto e longo prazo e, ainda, os sócios investiram mais capital no negócio.

NIW Produtos Florestais Ltda.				
Demonstração de Fluxo de Caixa, 31 de dezembro de 2012 (R$)				
Fluxo de caixa das atividades operacionais	Lucro líquido do exercício		R$ 8.442,28	
	Aumento em duplicatas a receber	-R$ 1.107,68		
	Aumento em estoques	-R$ 2.833,63		
	Redução em despesas pré-pagas	R$ 352,60		
	Depreciação	R$ 7.850,84		
	Redução no Contas a Pagar	-R$ 2.208,30		
	Aumento de despesas provisionadas	R$ 1.255,08	R$ 3.308,91	R$ 11.751,19
Fluxo de caixa das atividades de investimento	Aumento no imobilizado			-R$ 10.754,63
Fluxo de caixa das atividades de financiamento	Aumento em empréstimos de curto prazo		R$ 8.826,13	
	Aumento em empréstimos de longo prazo		R$ 8.826,13	
	Aumento de capital		R$ 2.206,53	R$ 19.858,78
Aumento no caixa durante o ano				R$ 20.855,34
Caixa no início do ano				R$ 30.695,41
Caixa no final do ano				R$ 51.550,75

Quadro 7.5 — Demonstração de Fluxo de Caixa (Fonte: TRACY, 2007)

Ufa! Para finalizar este capítulo, voltamos a insistir em alguns pontos:

- A contabilidade é a mais poderosa, e a única confiável fonte de informações de uma empresa.
- Não seja desses empresários que contam com "jeitinhos" e soluções ilícitas para gerenciar seus negócios. Onde entra lixo só pode sair lixo, diz o velho ditado. Um relatório alimentado com bons dados gera informações importantes.
- Não cometa fraudes contra a pessoa jurídica de sua propriedade, separe o que é seu da empresa. Nunca pague despesas particulares com o dinheiro da companhia. Se isso virar um hábito você nunca poderá crescer de maneira sólida.

- Mesmo que a MPE não esteja obrigada a apresentar todas as informações contábeis no formato dos três relatórios (demonstração de resultados, balanço patrimonial e demonstração do fluxo de caixa), não deixe de fazê-los.
- A prática, a elaboração e análise dos relatórios contábeis, com viés gerencial, é essencial para o pequeno poder crescer e ser grande de maneira sólida.

Capítulo VIII

ANÁLISE E CONTROLE DE DESPESAS E CUSTOS

Neste capítulo, você encontrará três tipos de análises do seu sistema de orçamento e planejamento. De nada adianta planejar se não forem feitas avaliações sistemáticas. A análise SWOT é aplicável a qualquer área da empresa, realça as forças, fraquezas, ameaças e oportunidades. A análise vertical é recomendada para verificar tendências de resultados e, finalmente, a análise dos valores reais dos resultados econômico e financeiros, expurgados os efeitos da inflação pode mostrar surpresas ao empresário.

- A importância de analisar e controlar o desempenho empresarial
- Análise SWOT — analisa a empresa de maneira qualitativa, forças, fraquezas, ameaças e oportunidades
- Análise horizontal e vertical — um método fácil e prático para descobrir erros e tendências de resultados
- Análise dos valores reais do desempenho empresarial — deflacionando os vários componentes de resultados

Quem conhece a vida das empresas sabe que as despesas devem ser controladas com todo o cuidado e rigor, pois as pequenas acabam se transformando em grandes e as grandes ficam ainda maiores. Lembre-se de que a sorte acontece apenas com os outros que compram barato e vendem caro. Os mortais comuns têm que se organizar e controlar aquilo que possuem, nenhum milagre acontecerá ao léu. As despesas apenas aumentam, não existe nenhum caso registrado de que, uma vez abandonados os controles, as despesas voltaram ao normal.

Com os dados da contabilidade é possível construir relatórios simples e transformá-los em indicadores. Isso mesmo! Transforme tudo em números, pois fica muito mais fácil de controlar.

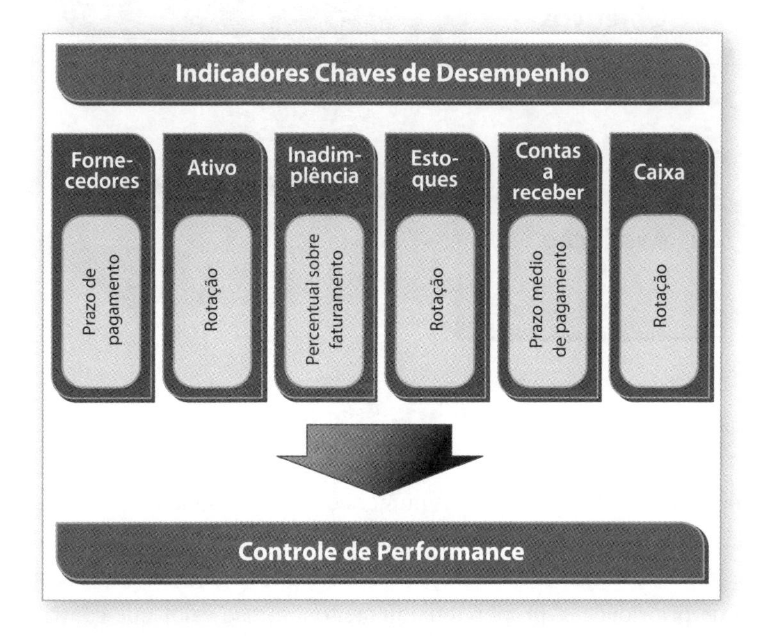

FIGURA 8.1: Indicadores de desempenho

Peter Drucker (1909-2005) é considerado o pai da Administração moderna. Dentre muitas contribuições, deixou para as empresas uma muito importante, chamada de "APO", ou administração por objetivos, que consiste em um sistema de administração empresarial, com a finalidade de "medir" numericamente o desempenho das diferentes áreas e setores, envolvendo todos os níveis administrativos.

Trata-se de um processo pelo qual os proprietários e subordinados identificam objetivos comuns a serem alcançados e definem áreas de responsabilidade de acordo com os resultados planejados no orçamento. Essas métricas guiarão a empresa na sua atividade. O mais interessante nesse processo de avaliação e acompanhamento de desempenho é que a técnica da APO é um instrumento de administração participativa, envolvendo o empresário, os gerentes e os subordinados. Todos discutem as métricas a serem avaliadas, estabelecem objetivos de consenso e depois as avaliam.

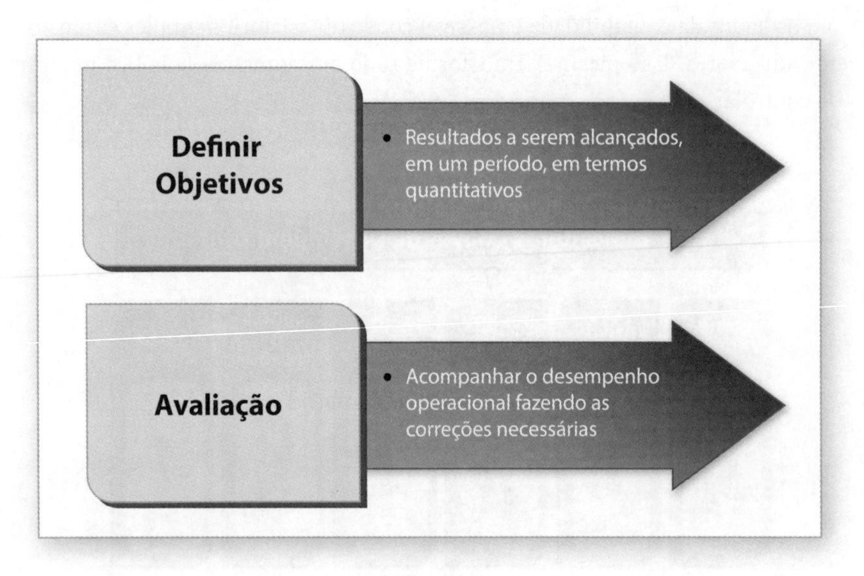

Figura 8.2: **Planejamento estratégico**

Uma empresa voltada para objetivos numéricos terá resultado garantido. Adiante, no Capítulo 12 deste livro, vamos tratar da análise de desempenho empresarial por meio de índices. No estabelecimento dos objetivos deve-se levar em conta que sejam fixados por ordem de prioridade e, proporcionalmente, quanto ao valor que contribuem para o resultado geral. De nada adianta estabelecer um número muito elevado de objetivos a serem alcançados; poucas metas, não mais que vinte, abrangendo todas as áreas, são suficientes. O empresário deve levar em conta alguns critérios para estabelecer os objetivos que devem guiar a MPE.

- Os objetivos devem ter um elevado grau de dificuldade para serem alcançados. Entretanto, não devemos estabelecer metas impossíveis, elas desestimulam o pessoal envolvido;
- Os termos dos objetivos devem ser claros e fáceis de serem entendidos. Evite coisas complicadas e palavras rebuscadas. Evite, tanto quanto possível, os "anglicismos", ou termos em língua inglesa;
- Tudo deve ter prazo, nunca deixe nada sem prazo. Coloque também prazos intermediários, eles vão estimulando a equipe;
- Faça avaliações permanentes com a equipe. Se a sua firma tiver gerentes ou supervisores reúna-se com eles, pelo menos uma vez por semana, para discutir os resultados e propor estratégias;
- Não basta acompanhar; é necessário corrigir o rumo e estabelecer novas rotas para aqueles objetivos mais difíceis de serem alcançados;
- Lembre-se de que o foco deve ser na atividade e no resultado, nunca nas pessoas;
- Procure monitorar mais de perto os objetivos que tenham maior relação com o resultado; no máximo três deles.

A seguir, apresentamos alguns instrumentos que poderão ser utilizados para analisar o desempenho do orçamento, especialmente custos e receitas:

- Análise SWOT
- Análise vertical e horizontal
- Análise de custos e despesas pelo valor real

Análise SWOT

A análise SWOT[1] é um instrumento simples, capaz de produzir resultados surpreendentes. A técnica da análise SWOT foi desenvolvida pelo professor Albert Humphrey, da Universidade Stanford (EUA). No entanto, sua criação é um tanto controversa e creditada a vários professores. Todavia, os aficionados pela leitura de Sun Tzu (500 a.C.), escritor chinês mais conhecido por sua obra A Arte da Guerra, poderão encontrar no livro as

[1] SWOT = Forças (Strengths), Fraquezas (Weaknesses), Oportunidades (Opportunities) e Ameaças (Threats).

seguintes palavras "concentre-se nos pontos fortes, reconheça as fraquezas, agarre as oportunidades e proteja-se contra as ameaças"[2].

A sigla SWOT provém de palavras escritas em língua inglesa, que significam: forças, fraquezas, oportunidades e ameaças. Sua aplicação faz parte do planejamento tático da empresa. Não importa quantos empregados tenha a micro ou pequena empresa, todos os meses reúna-se, nem que seja consigo mesmo e "pense" nos resultados e no ambiente, mas do ponto de vista qualitativo, sem considerar objetivos numéricos.

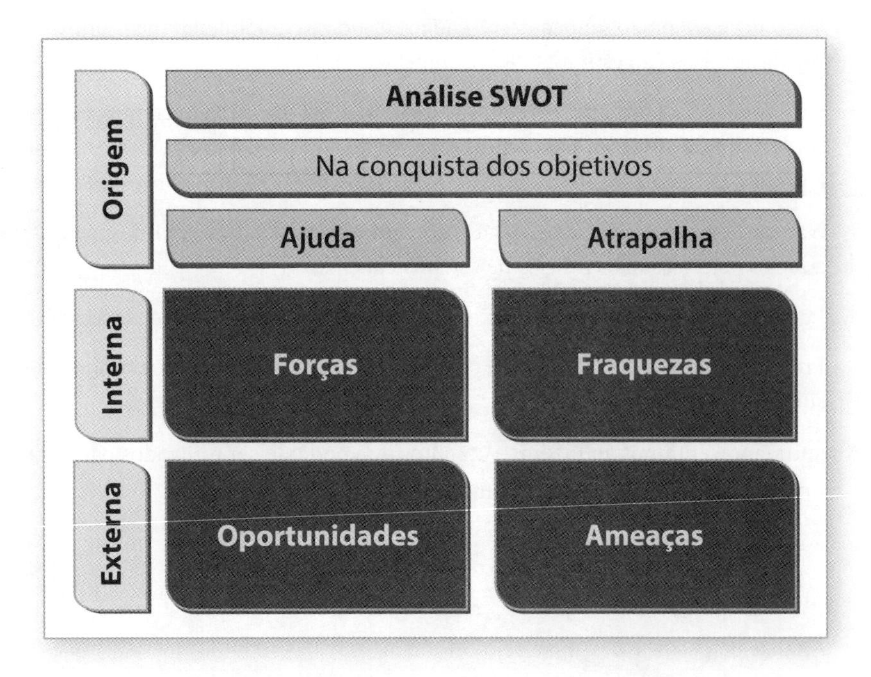

Figura 8.3: Análise SWOT

A simplicidade da análise SWOT está no ponto em que ela pode ser executada com apenas uma simples folha de papel dividida em quatro partes. Na sala de aula sempre oriento os meus alunos que não devemos tentar analisar problemas "de cabeça"; para ter melhores resultados é preciso escrever aquilo que se pensa. A análise SWOT "pensa" a empresa, analisando questões do ponto de vista interno e externo, ou seja:

[2] Fonte: Wikipédia.

- Análise interna — pontos fortes (forças) e pontos fracos (fraquezas)
- Análise externa — oportunidades e ameaças

A Análise SWOT é uma técnica para analisar o cenário no qual a firma está inserida. Do ponto de vista qualitativo (sem usar objetivos numéricos), torna-se uma poderosa ferramenta para os empresários acompanharem o desempenho do orçamento empresarial e analisar os ambientes internos e externos. Esse tipo de análise pode ser usado em qualquer área, mas aplicada a finanças obriga as pessoas a "pensarem" a empresa e se inteirarem daquilo que acontece dentro e fora.

Análise Vertical e Horizontal

Normalmente a administração financeira e a contabilidade são desenvolvidas, principalmente nas grandes empresas, por meio de sistemas eletrônicos, ou os chamados "sistemas de gestão", ou ainda simplesmente "RP" como, por exemplo, o SAP[3]. Esses sistemas de gestão são poderosas ferramentas de controle, incluindo facilidades como contabilidade, orçamento e administração. Entretanto, as micro e pequenas não podem investir milhares de reais em tais controles. São encontrados no mercado sistemas computacionais construídos para a finalidade de controle, baratos e fáceis de operar. Também existem muitos sistemas de gestão gratuitos na internet, os chamados *freeware*. De todo modo, simples relatórios especificados pela contabilidade e exportados para uma planilha Excel podem resolver a questão. Assim, as empresas desenvolvem, adaptam e aplicam controles para gerir o seu dia a dia e avaliar se o orçamento está ocorrendo dentro do previsto ou não, como por exemplo:

- Orçamentos
- Projeções de fluxos de caixa e orçamento
- Demonstrações contábeis, resultados e balanço patrimonial
- Folha de pagamento e
- Autorizações de pagamentos, contas a pagar e contas a receber

Os dados da contabilidade, coletados de todas as áreas da empresa formam uma base de dados difícil de manipular e complicada de analisar. O leitor deve ter em mente que os sistemas não visam apenas avaliar, mas também são úteis no momento

[3] http://www.sap.com/brazil/index.epx

de descobrir erros, muito dos quais seriam imperceptíveis no meio de uma miríade de dados. A solução para tais questões é a análise vertical e horizontal.

Essas análises não devem ser ocasionais, mas frequentes nas buscas por informações baseadas nos dados da contabilidade. Por se tratarem de análises muito simplistas, podem ser emitidas juntamente aos relatórios da contabilidade. Esse tipo de exame é bastante indicado para verificar a tendência dos saldos das contas contábeis ou do controle do desempenho empresarial. Quando comparamos um determinado item de despesas em uma linha do tempo, transformada em percentual, logo é possível perceber movimentos erráticos, ou de subidas e descidas repentinas sem justificativas.

Para ilustrar esse tipo de análise vamos tratar os dados "horizontalmente", ou seja, vamos transformar a primeira linha de dados em uma base "100". Em seguida, ao longo dos demais meses, comparamos os resultados proporcionalmente a esta de referência que chamamos de "100". Vejamos como fica este exemplo na prática. O Quadro 8.1 mostra o desempenho de venda mensal dos últimos seis meses da empresa *SKF*. Considerando que a empresa tem cinco produtos na sua linha de vendas, uma análise visual do relatório contábil não revela o desempenho das mesmas. Com esse tipo de relatório apenas podemos perceber, se nos fixarmos com muito cuidado na leitura, que as vendas do Produto A, do mês de abril, foram menores numericamente que as vendas do mês de março. O relatório em si já apresenta dificuldades de análise, haja vista que o exemplo, embora simplificado, tem apenas cinco produtos. São muitos números. Todos apresentados juntos, sem a inserção de linha em branco.

Produto	Janeiro	Fevereiro	Março	Abril	Maio	Junho
Produto A	3.870,00	3.901,00	3.922,00	3.820,00	3.954,00	3.980,00
Produto B	4.644,00	4.689,20	4.706,40	4.713,00	4.744,80	4.776,00
Produto C	13.158,00	13.863,40	12.334,80	12.988,00	13.943,60	13.532,00
Produto D	5.185,80	5.227,34	5.255,48	5.118,80	5.098,36	5.033,20
Produto E	8.165,70	8.231,11	8.275,42	8.360,20	8.342,94	8.397,80

Quadro 8.1 — SKF — Análise horizontal do desempenho de vendas

Descontente com a apresentação do relatório, e necessitado de acrescentar uma visão mais gerencial à informação expedida pela contabilidade, o empresário resolveu inserir mais uma linha, com a seguinte providência: tomou a coluna de janeiro e considerou como 100% das vendas do produto. Com o resultado das vendas de fevereiro, calculou o percentual de quanto as vendas de fevereiro representam, quando comparadas com janeiro, e chegou à conclusão de que estão são 101% ((R$ 3.901,00 / R$ 3.870,00) x 100), ou seja, as vendas de fevereiro foram 1% maiores que as vendas de janeiro, conforme demonstra o Quadro 8.2.

Produto	Janeiro	Fevereiro	Março	Abril	Maio	Junho
Produto A	3.870,00	3.901,00	3.922,00	3.820,00	3.954,00	3.995,00
Percentual	100%	101%	101%	99%	102%	103%
Produto B	4.644,00	4.689,20	4.706,40	4.713,00	4.744,80	4.776,00
Percentual	100%	101%	101%	101%	102%	103%
Produto C	13.158,00	13.863,40	12.334,80	12.988,00	13.943,60	13.532,00
Percentual	100%	105%	94%	99%	106%	103%
Produto D	5.185,80	5.227,34	5.255,48	5.118,80	5.098,36	5.033,20
Percentual	100%	101%	101%	99%	98%	97%
Produto E	8.165,70	8.231,11	8.275,42	8.360,20	8.342,94	8.397,80
Percentual	100%	101%	101%	102%	102%	103%

Quadro 8.2 — SKF — Análise horizontal do desempenho de vendas

A análise melhorou muito, pois foi acrescentada uma informação fundamental no relatório contábil facilitando a vida do empresário. Observe, por exemplo, que algo estranho está acontecendo com o Produto D, pois o volume de vendas de abril, maio e junho tem sido decrescentes. As vendas de junho foram 3% menores que as de janeiro ((R$ 5.033,20 / 5.185,80 – 1) x 100).

Mas, embora a alteração do relatório tenha trazido muita informação útil, também poderia ser melhorada acrescentando uma linha em branco entre os produtos, dando destaque para cada um deles, "despoluindo" o relatório (Quadro 8.3).

Produto	Janeiro	Fevereiro	Março	Abril	Maio	Junho
Produto A	3.870,00	3.901,00	3.922,00	3.820,00	3.954,00	3.995,00
Percentual	100%	101%	101%	99%	102%	103%
Produto B	4.644,00	4.689,20	4.706,40	4.713,00	4.744,80	4.776,00
Percentual	100%	101%	101%	101%	102%	103%
Produto C	13.158,00	13.863,40	12.334,80	12.988,00	13.943,60	13.532,00
Percentual	100%	105%	94%	99%	106%	103%
Produto D	5.185,80	5.227,34	5.255,48	5.118,80	5.098,36	5.033,20
Percentual	100%	101%	101%	99%	98%	97%
Produto E	8.165,70	8.231,11	8.275,42	8.360,20	8.342,94	8.397,80
Percentual	100%	101%	101%	102%	102%	103%

Quadro 8.3 — SKF — Análise horizontal do desempenho de vendas

Essas duas simples alterações no relatório contábil permitiram uma análise mais fácil, direta e "despoluída". Em resumo, a análise horizontal é uma ferramenta que tem utilidade para verificar erros de apropriações e analisar a evolução e tendência de algum item de vendas ou custo.

Por outro lado, análise de proporções também é muito útil na ajuda da tomada de decisão empresarial. Por exemplo, qual é a dependência da receita da empresa em relação ao Produto C? Caso o produto fosse descontinuado ou afetado por alguma razão de mercado ou produção, qual seria o dano, proporcionalmente? Ademais, certos produtos, quando analisados sob o aspecto da margem líquida[4] que oferecem ao resultado da empresa, podem mostrar que não são importantes e assim, retirados do catálogo de vendas. Considere que tal tipo de análise deva ser feita com cuidado, pois, embora, o leite vendido na padaria apenas acarrete prejuízo, o padeiro não pode deixar de vendê-lo, pois sem leite não vende presunto, produto que oferece uma margem altíssima.

[4] Margem Líquida = Lucro Líquido do Exercício / Receita Operacional Líquida. Veja mais detalhes no Capítulo 12.

O Quadro 8.4 mostra que o "Produto A" tem se destacado em relação aos demais, pois em apenas seis meses passou a representar 14% ((R$ 4.829,00 / R$ 35.178,00 – 1) x 100) do portfólio da empresa em junho, quando em janeiro era de 11% ((R$ 3.870,00 / R$ 35.023,50 – 1) x 100).

Produto	Jan	%	Fev	%	Mar	%	Abr	%	Mai	%	Junho	%
Produto A	3.870,00	11%	3.981,00	11%	4.022,00	12%	4.133,00	12%	4.289,00	12%	4.829,00	14%
Produto B	4.644,00	13%	4.689,20	13%	4.706,40	14%	4.713,00	13%	4.744,80	13%	4.776,00	14%
Produto C	13.158,00	38%	13.863,40	39%	12.334,80	36%	12.988,00	37%	13.943,60	38%	12.532,00	36%
Produto D	5.185,80	15%	5.227,34	15%	5.255,48	15%	5.118,80	14%	5.098,36	14%	5.033,20	14%
Produto E	8.165,70	23%	8.231,11	23%	8.275,42	24%	8.360,20	24%	8.142,94	22%	8.007,80	23%
Total	35.023,50	100%	35.992,05	100%	34.594,10	100%	35.313,00	100%	36.218,70	100%	35.178,00	100%

Quadro 8.4 — SKF — Análise vertical do desempenho de vendas

Outra maneira de apresentar o relatório é colocando os dados em percentual abaixo do resultado do mês, o que facilita a visualização dos percentuais (Quadro 8.5).

Produto	Janeiro	Fevereiro	Março	Abril	Maio	Junho
Produto A	3.870,00	3.981,00	4.022,00	4.133,00	4.289,00	4.829,00
Proporção	11%	11%	12%	12%	12%	14%
Produto B	4.644,00	4.689,20	4.706,40	4.713,00	4.744,80	4.776,00
Proporção	13%	13%	14%	13%	13%	14%
Produto C	13.158,00	13.863,40	12.334,80	12.988,00	13.943,60	12.532,00
Proporção	38%	39%	36%	37%	38%	36%

Produto D	5.185,80	5.227,34	5.255,48	5.118,80	5.098,36	5.033,20
Proporção	15%	15%	15%	14%	14%	14%
Produto E	8.165,70	8.231,11	8.275,42	8.360,20	8.142,94	8.007,80
Proporção	23%	23%	24%	24%	22%	23%
Total de vendas	35.023,50	35.992,82	34.594,86	35.313,76	36.219,48	35.178,77

Quadro 8.5 — SKF — Análise vertical do desempenho de vendas

O raciocínio poderá ser estendido para todas as contas de receita e despesa da empresa – Demonstrações de Resultados, Balanços Patrimoniais, Orçamento, entre outros. Inúmeras tendências e conclusões poderão ser retiradas em termos numéricos, de projeção e do mercado. Vejamos um exemplo de análise com uma demonstração de resultado do exercício (Quadro 8.6). Os valores estão colocados em bases anuais, entretanto, o leitor poderá estender o raciocínio e analisar os dados mensalmente, pois a nossa firma não pode esperar um ano para detectar um problema.

Conta de resultado	2.011	2.010	2.009
Receita operacional bruta	R$ 611.767,02	R$ 511.392,12	R$ 446.048,46
	100,0%	100,0%	100,0%
Deduções da receita op. bruta	R$ 109.252,68	R$ 79.260,18	R$ 67.943,01
	-17,9%	-15,5%	-15,2%
Receita operacional líquida	R$ 502.514,34	R$ 432.131,94	R$ 378.105,45
	82,1%	84,5%	84,8%
Custo da mercadoria vendida	R$ 335.591,08	R$ 330.482,36	R$ 272.331,90
	-54,9%	-64,6%	-61,1%
Lucro bruto	R$ 166.924,08	R$ 101.650,43	R$ 105.774,40
	27,3%	19,9%	23,7%
Despesas de vendas	R$ 66.418,39	R$ 68.342,91	R$ 60.544,86
	-10,9%	-13,4%	-13,6%
Despesas gerais e administrativas	R$ 18.755,31	R$ 17.235,69	R$ 13.996,50

	-3,1%	-3,4%	-3,1%
Depreciação e amortização	R$ 19.595,10	R$ 18.155,46	R$ 16.555,86
	-3,2%	-3,6%	-3,7%
Impostos e taxas	R$ 2.439,39	R$ 1.719,57	R$ 2.879,28
	-0,4%	-0,3%	-0,6%
Despesas financeiras	R$ 24.713,82	R$ 30.392,40	R$ 24.073,98
	-4,0%	-5,9%	-5,4%
Receitas financeiras	R$ 13.196,70	R$ 22.994,25	R$ 17.555,61
	2,2%	4,5%	3,9%
Resultado equivalência patrimonial	R$ 199,95	R$ 359,91	R$ 399,90
	0,0%	-0,1%	-0,1%
Lucro operacional	R$ 48.398,80	R$ 11.561,29	R$ 4.879,64
	7,9%	-2,3%	1,1%
Resultado não operacional	R$ 3.199,20	R$ 199,95	R$ 199,95
	0,5%	0,0%	0,0%
Lucro antes do IR e da CS	R$ 51.598,08	R$ 11.361,36	R$ 5.079,60
	8,4%	-2,2%	1,1%
IR e CS	R$ 1.999,50	R$ 399,90	R$ 4.718,82
	0,3%	0,1%	1,1%
Lucro líquido do exercício	R$ 53.597,66	R$ 10.961,48	R$ 9.798,43
	8,8%	-2,1%	2,2%

Quadro 8.6 — SKF — Demonstração do resultado do exercício

Analisando o Quadro 8.6, podemos observar que a empresa teve uma melhoria sensível de resultado. A margem líquida (lucro líquido do exercício / receita operacional líquida) saltou de -2,1% em 2010 para 8,8% em 2011. Isso aconteceu porque a empresa conseguiu realizar uma forte redução de custos em 2011. O custo da mercadoria vendida, que representava proporcionalmente 64,6% da receita operacional bruta em 2010, foi reduzida para 54,9% em 2011. Ademais, a empresa obteve bom resultado nas despesas de vendas, mantidas nos mesmos níveis dos anos anteriores. Em 2011, as despesas de venda representavam uma proporção de 10,9% da receita operacional bruta, enquanto que nos anos de 2010 e 2009 esse percentual foi de 13,4% e 13,6%, respectivamente.

As constatações quando aplicadas sobre relatórios contábeis detalhados em bases mensais, podem ser uma importante ferramenta de crítica e oportunidade de melhoria de resultados.

Análise por Índices de Inflação

Muitas vezes comparamos os resultados de um período com outro e ficamos extasiados com o resultado. Entretanto, uma vez retirada a inflação, ou na linguagem dos economistas "deflacionando" os números, percebemos que o crescimento não foi tão expressivo, ou mesmo que o resultado foi negativo. Em 2003, as Receitas Operacionais Brutas do Pão de Açúcar foram de R$ 12.788,40 (milhão), quando comparadas com as receitas de 2002, no valor de R$ 11.154,10 (milhão), as receitas mostraram um crescimento de 14,65% ((R$ 12.788,40 / R$ 11.154,10 – 1) x 100). Entretanto, esse crescimento é apenas nominal, ou seja, trata-se de uma simples comparação entre os dados de um ano e outro, desconsiderando a inflação.

Existem muitas formas de calcular a receita real do Pão de Açúcar, este gigante que atua no segmento de supermercados. Neste caso, vamos aplicar uma forma fácil e direta. Poderíamos simplesmente transformar a receita em uma "moeda forte" de um país desenvolvido, dólar, euro ou iene, por exemplo. Entretanto, todos sabem que essas moedas também são corroídas pela inflação e, especialmente, pela especulação. Dito isso, desaconselhamos transformar qualquer valor em moeda se a finalidade for comparar resultados de períodos diferentes. Mas como resolver tal problema?

Ora, vamos transformar a receita em um indicador que não sofra esses defeitos, como IGP-M, por exemplo. Mas o IGP-M tem valor? — perguntaria alguém. A resposta é afirmativa. Todos os meses, quando a Fundação Getúlio Vargas (FGV) divulga os resultados do IGP-M, o faz em duas formas: número índice (valor) e percentual (%). Então fica muito fácil fazer essa comparação se sabemos que o número índice médio do IGP-M de 2003 foi de 288,04 e o de 2002 foi de 232,85.

Em 31/12/2003: Receita = R$ 12.788,40 (milhão) / 288,04 = 44,3980 IGP-Ms

Em 31/12/2002: Receita = R$ 11.154,10 (milhão) / 232,85 = 47,9025 IGP-Ms

$$\text{Variação Real} = \left(\frac{44{,}3980}{47{,}9025} - 1 \right) \times 100 = -7{,}32\%$$

Triste surpresa, pois constatamos que a variação da Receita Operacional Bruta do Pão de Açúcar, se deflacionada pelo IGP-M da FGV, foi negativa, ou seja, -7,32%.

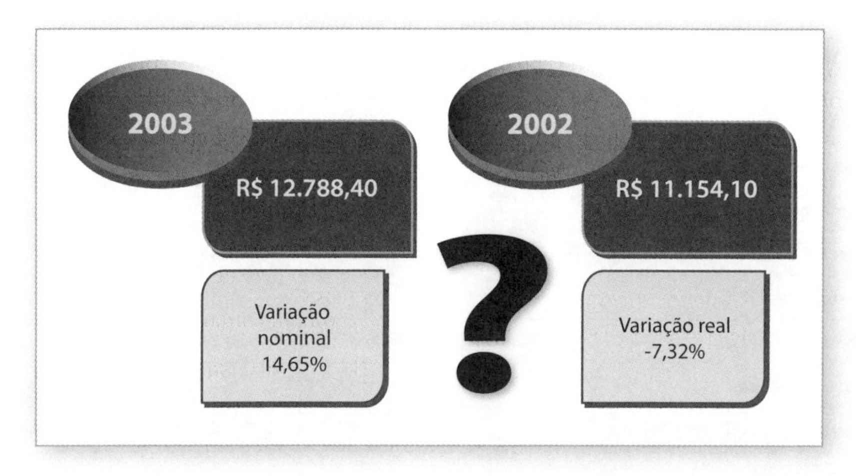

Figura 8.4: **Receita Operacional Bruta**

Os dados do IGP-M (percentual e valor) são obtidos facilmente no site da FGV, disponível em <www.fgvdados.br>.

Vamos agora aplicar esses conceitos que aprendemos para analisar uma demonstração de resultados. Vale lembrar que o importante é conhecer as formas de comparação, pois uma vez que aprendemos a trabalhar com elas podemos aplicar a análise para qualquer coisa[5].

O proprietário da *SKF* está analisando os resultados das suas contas para saber como foi o desempenho da empresa em 2010, quando comparados com os anos anteriores. Considerando que ele tomou várias medidas, seria útil saber se a evolução das receitas e, principalmente, das despesas evoluiu positivamente quando comparada com os índices de inflação. O Quadro 8.7 mostra os dados em valores nominais, ou seja, em moeda do ano, afetadas pelos efeitos danosos da inflação.

[5] Para saber mais procure: ANTONIK, Luis Roberto. Cálculos Periciais. Curitiba: Editora Juruá, 2012.

Conta de resultado (Real de 31/12)	2.010	2.009	2.008
Receita operacional bruta	R$ 523.658,22	R$ 510.886,06	R$ 496.005,89
Deduções da receita operacional bruta	-R$ 78.120,98	-R$ 77.017,32	-R$ 75.552,63
Receita operacional líquida	R$ 445.537,24	R$ 433.868,74	R$ 420.453,26
Custo da mercadoria vendida	-R$ 318.689,28	-R$ 314.120,38	-R$ 302.833,07
Lucro bruto	R$ 126.847,95	R$ 119.748,36	R$ 117.620,19
Despesas de vendas	-R$ 71.633,25	-R$ 68.213,32	-R$ 67.325,88
Despesas gerais e administrativas	-R$ 19.743,90	-R$ 16.942,09	-R$ 15.564,11
Depreciação e amortização	-R$ 20.677,75	-R$ 19.076,87	-R$ 18.410,12
Impostos e taxas	-R$ 2.712,60	-R$ 1.912,16	-R$ 3.201,76
Despesas financeiras	-R$ 23.033,77	-R$ 30.460,35	-R$ 26.770,27
Receitas financeiras	R$ 14.674,73	R$ 25.569,61	R$ 19.521,84
Resultado equivalência patrimonial	R$ 222,34	-R$ 400,22	-R$ 444,69
Lucro operacional	R$ 3.943,75	R$ 8.312,96	R$ 5.425,20
Resultado não operacional	R$ 3.557,51	R$ 222,34	R$ 222,34
Lucro antes do IR e da CS	R$ 7.501,26	R$ 8.535,30	R$ 5.647,55
IR e CS	R$ 2.223,44	R$ 444,69	R$ 5.247,33
Lucro líquido do exercício	R$ 9.724,71	R$ 8.979,99	R$ 10.894,88

Quadro 8.7 — SKF — Demonstração do resultado do exercício

Fazendo uma análise horizontal, pode-se perceber que o resultado de 2010 não foi muito bom, pois a receita operacional líquida não apresentou crescimento, enquanto que no ano de 2009 tinha crescido 3%, quando comparada com 2008. Quanto ao custo da mercadoria vendida, o resultado pode ser considerado razoável, pois ela cresceu apenas 1%. Por outro lado, as despesas gerais e administrativas foram um verdadeiro desastre, com crescimento de 17%, quase o dobro do crescimento de 2009, quando comparado com 2008 (Quadro 8.8).

Conta de resultado (Real de 31/12)	2.010		2.009		2.008
Receita operacional bruta	1%	513.658,22	3%	510.886,06	496.005,89
Deduções da receita op. bruta	1%	- 78.120,98	2%	- 77.017,32	- 75.552,63
Receita operacional líquida	0%	435.537,24	3%	433.868,74	420.453,26
Custo da mercadoria vendida	1%	-318.689,28	4%	-314.120,38	-302.833,07
Lucro bruto	-2%	116.847,95	2%	119.748,36	117.620,19
Despesas de vendas	5%	- 71.633,25	1%	- 68.213,32	- 67.325,88
Despesas gerais e administrativas	17%	- 19.743,90	9%	- 16.942,09	- 15.564,11
Depreciação e amortização	8%	- 20.677,75	4%	- 19.076,87	- 18.410,12
Impostos e taxas	42%	- 2.712,60	-40%	- 1.912,16	- 3.201,76
Despesas financeiras	-21%	- 24.033,77	14%	- 30.460,35	- 26.770,27
Receitas financeiras	-2%	25.074,73	31%	25.569,61	19.521,84
Resultado equivalência patrimonial	-156%	222,34	-10%	- 400,22	- 444,69
Lucro operacional	-60%	3.343,75	53%	8.312,96	5.425,20
Resultado não operacional	1500%	3.557,51	0%	222,34	222,34
Lucro antes do IR e da CS	-19%	6.901,26	51%	8.535,30	5.647,55
IR e CS	400%	2.223,44	-92%	444,69	5.247,33
Lucro líquido do exercício	2%	9.124,71	-18%	8.979,99	10.894,88

Quadro 8.8 — SKF — Demonstração do resultado do exercício

Entretanto, como já dissemos, comparações com valores nominais são inadequadas e perigosas. Assim, vamos transformar os valores da demonstração de resultados em IGP-DI. Mas, para fazer isso precisamos antes construir uma tabela com os números índices (valores) e percentuais do IGP-DI. Então, é necessário visitar o *site* da FGV e coletar os dados[6]. O leitor deve ter observado que coletamos os valores e fizemos uma tabela (Quadro 8.9) que mostra o percentual de inflação no mês ao lado do respectivo número índice. A inflação de outubro de 2010, por exemplo, foi de 1,029%, enquanto o valor (número índice) de agosto de 2009 foi de 397,758 (agosto de 1994 é igual a 100). Se o leitor comparar o número índice de dezembro de 2010 (443,427) com o de dezembro de 2009 (398,407) verificará que a inflação do ano de 2010, medida pelo IGP-DI, foi de 11,300% ((443,427 / 398,407 -1) x 100).

[6] www.fgvdados.br

Mas, essa tabela tem uma novidade, pois calculamos também a inflação média do ano, a qual pode ser muito diferente da inflação medida de janeiro a dezembro do ano (Quadro 8.9). Para calcular a inflação média, simplesmente somamos os números índices do ano e dividimos por doze, que em 2010 ficou em 422,292 e em 2009 ficou em 399,983. Deste modo, se comparados os números índices médios temos uma "inflação média" de 5,578% ((422,292 / 399,983-1) x 100). Lembramos ao leitor que todos esses dados, quadros e informações são encontrados no site da editora.

Neste momento, o leitor perguntaria: Mas qual a causa de todo esse trabalho para calcular a inflação média? Acontece que ela pode ser muito diferente da inflação do ano. Ademais, alguns itens da demonstração de resultados são apresentados em valores médios do ano (moeda corrente ou nominal), ou seja, a contabilidade vai somando as receitas de todos os dias para formar a receita do ano. Por outro lado, o lucro líquido do exercício é um valor calculado no dia 31 de dezembro de ano. Deste modo, ele não é um valor médio do ano com a receita ou a despesa, mas um valor com data certa, neste caso 31 de dezembro. Para saber mais sobre o assunto, leia o livro *Cálculos Periciais* (ANTONIK, Editora Juruá, 2012).

Ano	2007		2008		2009		2010	
Mês	ÍNDICE	%	ÍNDICE	%	ÍNDICE	%	ÍNDICE	%
Janeiro	344,850	0,427%	374,139	0,986%	404,244	0,015%	402,425	1,009%
Fevereiro	345,652	0,233%	375,558	0,379%	403,737	-0,125%	406,826	1,094%
Março	346,407	0,218%	378,194	0,702%	400,353	-0,838%	409,399	0,632%
Abril	346,878	0,136%	382,414	1,116%	400,530	0,044%	412,341	0,719%
Maio	347,421	0,157%	389,585	1,875%	401,232	0,175%	418,811	1,569%
Junho	348,328	0,261%	396,954	1,891%	399,966	-0,316%	420,241	0,341%
Julho	349,628	0,373%	401,406	1,122%	397,393	-0,643%	421,154	0,217%
Agosto	354,495	1,392%	399,870	-0,383%	397,758	0,092%	425,788	1,100%
Setembro	358,633	1,167%	401,327	0,364%	398,738	0,246%	430,453	1,096%
Outubro	361,308	0,746%	405,707	1,091%	398,575	-0,041%	434,882	1,029%
Novembro	365,100	1,050%	405,982	0,068%	398,857	0,071%	441,754	1,580%
Dezembro	370,485	1,475%	404,185	-0,443%	398,407	-0,113%	443,427	0,379%
Ano	370,485	7,892%	404,185	9,096%	398,407	-1,430%	443,427	11,300%
Médio	353,265	5,082%	392,943	11,232%	399,983	1,791%	422,292	5,578%

Quadro 8.9 — IGP-DI — FGV (Fonte: FGVdados.br)

Construída a tabela com os números índices (valores) e percentuais do IGP-DI, vamos agora transformar os valores em Reais do nosso relatório contábil em IGP-DIs, simplesmente dividindo os valores em Real pelo número índice. Uma pequena planilha em Excel resolverá o problema, como demonstra o Quadro 8.10.

Observe que a receita operacional bruta de 2010, expressa em reais, quando dividida pelo IGP-DI médio, resultou em 1.276,41 IGPs (R$ 513.658,22 / 422,292). Já o lucro líquido do exercício do ano em Real, quando dividido pelo IGP-DI, resultou em 21,61 (R$ 9.124,71 / 443,427).

Uma vez que temos os dados tabelados constatamos que o resultado em valores Real (sem inflação) da SKF foi mais que ruim, um verdadeiro desastre, pois a receita operacional líquida caiu 2% e o lucro líquido do exercício amargou 4% negativo (Quadro 8.10).

Conta de resultado	2.010		2.009		2.008
Receita operacional bruta	0%	1.276,41	4%	1.282,32	1.227,18
Deduções da receita op. bruta	-1%	- 192,03	3%	- 193,31	- 186,93
Receita operacional líquida	-2%	1.063,85	5%	1.089,01	1.040,25
Custo da mercadoria vendida	-2%	- 772,88	5%	- 788,44	- 749,24
Lucro bruto	-7%	279,00	3%	300,57	291,01
Despesas de vendas	0%	- 170,46	3%	- 171,22	- 166,57
Despesas gerais e administrativas	10%	- 46,88	10%	- 42,52	- 38,51
Depreciação e amortização	1%	- 48,56	5%	- 47,88	- 45,55
Impostos e taxas	31%	- 6,30	-39%	- 4,80	- 7,92
Despesas financeiras	-28%	- 55,27	15%	- 76,46	- 66,23
Receitas financeiras	-12%	56,76	33%	64,18	48,30
Resultado equivalência patrimonial	-150%	0,50	-9%	- 1,00	- 1,10
Lucro operacional	-64%	7,54	55%	20,87	13,42
Resultado não operacional	1410%	8,42	1%	0,56	0,55
Lucro antes do IR e da CS	-23%	16,34	48%	21,34	14,37
IR e CS	374%	5,27	-92%	1,11	13,35
Lucro líquido do exercício	-4%	21,61	-19%	22,45	27,73

Quadro 8.10 — SKF — Demonstração do resultado do exercício em IGP-DI

Capítulo IX

ANÁLISE DE INVESTIMENTOS EM MÁQUINAS, EQUIPAMENTOS E INSTALAÇÕES

Neste capítulo, você vai apreender como calcular a rentabilidade de um projeto de investimento em um novo negócio, ou ainda saber se a compra de uma determinada máquina ou equipamento trará resultados para o negócio. Para realizar esses cálculos, atualmente, não é necessário o uso de complexas fórmulas matemáticas, nem tampouco calculadoras eletrônicas sofisticadas. A Planilha Excel poderá fazer todas estas contas com funções conversacionais.

- Como calcular preços de produtos e serviços?
- Quais são as melhores ferramentas e aplicativos para calcular a viabilidade e retorno dos projetos de investimento?
- Como calcular a taxa de retorno de um projeto, negócio ou investimento?
- Valor presente líquido — um método de análise de rentabilidade que vale a pena conhecer

Analisar a viabilidade de investir em um novo negócio, na compra de uma máquina, ou mesmo verificar se os preços cobrados pelos produtos ou serviços oferecidos pela empresa são rentáveis, sempre foi considerado uma tarefa muito difícil para a qual se requeria alto preparo técnico em finanças. Apenas o nome da disciplina que trata do assunto é suficiente para "espantar" qualquer interessado de boa-fé em executá-la: "engenharia econômica".

Mas, não obstante este parágrafo de introdução, tal dificuldade é coisa do passado, pois, hoje os cálculos são extremamente facilitados, basta um pequeno treino. Para o micro e pequeno empresário, recomendamos que utilize apenas a planilha eletrônica Excel, evitando calculadoras ou cálculos que requerem fórmulas matemáticas.

As planilhas eletrônicas — e aqui falamos da mais disseminada delas — a Excel, oferece uma possibilidade de análise de investimentos e de rentabilidade de preços e serviços, sem os requerimentos técnicos usualmente necessários. Entretanto, é preciso dominar alguns conceitos. Caso o leitor deseje se aprofundar sobre o assunto, procure pelo livro "Instrumentos Financeiros para a Tomada de Decisões em Administração, Economia e Contabilidade" (ANTONIK, Editora Saraiva, 2012).

FIGURA 9.1: Tomada de decisão

Existem dois métodos para analisar investimentos e preços: a Taxa Interna de Retorno (TIR) e o Valor Presente Líquido (VPL), os quais, quando analisados mais detalhadamente, verifica-se tratar da mesma coisa, da mesma planilha, dos mesmos conceitos e dos mesmos resultados. Dito isso, vamos analisar investimentos e preços pelo método da TIR e do VPL, mas usando uma planilha Excel.

FLUXO DE CAIXA

Antes de tudo é preciso fazer um fluxo de caixa do objeto analisado, qualquer que seja ele. Este fluxo de dinheiro, sempre financeiro (que representa valor de entrada ou saída do caixa) deve ser elaborado em uma planilha Excel, lançando os valores de entrada com o sinal positivo e os de saída, com valores negativos. Esse procedimento é muito importante para evitar erros de fórmulas, pois, como veremos adiante, as planilhas apenas "somam" valores, nunca diminuem. Em contabilidade, esse sistema é largamente usado. Os valores são simplesmente somados, pois as despesas estão sempre com valor negativo e as receitas, com valores positivos.

Vamos ilustrar a ideia com um exemplo simples. Um investimento realizado na compra de uma máquina terá o seguinte fluxo de pagamentos dentro da vida útil[1] da mesma.

Vida útil(*)	6 anos
Valor da máquina	R$ 250.000,00
Receita gerada	R$ 98.000,00
Mão de obra	R$ 12.000,00
Despesas	R$ 9.000,00
Impostos	R$ 3.600,00

*Para estabelecer a vida útil dos equipamentos normalmente usamos a vida contábil, a qual, por sua vez, é definida pela Receita Federal no RIR – Regulamento do Imposto de Renda. Veja em www.receita.gov.br.

O leitor deve ter percebido que o processo é bastante trabalhoso, pois somos obrigados a estimar todos os valores de entrada ou saída no caixa. Um leitor mais atento diria: mas por que o item insumos não foi incluído? Como o nosso exemplo pretende apenas fixar os conceitos, utilizamos poucos itens. Na prática, a planilha conterá muitas colunas com todos os detalhes dos investimentos. Também estimamos que todos os valores serão iguais durante os seis anos quando, na prática, isso terá pouca chance de acontecer. Da mesma forma que orientamos antes, o empresário deverá fazer as estimativas considerando os valores que mais se aproximem da sua realidade. Não esqueça que o exemplo aqui é apenas didático.

Dito isso, vamos passar os dados acima para uma planilha Excel. Além dos itens citados, vamos também incluir um adicional chamado "insumos".

TEMPO EM ANOS	INVESTIMENTO	RECEITA	MÃO DE OBRA	INSUMO	DESPESA	IMPOSTO	FLUXO LÍQUIDO
0	-250.000,00						-250.000,00
1		98.000,00	-12.000,00	-14.000,00	-9.000,00	-3.600,00	59.400,00
2		98.000,00	-12.000,00	-14.000,00	-9.000,00	-3.600,00	59.400,00
3		98.000,00	-12.000,00	-14.000,00	-9.000,00	-3.600,00	59.400,00
4		98.000,00	-12.000,00	-14.000,00	-9.000,00	-3.600,00	59.400,00
5		98.000,00	-12.000,00	-14.000,00	-9.000,00	-3.600,00	59.400,00
6		98.000,00	-12.000,00	-14.000,00	-9.000,00	-3.600,00	59.400,00

Quadro 9.1 — Planilha de fluxo de caixa

[1] Segundo determina a Receita Federal, todos os investimentos têm um prazo de amortização chamado de vida útil. Caso tenha dúvidas quanto ao tempo de utilização consulte o seu contador.

O Quadro 9.1 é apenas ilustrativo. O ideal é que o cálculo fosse realizado em bases mensais, não, em anos como exemplificamos, e as colunas verticais (A, B, C, etc.) fossem bem mais detalhadas. Em certos casos, seria necessário fazer uma planilha adicional para os itens mais importantes e vincular os dados na planilha principal, pois é nessa planilha que vamos calcular a taxa de retorno ou a rentabilidade do objeto que estamos estudando.

Para as micro e pequenas empresas, recomenda-se que o próprio empresário faça os cálculos, pois isso o ajudará muito a conhecer os detalhes do seu próprio negócio.

TAXA INTERNA DE RETORNO

Com a planilha de cálculo pronta já podemos usar as funções financeiras do Excel para encontrar a taxa interna de retorno do objeto estudado. A taxa interna de retorno é a taxa que "desconta" todos os valores do fluxo de caixa para o "instante zero". É a taxa capaz de tornar a soma de todos os valores do fluxo de caixa, no instante zero, "igual a zero", e disso decorre a necessidade de "descontar" todos os valores do fluxo de caixa. Em linguagem simples, poder-se-ia dizer qual a taxa de lucro que o "negócio" estudado apresenta. Vamos explicar melhor essa questão com um exemplo.

Imagine que um empreendimento de apenas três anos requer um investimento inicial de R$ 100.000,00. Esse investimento produzirá uma receita líquida de R$ 40.000,00 por ano, ou seja, esse é o valor que sobrará no caixa do projeto depois de descontar todos os custos (mão de obra, insumos, impostos e outras despesas). Veja como ficaria esse projeto na forma de um gráfico no tempo, observando a Figura 9.2.

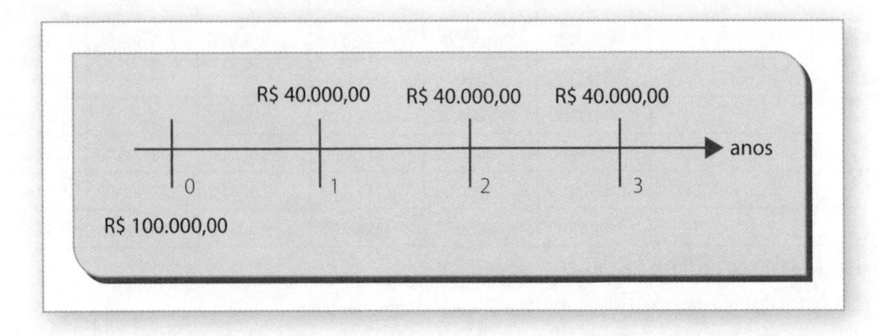

FIGURA 9.2: **Fluxo de caixa**

Observe que no gráfico da Figura 9.2 colocamos os valores de saída de caixa (o investimento de R$ 100.000,00) abaixo da linha e os valores de entrada no caixa (os R$ 40.000,00), acima da linha. Resumindo, valores positivos acima de linha e negativos, abaixo. Entendido este conceito, vamos agora colocar os dados na planilha Excel para, então, poder calcular a taxa de retorno (lucro) do empreendimento.

TEMPO EM ANOS	INVESTIMENTO	RECEITA	FLUXO LÍQUIDO	FLUXO DESCONTADO A 9,7% AO ANO
0	-100.000,00		-100.000,00	-R$ 100.000,00
1		40.000,00	40.000,00	R$ 36.463,08
2		40.000,00	40.000,00	R$ 33.238,91
3		40.000,00	40.000,00	R$ 30.299,82
Total				R$ 0,00

Quadro 9.2 — Fluxo de caixa de projeto de investimento

Isso feito, resta agora procurar no Excel o símbolo de funções da planilha, representado pela seguinte figura: fx. As versões mais modernas do Excel apresentam, na sua barra de ferramentas, uma caixa de diálogo chamada de INSERIR (Figura 9.3). Clique o cursor sobre ela, escolha a função FINANCEIRA e depois procure pela TIR.

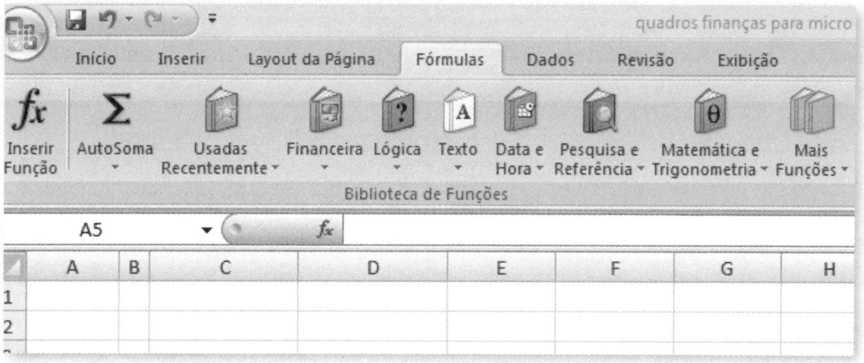

Figura 9.3 — Funções da planilha Excel

Então, clicando sobre a TIR, o sistema irá lhe perguntar quais são os dados. Basta marcar o fluxo de caixa líquido do Quadro 9.2, colunas D2 até D5, pressionar ENTER e o Excel lhe informará que a taxa de retorno desse investimento é de 9.7% ao ano (pois o quadro está expresso em anos).

TEMPO EM ANOS	INVESTIMENTO	RECEITA	FLUXO LÍQUIDO	FLUXO DESCONTADO A 9,7% AO ANO
0	- 100.000,00		- 100.000,00	-R$ 100.000,00
1		40.000,00	40.000,00	R$ 36.463,08
2		40.000,00	40.000,00	R$ 33.238,91
3		40.000,00	40.000,00	R$ 30.299,82
Total				R$ 0,00

Quadro 9.3 — Fluxo de caixa de projeto de investimento

Qual o significado dessa taxa de 9,7% ao ano? Essa taxa quer dizer que, se os valores dos anos 1, 2 e 3 fossem descontados a taxa de 9,7% ao ano e somados ao valor de R$ 100.000,00 do período zero, o resultado seria zero. Resumindo, o lucro desse projeto (TIR), então, é de 9,7% ao ano. E qual a razão da soma resultar em "zero" (Quadro 9.3)?

Como dissemos o conceito da TIR é de uma taxa capaz de tornar a soma de todos os valores do fluxo de caixa, no instante zero, igual a zero. Isso significa dizer que a soma de todos os valores do fluxo de caixa, considerando as saídas como despesas, insumos, impostos e investimentos, com as entradas (receitas), mais o lucro que o empresário irá "embolsar", no caso de 9,7% ao ano, é igual a zero. Vale frisar que o conceito da TIR garante ao empresário que o seu lucro de 9,7% está garantido.

Período de tempo em anos	Fluxo de caixa líquido
0	-R$ 250.000,00
1	R$ 59.400,00
2	R$ 59.400,00
3	R$ 59.400,00
4	R$ 59.400,00
5	R$ 59.400,00
6	R$ 59.400,00

Para finalizar e consolidar esses conceitos, vamos calcular a taxa de retorno do projeto cujos dados estão contidos no Quadro 9.1 do qual estou reproduzindo apenas a última coluna "fluxo de caixa líquido". A tabela mostra os valores do fluxo de caixa líquido em anos, ou seja, todas as despesas e custos já foram descontados das receitas. Aplicando o uso das funções financeiras do Excel que aprendemos anteriormente, constatamos que a taxa de lucratividade desse projeto é de 11,2% ao ano.

Em resumo, usando as explicações sobre a planilha Excel, chegamos à conclusão de que o projeto resumindo no Quadro 9.1 tem uma taxa de retorno de 11,2% ao ano. Isso é pouco ou é muito? Para um rendimento líquido, livre de impostos e com todos os custos pagos, o rendimento de 11,2% ao ano não é ruim. Entretanto, considerando que a taxa de rentabilidade está diretamente associada ao risco do investimento, recomendamos que não se invista em projetos com taxa de retorno menor que 20% ao ano. Justificamos a nossa sugestão pelo risco que o pequeno empresário corre ao investir no próprio negócio. Resta dizer que a taxa de retorno de um projeto está diretamente ligada ao tipo de negócio, ao segmento de mercado e à conjuntura econômica.

Não obstante todas as explicações prefira, sempre que possível, usar o valor presente líquido em vez da TIR. Essa ferramenta, embora fácil de usar e entender, possui uma série de restrições de uso, as quais não cabem detalhar aqui. Para entender melhor o assunto procure pelo livro *Instrumentos Financeiros para a Tomada de Decisões em Administração, Economia e Contabilidade* (ANTONIK, Editora Saraiva, 2012).

Valor Presente Líquido

Em síntese, o valor presente líquido e a TIR são a mesma coisa, pois se utilizam dos mesmos conceitos e da mesma fórmula matemática.

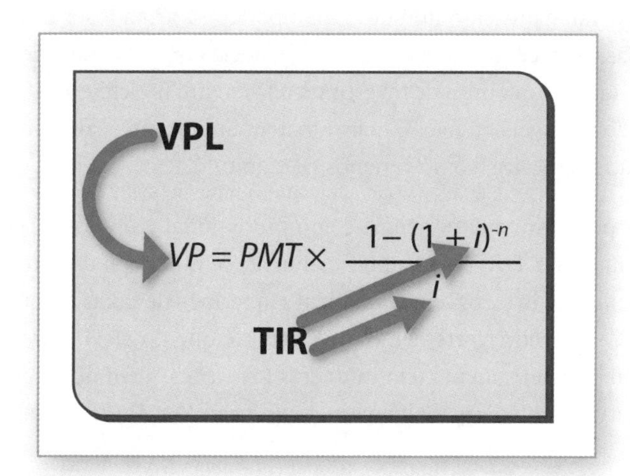

Figura 9.4: **Fórmula da TIR e do VPL**

Observe na Figura 9.4 que a fórmula da TIR e do VPL é a mesma. No VPL você está procurando um "valor presente" e na TIR a procura é por uma taxa.

Em resumo, valor presente líquido é a soma de todos os valores do fluxo de caixa, descontados a uma "determinada" taxa de atratividade, no instante zero. A Figura 9.5 abaixo mostra as duas definições.

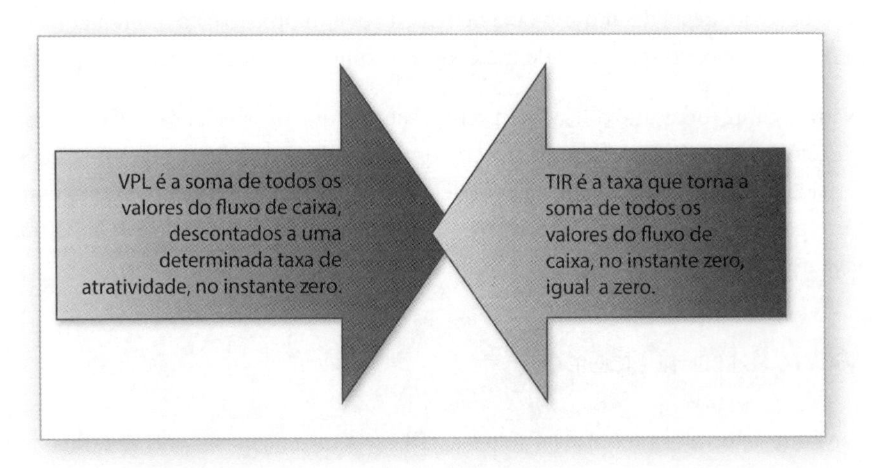

Figura 9.5: **Conceitos da TIR e do VPL**

Entretanto, o valor presente líquido é uma poderosa arma a ser utilizada no dia a dia das empresas, oferecendo uma série de utilidades, como cálculos de rentabilidade, análise de viabilidade econômica de investir ou não em um projeto e avaliações de preços praticados, se são rentáveis ou não. E mais um item importante: calcular o custo efetivo de uma operação financeira, como veremos no Capítulo 10.

No entanto, pela minha experiência como profissional e professor, percebo que as pessoas preferem usar a TIR, pois "superficialmente" é mais fácil de entender, ademais, creio que também é mais razoável racionalizar em termos de taxas do que com valores. De todo modo, recomendo "fortemente" que, sempre que possível, deve-se usar o VPL e não a TIR, pois essa ferramenta tem inúmeras restrições, além de ser muito difícil de entender conceitualmente. Vejamos um exemplo usando o fluxo de caixa contido no Quadro 9.4.

Tempo em anos	Investimento	Receita	Mão de obra	Insumo	Despesa	Imposto	Fluxo líquido	Vpl a taxa de 10% ao ano
0	-250.000,00						-250.000,00	-250.000,00
1		98.000,00	-12.000,00	-14.000,00	-9.000,00	-3.600,00	59.400,00	54.000,00
2		98.000,00	-12.000,00	-14.000,00	-9.000,00	-3.600,00	59.400,00	49.090,91
3		98.000,00	-12.000,00	-14.000,00	-9.000,00	-3.600,00	59.400,00	44.628,10
4		98.000,00	-12.000,00	-14.000,00	-9.000,00	-3.600,00	59.400,00	40.571,00
5		98.000,00	-12.000,00	-14.000,00	-9.000,00	-3.600,00	59.400,00	36.882,73
6		98.000,00	-12.000,00	-14.000,00	-9.000,00	-3.600,00	59.400,00	33.529,75
Total								R$ 8.702,49

Quadro 9.4 — Planilha de fluxo de caixa

Aplicando os conceitos do VPL, devemos somar todos os valores do instante de "0" até "6", no instante "0". Mas, como o próprio conceito de matemática financeira estabelece, não é possível apenas "somar" os valores, é necessário descontá-los para depois somar. Exemplificando: o primeiro valor, uma entrada de caixa de R$ 59.400,00 (instante 1) deve ser descontado a uma determinada taxa para ser somado ao valor de R$ 250.000,00 (uma saída de caixa – instante zero), pois eles estão em períodos de tempo diferentes.

Neste momento, surge uma questão: mas a que taxa descontar o valor de R$ 59.400,00? Ora, vamos descontá-la a uma taxa tal que "atraia" o empresário para o negócio. Vamos chamá-la de "taxa de atratividade". Imagine, por hipótese, que o empresário apenas faria esse investimento no projeto se o lucro líquido obtido fosse, no mínimo, 10% ao ano. Ótimo, aí está a nossa taxa de atratividade: 10% ao ano. Assim, vamos descontar todos os valores a esta taxa (Quadro 9.5).

Tempo em anos	Investimento	Receita	Mão de obra	Insumo	Despesa	Imposto	Fluxo líquido	VPL à taxa de 10% ao ano
0	- 250.000,00						- 250.000,00	-250.000,0
1		98.000,00	- 12.000,00	- 14.000,00	- 9.000,00	- 3.600,00	59.400,00	54.000,0
2		98.000,00	- 12.000,00	- 14.000,00	- 9.000,00	- 3.600,00	59.400,00	49.090,9
3		98.000,00	- 12.000,00	- 14.000,00	- 9.000,00	- 3.600,00	59.400,00	44.628,1
4		98.000,00	- 12.000,00	- 14.000,00	- 9.000,00	- 3.600,00	59.400,00	40.571,0
5		98.000,00	- 12.000,00	- 14.000,00	- 9.000,00	- 3.600,00	59.400,00	36.882,7
6		98.000,00	- 12.000,00	- 14.000,00	- 9.000,00	- 3.600,00	59.400,00	33.529,7
Total								R$ 8.702,4

VPL 10% ao ano	R$ 8.702,49	
Taxa de atratividade	10%	
TIR	11,2%	

Quadro 9.5 — Planilha de fluxo de caixa

Resta, agora, exemplificar como fizemos o cálculo do desconto do primeiro valor de R$ 59.400,00. Primeiro, é preciso analisar a questão graficamente por meio da Figura 9.6.

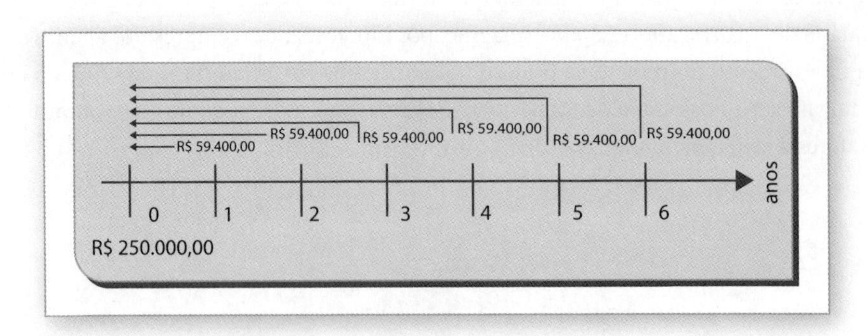

Figura 9.6: **Cálculo do desconto**

Observe na Figura 9.6 que estamos "levando" (na linguagem dos financeiros, "descontando") os valores de R$ 59.400,00 para o instante zero. Assim, cada valor será descontado a mesma taxa, ou seja: 10% ao ano. Matematicamente seria:

$$VP = VF \times (1 + i)^{-n} = R\$ \, 59.400{,}00 \times (1 + 0{,}10)^{-1} = R\$ \, 54.000{,}00$$

Feito isso, basta repetir o cálculo acima para todos os valores, lembrando sempre de alterar o número de períodos. Uma vez concluídas as contas, basta somar tudo. Como já calculei para você todos os valores no Quadro 9.3, resta apenas somar:

VP = R$ 250.000,00 + R$ 54.000,00 + R$ 49.090,91 + R$ 44.628,10 + R$ 40.571,00 + R$ 36.882,73 + R$ 33.529,75

VP = R$ 8.702,49

Isso significa que, se você pretende ganhar 10% ao ano líquido neste projeto, pode ir em frente, pois se somar todos os valores do fluxo de caixa, entradas e saídas e ainda retirar o seu lucro de 10% ao ano ainda sobram no caixa R$ 8.702,40. Por que isso acontece? Porque a taxa de rentabilidade dele é maior que 10%, neste caso, como já calculamos acima; a taxa de retorno dele é de 11,2% ao ano.

Entretanto, com o uso do Excel, nada de cálculos complicados, basta usar a função financeira e o Excel calculará tudo, automaticamente, para você em apenas um clique, conforme mostra o Quadro 9.6.

Tempo em anos	Investimento	Receita	Mão de obra	Insumo	Despesa	Imposto	Fluxo líquido	Vpl a taxa de 10% ao ano
0	-250.000,00						-250.000,00	-250.000,00
1		98.000,00	-12.000,00	-14.000,00	-9.000,00	-3.600,00	59.400,00	54.000,00
2		98.000,00	-12.000,00	-14.000,00	-9.000,00	-3.600,00	59.400,00	49.090,91
3		98.000,00	-12.000,00	-14.000,00	-9.000,00	-3.600,00	59.400,00	44.628,10
4		98.000,00	-12.000,00	-14.000,00	-9.000,00	-3.600,00	59.400,00	40.571,00
5		98.000,00	-12.000,00	-14.000,00	-9.000,00	-3.600,00	59.400,00	36.882,73
6		98.000,00	-12.000,00	-14.000,00	-9.000,00	-3.600,00	59.400,00	33.529,75

VLP 10% ao ano	R$ 8.702,49

Quadro 9.6 — Planilha de fluxo de caixa

Uma dica importante: o valor de R$ 250.000,00 já está no instante zero, assim você não deve incluí-lo na lista dos valores que está descontando. Quando o Excel pedir para que você informe quais são os valores, marque apenas do instante "1" até o "6", das linhas 3 até 8 (nunca informe o valor do instante zero). Faça o cálculo com a planilha e depois some o valor presente no resultado encontrado (no caso, os R$ 250.000,00), para então obter o valor de R$ 8.702,49. Empresário, não subestime o valor e a utilidade dessa ferramenta. Vale a pena aprender mais sobre o assunto, pois ela será sua aliada fiel na tomada de decisão.

Capítulo X

TUDO O QUE VOCÊ DEVE SABER SOBRE JUROS, FINANCIAMENTOS E INFLAÇÃO

Neste capítulo, você aprenderá que uma empresa não consegue se transformar e crescer sem a tomada de crédito. Este capítulo mostra também algumas dicas importantes ensinadas pelos especialistas do Sebrae, antes de constituir qualquer dívida. Finalmente, você aprenderá a importância de controlar as operações financeiras em uma planilha Excel, detalhando seus componentes minuciosamente, inclusive calculando os custos nominal e real dessas transações.

- Não há crescimento econômico sem endividamento. O crédito responsável é a razão do crescimento de uma sociedade
- Para conseguir crédito, a empresa necessita de uma contabilidade bem elaborada
- Responda algumas perguntas antes de tomar o crédito. A resposta de uma delas pode mostrar que o empréstimo é desnecessário
- Por que temos que controlar os empréstimos empresariais nos mínimos detalhes?

Não existe crescimento nem expansão econômica sem crédito. O crédito é uma ferramenta indispensável para uma empresa se manter no mercado, seja este destinado ao aumento das atividades, investimentos em novos projetos ou financiando capital de giro para a reposição de estoques e, principalmente, o financiamento concedido aos clientes (contas a receber).

O Brasil, durante anos, teve a relação operações de crédito do Sistema Financeiro Nacional dividido pelo PIB[1], extremamente baixa, menos de 20%. Atualmente, esse indicador (PIB / Crédito) encontra-se na casa dos 48%. Em resumo, aumentou o crédito, a economia brasileira disparou.

Com mais crédito as pessoas conseguem acesso a inúmeros bens que lhes seriam impossíveis se fossem pagos à vista. Em 2003, início do governo Lula, o crédito representava apenas 24,6% do PIB, quando em junho de 2011 este número alcançava 47,3% (Gráfico 10.1). Neste período, houve forte "bancarização" de pessoas de baixa renda, milhões de brasileiros que nunca haviam sequer pisado em uma agência bancária passaram a ter acesso ao serviço.

---

[1] O produto interno bruto (PIB) representa a soma (em valores monetários) de todos os bens e serviços finais produzidos no Brasil, durante um período determinado. O PIB é um dos indicadores mais utilizados para medir a atividade econômica do País. No cálculo do PIB, são considerados apenas bens e serviços finais, excluindo todos os bens de consumo intermediários (insumos). Isso é feito para evitar a dupla contagem, quando valores gerados na cadeia de produção aparecem contados duas vezes na soma do PIB. O PIB mostra o valor de toda a riqueza gerada no País.

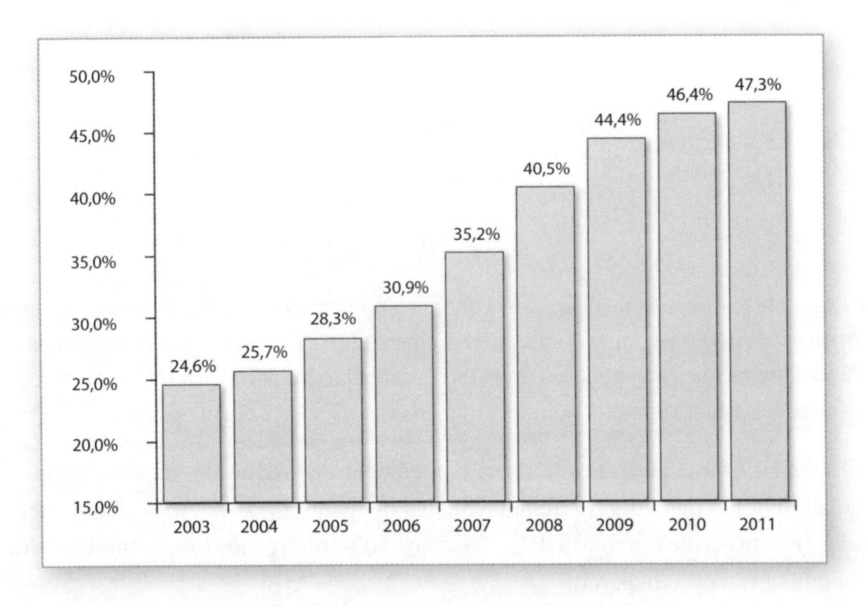

GRÁFICO 10.1: **Relação Crédito x PIB** (FONTE: BACEN E MINFAZ)[2]

Segundo dados do Banco Central, consolidados pelo Ministério da Fazenda, em 2005 apenas 85 milhões de brasileiros tinham acesso ao serviço bancário, enquanto em 2011 esse número passou para 120 milhões, ou seja, 35 milhões de brasileiros se "bancarizaram".

Neste mesmo sentido, o Governo Federal, percebendo a enorme oportunidade de aumentar rapidamente o desenvolvimento do Brasil, criou e estimulou inúmeros programas de crédito voltados para a micro e pequena empresa na rede de bancos públicos, bem como, por intermédio do Sebrae[3] desenvolveu uma ampla rede de orientação ao empresário para acessar as linhas de crédito disponíveis, tornando o site daquela entidade uma visita obrigatória para quem busca começar, expandir ou simplesmente deseja aprimorar seus negócios e técnicas de gestão.

Segundo dados do Ministério do Trabalho e Emprego, consolidados pelo Ministério da Fazenda, relativos ao 1º trimestre de 2011, a distribuição de clientes por finalidade do crédito, em número de clientes e % do total (Quadro 10.1), mostra que a demanda maior dos empresários é por capital de giro. Isso se explica facilmente pela predominância do setor de comércio na tomada de crédito.

---

2 Ano de 2011 até junho.

3 Grande parte das ideias e conceitos deste capítulo foi pesquisada no site do Sebrae: http://gestaoportal.sebrae.com.br/customizado/uasf/preciso-de-credito/analisando-meu-negocio.

Tipo de crédito	Número de clientes	Percentual
Capital de giro	836.811	92%
Investimento	61.453	7%
Misto	10.233	1%
Total	908.497	100%

Quadro 10.1 — Finalidade da demanda por crédito (Fonte: MTE e MinFaz)

Esses empresários do comércio estão expandindo fortemente suas vendas e necessitam de capital de giro para aplicar em estoques e contas a receber, conforme demonstra o Quadro 10.2.

Tipo de crédito	Número de clientes	Percentual
Comércio	806.612	89%
Serviços	74.044	8%
Indústria	21.910	2%
Agricultura	4.101	1%
Outros	1.830	0,2%
Total	908.497	100%

Quadro 10.2 — Finalidade da demanda por crédito (Fonte: MTE e MinFaz)

Segundo previsões do Ministério da Fazenda, o conjunto de medidas adotadas pelos bancos oficiais deverá reduzir as taxas de juros cobradas pelos bancos dos empresários, sem mencionar que o acesso também será facilitado, especialmente pela capacitação e orientação oferecida pelo Sebrae.

Como Conseguir Crédito para as Micro e Pequenas Empresas

O sucesso da empresa está diretamente ligado à exploração de novas oportunidades de produtos e serviços, além de melhoraria de processos de atendimento e logística. Entretanto, nada disso será possível se o negócio não for viável financeiramente. Mas, por outro lado, para receber recursos de terceiros, especialmente bancos, os empreendimentos empresariais devem ter uma contabilidade organizada, com planejamento financeiro adequado, fluxo de caixa e orçamento. Isso tudo sem falar que banco ou entidade de fomento nenhum emprestaria dinheiro para uma firma que não seja "ficha limpa".

Muitas pessoas me perguntam a razão dos bancos fazerem uma série de exigências e agirem com tanto rigor, em termos de relatórios financeiros e, ao final, concedem o empréstimo apenas se o proprietário avalizar a operação como pessoa física, colocando assim seus bens pessoais como garantia. A razão é simples: a maioria das empresas apresentam demonstrações financeiras frias, muitas delas feitas para aquela ocasião específica. Ora, quem empresta dinheiro é sempre muito cuidadoso, especialmente entidades financeiras que são extremamente profissionais e organizadas. Não é possível enganá-los.

Em síntese, "o futuro da empresa depende de uma boa administração financeira"[4]. Deste modo, é preciso seguir uma série de regras e orientações para que os agentes financeiros, sejam oficiais ou privados, sintam-se seguros para emprestar o dinheiro. Ter conhecimento dos principais requisitos exigidos torna-se indispensável para se conseguir o empréstimo. O empresário deve ter em mente que a falta de recursos para investir, muitas vezes, está relacionada a falhas de administração financeira, conforme representa a Figura 10.1.

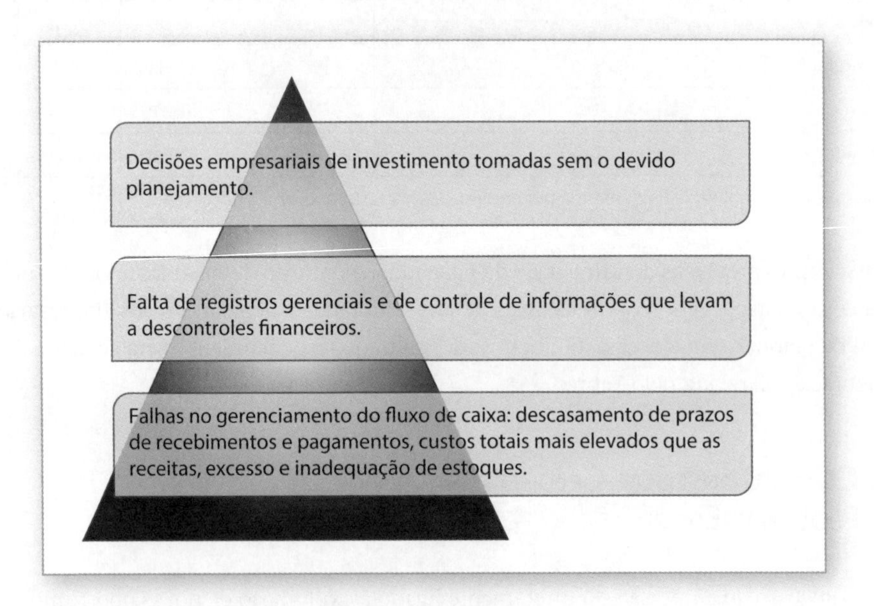

Figura 10.1: **Falta de administração financeira (Fonte: Sebrae)**

Baseado nos três questionamentos formulados anteriormente, o empresário precisa analisar cuidadosamente algumas questões, pois conforme estudamos nos capítulos

[4] www.sebrae.com.br

anteriores, aquilo que parece ser o sonho de todos, ou seja, aumentar as vendas, pode, na verdade, transformar-se no seu inferno particular. Isso se deve ao fato de que aumentos de vendas estão ligados a aumentos de necessidade de capital de giro, ou melhor, aumento do Contas a Receber, pequeno caixa e estoques. Sem esses investimentos, não é possível aumentar as vendas.

Desta conjugação de fatores surgem algumas perguntas a serem respondidas pelo micro e pequeno empresário, conforme ilustra a Figura 10.2. As quais, vamos tentar respondê-las, uma a uma.

Figura 10.2: **Questionamentos sobre empréstimos (Fonte: Sebrae)**

Por que Preciso de Financiamento?

Nada é mais importante em uma empresa do que o planejamento. Micro e pequenas empresas devem ter atenção redobrada com este quesito, pois não podem se dar ao luxo de errar em uma escolha: os recursos são escassos e caros. Uma decisão precipitada ou mal planejada pode ser o fim de um negócio promissor.

Figura 10.3: **Decisão de financiamento**

É necessário saber com muita precisão quanto a empresa precisa para investir em um projeto, seja ele um novo investimento ou simplesmente na manutenção do capital de giro, levando à exaustão a resposta da pergunta: o empréstimo é mesmo necessário? E como orienta o pessoal do Sebrae: "É importante identificar onde será investido o recurso e qual será sua origem."

De Quanto Preciso?

Apenas o orçamento empresarial poderá dizer com "relativa" precisão o valor necessário a ser emprestado. Por que o orçamento é importante? Apenas ele poderá orientar a decisão de investimento, pois o orçamento atua como uma ferramenta que integra todas as destinações de recursos e as suas aplicações. Deste modo, é preciso seguir alguns passos, dentre os quais, definir exatamente o objeto onde o dinheiro do empréstimo será empregado:

- Aumentar as vendas
- Comprar uma máquina nova
- Ampliar e melhorar as instalações
- Prestar um novo serviço
- Produzir um novo produto

É recomendável que se estude profundamente o objetivo, vendo como fazem os concorrentes, visitando os fornecedores, se possível alguma empresa que já trabalhe com este tipo de produto ou serviço, esgotando totalmente a pesquisa, nos seus mínimos detalhes.

Uma vez que o empresário defina que um investimento é bom, é necessário "colocá-lo" em uma planilha Excel (para mais releia o Capítulo 9), explicitando detalhadamente como serão os pagamentos e as entradas de caixa, o que é feito, normalmente, em bases mensais. Uma vez terminado este exercício, devemos transportar os valores para o fluxo de caixa para ver como o novo fluxo de pagamentos afetará o caixa como um todo. Preste muita atenção neste resultado, especialmente, em como ficará o capital de giro; evite projeções que levem a empresa a situações de "aperto" financeiro e nunca conte com os "ovos da galinha antes que eles estejam na sua mão". Presunções e estimativas excessivamente otimistas, contando que no futuro as coisas irão melhorar quase sempre dão errado. Lembre-se da famosa Lei de Murphy: quando tudo parece que vai dar errado, é porque vai dar errado mesmo. Os especialistas do Sebrae[5] dão gratuitamente um conselho de muito valor: é fundamental dimensionar corretamente o capital de giro. Dinheiro parado é prejuízo! Caso você não encontre uma boa razão para usar um empréstimo, fuja dele!

O Autofinanciamento é Possível?

Esta é uma pergunta crucial, pois muitas vezes o dinheiro que precisamos para uma nova empreitada está ao nosso lado e não percebemos. Assim, antes de tomar o empréstimo, ou definir o valor a ser emprestado, verifique se não é possível algumas providências internas, examinando o balanço consolidado (Quadro 10.3):

- Reduzir as aplicações no caixa
- Encurtar o prazo de pagamento dado aos clientes

[5] www.sebrae.com.br

- Diminuir os valores dos estoques
- Negociar uma ampliação no prazo de pagamento aos fornecedores
- Diminuir temporariamente a retirada do pró-labore dos sócios

Ativo		Passivo	
Caixa	R$ 2.934,50	Empréstimos de terceiros	R$ 2.934,50
Aplicações	R$ 1.467,25	Empréstimos em bancos	R$ 2.305,68
Contas a receber	R$ 5.869,00	Impostos a pagar	R$ 2.096,07
Estoques	R$ 8.803,50	Fornecedores	R$ 8.803,50
Imobilizado	R$ 11.738,00	Capital social	R$ 14.672,50
Total	R$ 30.812,25	Total	R$ 30.812,25

Quadro 10.3 — Balanço patrimonial

Que Tipo de Financiamento é o Mais Adequado?

Uma vez que todos os passos foram seguidos, conforme determina a "cartilha", resta agora procurar as linhas de financiamento à disposição dos micro e pequenos empresários.

Tenha em mente que o banco, qualquer que seja ele, terá um comportamento idêntico ao seu, como empresário, quando vai vender a prazo; aqui no nosso caso, emprestar algum dinheiro. O banco tentará determinar se a empresa tem capacidade para assumir a dívida e, sobretudo, se poderá pagar por isso. Por esta razão, é necessário ter a contabilidade em dia e muito bem-feita. Adicionalmente, o banco pedirá, em 100% dos casos, que você apresente um fluxo de caixa detalhado, considerando a tomada dos novos recursos. E, mais importante de tudo, verificará se você não é "ficha suja", consultando seus próprios cadastros, movimentações de contas, relacionamentos e verificando nos controladores de crédito como Equifax e Serasa. Para concluir, o banco só emprestará o dinheiro para quem possa pagar por ele. Parece óbvio, mas não é.

Como conselho adicional é sempre bom que tenha relacionamento com poucos bancos, no máximo dois, um oficial e um privado. Empresas que mantêm contas em diversos bancos acabam não tendo relacionamento bom com nenhum. E mais um conselho; evite amizades fáceis, churrasquinhos e cervejadas. Você, empresário, não tem amigos; são apenas interesses. Caso a sua pequena ou microempresa não cumpra uma obrigação, o seu "amigo" do banco será o primeiro a executá-lo. Trabalhe dentro das regras e seja profissional.

Nos últimos anos, principalmente a partir de 2003, as entidades financeiras estatais, como BNDES, Caixa Econômica e Banco do Brasil, desenvolveram linhas de crédito muito acessíveis, especialmente destinadas às MPE's (micro e pequenas empresas). Uma consulta ao site do Sebrae fará com que poupe tempo e possa procurar uma linha de crédito específica, desenhada especialmente para o seu negócio e mais, com prazo e juros muito atraentes. Essas linhas de crédito fazem parte de muitos dos programas de governo destinados ao financiamento das micro e pequenas empresas. Pesquisando no *site* do Sebrae, encontramos várias linhas de crédito disponíveis. Veja alguns exemplos[6]:

- **Banco do Brasil.** O banco disponibiliza crédito para atender as necessidades financeiras de pessoas físicas e jurídicas voltadas a atividades produtivas de pequeno porte. O atendimento ao cliente é realizado por meio de relacionamento direto com funcionários preparados para informar e orientar os empreendedores. Obtenha mais informações acessando os sites do Sebrae e do Banco do Brasil.
- **Banco do Nordeste.** O Banco do Nordeste disponibiliza produtos e serviços especialmente desenvolvidos para o mercado empreendedor. O CrediAmigo, uma das linhas de financiamento, fornece crédito para capital de giro, aquisição de máquinas, equipamentos e pequenas reformas. Conheça mais sobre as linhas de crédito do CrediAmigo nos sites do Sebrae e do Banco do Nordeste.
- **Caixa Econômica Federal.** A Caixa disponibiliza crédito, por meio de diversas linhas, para pequenos empreendedores que serão atendidos em suas localidades. "Para fechar o contrato, a Caixa faz avaliações da atividade e da capacidade de endividamento de cada cliente"[7] e os empreendedores serão acompanhados e orientados por agentes de microcrédito. Obtenha mais informações nos sites do Sebrae e da Caixa.
- **Banco da Amazônia.** O Crescer, uma modalidade de crédito oferecido, é disponibilizado pelo Banco da Amazônia objetivando o acesso ao crédito pelos empreendedores populares da Região Amazônica. O atendimento ao tomador final dos recursos será realizado "por pessoas treinadas para efetuar o levantamento socioeconômico e prestar orientação educativa sobre o planejamento do negócio, para definição das necessidades de crédito e de gestão, voltadas para o desenvolvimento"[8] do empreendimento. Obtenha mais informações nos sites do Sebrae e do Banco da Amazônia.

---

6 Todos os exemplos citados neste Capítulo são temporários e podem mudar ao longo do tempo.

7 www.caixa.gov.br

8 www.basa.com.br

- **BNDES.** "O Banco tem como uma de suas prioridades apoiar as micro e pequenas empresas e os trabalhadores autônomos de todo o país, pelo seu importante papel na criação de empregos e geração de renda"[9]. Por isso, o Banco oferece aos empresários várias opções de financiamento com boas condições de custos, prazos e níveis de participação. Obtenha mais informações nos sites do Sebrae e do BNDES.

De toda forma, a menos que receba uma orientação expressa do Sebrae, procure os bancos oficiais, notadamente a Caixa e o Banco do Brasil. Esses bancos cumprem um papel social e estão sempre dispostos a orientar os "pequenos". Sem mencionar que as taxas praticadas por esses dois bancos oficiais são sempre melhores. Com relação ao BNDES, as linhas são ótimas; entretanto, o Banco opera por intermédio de agentes autorizados (praticamente todos os bancos fazem parte dessa rede) e você não receberá nenhuma facilidade destes, com raras exceções.

Como Pagar o Empréstimo?

Depois de estudar muito os passos anteriores e ter certeza de que será possível honrar os compromissos que a micro ou pequena empresa assumiu, resta dizer, por mais óbvio que pareça, que os pagamentos devem ser feitos rigorosamente em dia. Em casos de dificuldades e estas sempre aparecem, não "desapareça". Procure o banco e exponha os seus motivos, leve seu fluxo de caixa e as suas razões e verifique com o gerente quais são as alternativas para não manchar o seu nome. Faça isso de forma muita correta e o dinheiro sempre estará a sua disposição. Os bancos, de modo geral, fazem tudo para receber o que lhes pertence e se a empresa mostrar capacidade de pagar os compromissos, eles sempre negociam.

Controlando e Avaliando Custos e Juros Efetivos de Empréstimos

A experiência vivida nas empresas ensina que as coisas nem sempre são aquilo que representam ser. Na área financeira muito menos. E se envolver enganos, superficialidades e descontrole, pior ainda, pois esses fatos nunca acontecem para menos, só para mais.

---

[9] www.bacen.gov.br

Deixou de esclarecer detalhadamente a forma de pagamento de um financiamento? A taxa de juros não ficou claramente definida? Se no pagamento da primeira parcela tiver alguma surpresa, será sempre para gastar mais.

Empréstimos, operações de *leasing* e financiamentos devem ser controlados individualmente por meio de uma planilha Excel. O mundo das empresas é diferente do pessoal, pois quando vamos até uma loja e adquirimos uma bicicleta de R$ 1.000,00, pagando dez prestações mensais de R$ 100,00, raramente damos importância para saber o conteúdo de cada uma das parcelas de R$ 100,00. Entretanto, refletindo um pouco, sabemos que esta parcela contém, no mínimo:

- Amortização do principal (bicicleta)
- Juros sobre o financiamento
- Atualização monetária (IGP-M)
- Custos administrativos
- Provisão contra perdas

Nas empresas não é diferente, mas por diversas razões de controles gerenciais e necessidades fiscais, os empréstimos devem ser controlados detalhadamente, pormenorizando cada um dos componentes da prestação (se for o caso). Apenas para mencionar um exemplo, as firmas que optaram pelo regime tributário do lucro real podem "abater" no imposto de renda os juros e as despesas dos empréstimos. No entanto, a Receita Federal não permite que a amortização do principal seja abatida do IR. Deste modo, a contabilidade terá que constituir um controle em separado e "abrir" cada uma das parcelas do financiamento segundo os seus componentes: atualização monetária, juros, despesas e amortização do principal, pois esses itens têm destinações e aplicações fiscais diferentes.

Vejamos um exemplo prático com as informações do Quadro 10.4, mais a frente. Um empréstimo de R$ 15.000,00 será pago em 24 meses, com juros de 12% ao ano. O saldo devedor será atualizado pela variação IGP-M (FGV). Sobre essa operação ainda é preciso responder algumas perguntas:

- A taxa de juros é mesmo de 1% ao mês (12% / 12 meses = 1% ao mês)?
- O custo real do empréstimo, em bases anuais, será de 12% ao ano?
- Qual o critério adotado para calcular os juros?
- Qual o critério adotado para calcular a amortização?
- O IGP-M tem grande influência sobre o custo total do financiamento?

- Sobre qual parcela do empréstimo é calculado o IGP-M?
- O IGP-M é um índice confiável?

Quando falam com os clientes, os bancos geralmente apresentam tabelas prontas elaboradas pelo pessoal de retaguarda. Na área empresarial, como os valores são variáveis, as aplicações são feitas, normalmente, usando taxas de juros simples. A razão é que nem o cliente ou o funcionário do banco tem capacidade técnica para fazer as contas usando juros compostos (o pessoal da retaguarda do banco tem, e muito). Ademais, ficaria muito mais difícil de explicar a operação para o cliente. Ora, se a taxa de juros é de 12% ao ano, torna-se muito fácil informar que a taxa é de 1% ao mês, pois basta dividir 12% por 12 que temos o resultado igual a 1%. Entretanto, isso nos leva a um grande problema, não para o banco, mas para o empresário: em termos de decisão, essa taxa não tem valor; na prática, ela será diferente.

Mas preste muita atenção, pois, calcular essas taxas efetivas de empréstimos não é um trabalho trivial e precisa muito raciocínio. Neste exemplo, a taxa anual é de 12% ao ano, aplicada mensalmente sobre o saldo devedor atualizado. Vale esclarecer isso, pois o produto final será diferente de um valor de R$ 100,00 + 12% ao ano que resulta em R$ 112,00. Por que isso acontece? Porque neste exemplo, embora a prestação permaneça fixa, o juro é aplicado sobre um saldo devedor atualizado que decresce todos os meses em face da amortização. Veja, por exemplo, a linha 2 do Quadro 10.5. O saldo devedor corrigido ao final do período "1" é de R$ 14.639,98, que resulta em juros, no período "2", de R$ 146,40 (R$ 14.639,98 * 0,01).

Resumindo, a taxa de juros é apenas uma referência para cálculo, segundo o critério de 1% sobre o saldo devedor, deste modo não se pode racionalizar que um empréstimo de R$ 1.000,00, ao final de doze meses, pagaria R$ 120,00 de juros (R$ 1.000,00 x 0,12).

Mas as dificuldades não terminam aqui. Se o leitor observar o saldo devedor do período 24, do Quadro 10.5, perceberá que a 24ª prestação amortizou um valor maior que o necessário para "zerar" o saldo devedor, ou seja, foram pagos R$ 177,77 a mais que o devido pela empresa. Por que isso acontece? Esse valor está perdido?

Em primeiro lugar, isso acontece porque a prestação é fixa, mas o saldo devedor não, pois está sendo alterado todos os meses em função dos juros e da correção monetária. Isso acarreta que o empréstimo seja amortizado em um tempo ligeiramente diferente do previsto (antes ou depois). Quanto ao valor, pode ficar despreocupado, pois o banco irá reembolsá-lo.

Item	Valor
Valor	R$ 15.000,00
Juros	1,00%
Prazo de pagamento em meses	24
Amortização (R$ 15.000,00 / 24 meses)	R$ 625,00
Juros (R$ 15.094,56 x 0,01)	R$ 150,95
Prestação 1 (R$ 625,00 + R$ 150,95)	R$ 775,95
Amortização (R$ 8,448,65 /12) + R$ 85,16	R$ 704,05
Juros (R$ 8.462,65 x 0,01)	R$ 85,16
Prestação 13 (R$ 704,05 + R$ 85,16)	R$ 789,21

Quadro 10.4 — Informações sobre empréstimo

Assim, para calcular os pagamentos, no nosso exemplo, o banco simplesmente tomou o saldo devedor atualizado e dividiu por 24, para encontrar a prestação dos primeiros doze meses (pela legislação brasileira nenhuma parcela de financiamento pode ser reajusta em prazo inferior a 12 meses). Outra questão a ser abordada é a correção inflacionária, realizada por intermédio do IGP-M, que será calculada também sobre o saldo devedor do empréstimo.

Finalmente, respondendo a última pergunta, o IGP-M (FGV) é muito confiável. A Fundação Getúlio Vargas é uma entidade de grande respeito no mercado financeiro, pois os seus serviços são de alta qualidade.

Colocados todos esses pontos, vamos agora calcular a planilha de controle do empréstimo, conforme o Quadro 10.5.

n	Data	Fator de Correção (5)	Saldo Devedor Corrigido (6)	Juros (2)	Prestação (1)	Amortização (3)	Saldo Devedor (4)	Fluxo de Caixa Líquido (7)
0	1/1/2010		R$ 15.000,00				R$ 15.000,00	-R$ 15.000,00
1	1/2/2010	1,00630	R$ 15.094,56	R$ 150,95	R$ 775,95	R$ 625,00	R$ 14.469,56	R$ 775,95
2	1/3/2010	1,01178	R$ 14.639,98	R$ 146,40	R$ 775,95	R$ 629,55	R$ 14.010,43	R$ 775,95
3	1/4/2010	1,00945	R$ 14.142,80	R$ 141,43	R$ 775,95	R$ 634,52	R$ 13.508,28	R$ 775,95
4	1/5/2010	1,00766	R$ 13.611,70	R$ 136,12	R$ 775,95	R$ 639,83	R$ 12.971,88	R$ 775,95
5	1/6/2010	1,01186	R$ 13.125,71	R$ 131,26	R$ 775,95	R$ 644,69	R$ 12.481,02	R$ 775,95
6	1/7/2010	1,00850	R$ 12.587,14	R$ 125,87	R$ 775,95	R$ 650,07	R$ 11.937,07	R$ 775,95
7	1/8/2010	1,00155	R$ 11.955,52	R$ 119,56	R$ 775,95	R$ 656,39	R$ 11.299,13	R$ 775,95
8	1/9/2010	1,00770	R$ 11.386,09	R$ 113,86	R$ 775,95	R$ 662,08	R$ 10.724,00	R$ 775,95
9	1/10/2010	1,01154	R$ 10.847,74	R$ 108,48	R$ 775,95	R$ 667,47	R$ 10.180,27	R$ 775,95
10	1/11/2010	1,01010	R$ 10.283,05	R$ 102,83	R$ 775,95	R$ 673,12	R$ 9.609,93	R$ 775,95
11	1/12/2010	1,01447	R$ 9.748,95	R$ 97,49	R$ 775,95	R$ 678,46	R$ 9.070,49	R$ 775,95
12	1/1/2011	1,00692	R$ 9.133,27	R$ 91,33	R$ 775,95	R$ 684,61	R$ 8.448,65	R$ 775,95
13	1/2/2011	1,00794	R$ 8.515,71	R$ 85,16	R$ 789,21	R$ 704,05	R$ 7.811,66	R$ 789,21
14	1/3/2011	1,00996	R$ 7.889,48	R$ 78,89	R$ 789,21	R$ 710,32	R$ 7.179,17	R$ 789,21
15	1/4/2011	1,00622	R$ 7.223,83	R$ 72,24	R$ 789,21	R$ 716,97	R$ 6.506,86	R$ 789,21
16	1/5/2011	1,00447	R$ 6.535,95	R$ 65,36	R$ 789,21	R$ 723,85	R$ 5.812,10	R$ 789,21
17	1/6/2011	1,00432	R$ 5.837,19	R$ 58,37	R$ 789,21	R$ 730,84	R$ 5.106,35	R$ 789,21
18	1/7/2011	0,99818	R$ 5.097,04	R$ 50,97	R$ 789,21	R$ 738,24	R$ 4.358,80	R$ 789,21
19	1/8/2011	0,99885	R$ 4.353,77	R$ 43,54	R$ 789,21	R$ 745,67	R$ 3.608,10	R$ 789,21
20	1/9/2011	1,00440	R$ 3.623,97	R$ 36,24	R$ 789,21	R$ 752,97	R$ 2.871,00	R$ 789,21
21	1/10/2011	1,00645	R$ 2.889,52	R$ 28,90	R$ 789,21	R$ 760,32	R$ 2.129,21	R$ 789,21
22	1/11/2011	1,00531	R$ 2.140,52	R$ 21,41	R$ 789,21	R$ 767,81	R$ 1.372,71	R$ 789,21
23	1/12/2011	1,00497	R$ 1.379,53	R$ 13,80	R$ 789,21	R$ 775,42	R$ 604,11	R$ 789,21
24	1/1/2012	1,00211	R$ 605,39	R$ 6,05	R$ 789,21	R$ 783,16	-R$ 177,77	R$ 789,21

Quadro 10.5 — Plano de amortização de financiamento

Notas

1. Valor da prestação – saldo devedor dividido por 24 meses, mais juros de 1% sobre o saldo devedor ((R$ 15.000,00 / 24) + (R$ 15.094,56 x 1%), igual a R$ 775,95;
2. Juros de 1% sobre o saldo devedor corrigido (R$ 15.094,56 x 1% = R$ 150,95);
3. A amortização é a diferença entre a prestação e os juros (R$ 775,95 – 150,95 = 625,00);
4. Saldo devedor corrigido menos amortização (R$ 15.094,56 – R$ 625,00 = R$ 14.469,56)
5. Fator de correção – IGPM do mês dividido por cem, mais um (0,6304% / 100 + 1 = 1,006304)
6. Saldo devedor corrigido é igual ao saldo devedor vezes o índice de correção (R$ 15.000,00 x 1,006304 = R$ 15.094,56);
7. Fluxo de caixa líquido é igual as entradas menos as saídas de caixa; no mês de janeiro de 2010 entrou no caixa o valor do empréstimo de R$ 15.000,00. No mês de fevereiro, saiu do caixa a prestação no valor de R$ 775,95.

Mas, atenção! Não se atenha muito ao método de cálculo deste exemplo de empréstimo, pois ele varia de banco para banco. O que é fundamental é que você entenda perfeitamente as condições do contrato que a sua empresa acabou de assinar e reproduza estas mesmas condições em uma planilha Excel de controle interno. Faça um cálculo paralelo ao do banco, dificilmente você encontrará um erro nas contas do banco, mas, pelo menos, terá absoluto domínio sobre o que está acontecendo.

Caso o empresário deseje saber o custo efetivo dessa operação financeira, basta apenas que procure pela função financeira do Excel e, nesta, pela Taxa Interna de Retorno (TIR), mandando calculá-la na coluna "Fluxo de Caixa Líquido (9)", conforme demonstramos abaixo no Quadro 10.6. Normalmente, a TIR calculada pelo Excel mostra uma surpresa — o custo (24,97%) acaba sendo diferente da taxa apresentada anteriormente (12%), por causa da combinação do modo de aplicar a taxa de juros e a taxa de inflação no exemplo o IGP-M. Em síntese, a taxa de juros e a inflação foram "somadas".

Item	Valor
Valor	R$ 15.000,00
Juros	1,00%
Número de parcelas "n"	24
Amortização	R$ 625,00
Juros	R$ 150,95
Prestação 1	R$ 775,95
Amortização	R$ 704,05
Juro	R$ 85,16
Prestação 13	R$ 789,21
TIR mensal	1,87%
TIR anual	24,97%
TIR nos dois anos	56,16%
Taxa de juros real nos dois anos	33,04%
Taxa de juros real anual	15,34%
Taxa de juros real mensal	1,20%

Quadro 10.6 — Informações sobre empréstimo

O valor dos juros mensal alcançou a taxa de 1,87% ao mês, ou seja, uma taxa efetiva, equivalente anual de 24,97% ao ano (((1,87/100+1)^12)-1)x100). Como já explicado, isso aconteceu por duas razões: primeiro, porque a taxa informada pelo banco era uma taxa de juros simples e, depois, a correção do saldo devedor pelo IGP-M também acabou por contribuir para diferenciar a taxa inicialmente informada. Em dois anos, os juros total pago foi de 56,16% (((24,97/100+1)^2)-1)x100).

A variação do IGP-M foi de 11,32% em 2010 e 5,44% em 2011. Estes percentuais, quando somados, mostram uma inflação de 17,38% nestes dois anos (((1+11,32/100) x(1+5,44/100)-1)x100).

A taxa real, descontada a inflação (efeito) do IGP-M sobre o empréstimo, ficou em 33,04% nos dois anos (((1+56,16/100)x(1+17,38/100)-1)x100). O leitor deve observar que, para descomplicar e deixar o exemplo mais fácil de entender, não colocamos nenhuma "taxa extra" neste exemplo, como TR, taxa de abertura de crédito, saldo médio, seguro de vida (você não queria "mas" teve que fazer), título de capitalização (não queria "mas" teve que fazer), taxa de cadastro, boleto bancário, etc. Essas taxas, normalmente, são cobradas pelos bancos e elevam o valor da operação, algumas vezes, escandalosamente.

Alguns perguntariam: o banco agiu mal? Não, absolutamente, o banco realizou a operação do modo mais simples e fácil de ser entendido pelo cliente. Entretanto, no caso presente, cabe ao empresário calcular o custo efetivo da operação. Esta não é uma bela razão para começar a aprender o uso do Excel?

Finalmente, o autor lembra que as informações aqui são apenas ilustrativas, nem todos os empréstimos são calculados desta maneira e, principalmente, as linhas de crédito dos bancos oficiais são quase sempre mais baratas que as citadas no exemplo.

Capítulo XI

CUSTO DE CAPITAL

Neste capítulo, você vai conhecer as principais fontes de financiamento empresarial disponíveis para as pequenas e microempresas. Também vai aprender conceitos básicos sobre cada uma delas, suas diferenças e características e, principalmente, como calcular o custo efetivo de uma operação financeira. Por outro lado, você ainda encontrará dicas importantes sobre as instituições financeiras que deve procurar quando necessitar recursos para financiar um projeto, ou simplesmente repor o seu capital de giro.lusive calculando os custos nominal e real dessas transações.

- Conheça as principais fontes de financiamento disponíveis para as micro e pequenas empresas
- Quais as taxas de juros dos financiamentos e em qual instituição a MPE encontra melhores produtos financeiros a sua disposição?
- Como calcular o custo efetivo de uma operação financeira?
- Por que temos que considerar os custos financeiros de todos os capitais usados para financiar a empresa?

Podemos entender por custo de capital a taxa de retorno que a firma precisa obter sobre os investimentos realizados de modo a poder manter a geração de valor constante, ou seja, se o custo do capital (dinheiro próprio ou de terceiros) for maior que o retorno obtido nas operações, a empresa não cria valor, ao contrário, destrói. Complementarmente, também podemos entender como custo de capital o "preço" pago pelos fundos obtidos: empréstimos, financiamentos, *leasing*, descontos de títulos e duplicatas e Patrimônio Líquido, conforme ilustra a Figura 11.1.

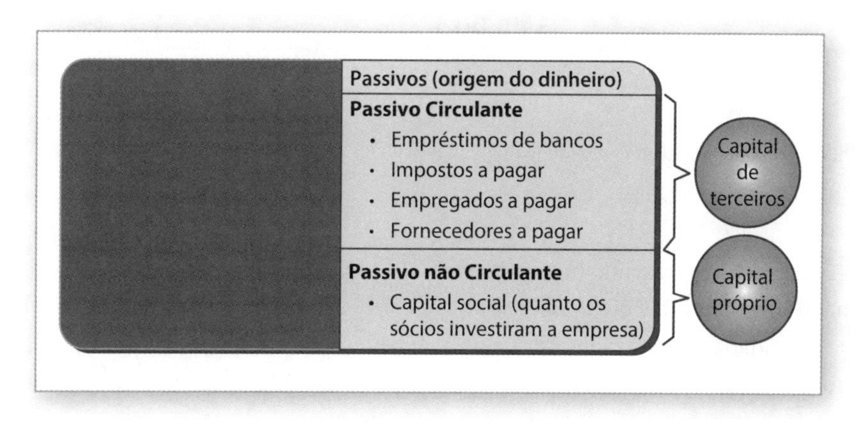

Figura 11.1: **Capitais que financiam a empresa: próprios e de terceiros**

Estrutura de Capital, Modelo Ideal

Quando possível, a empresa deve definir qual a estrutura ideal de capital, estabelecendo um grau de endividamento que mantenha o equilíbrio entre o capital próprio e de terceiros e um sistema de indicadores econômicos com a finalidade de controlar esses números e também estimular a criatividade dos gerentes.

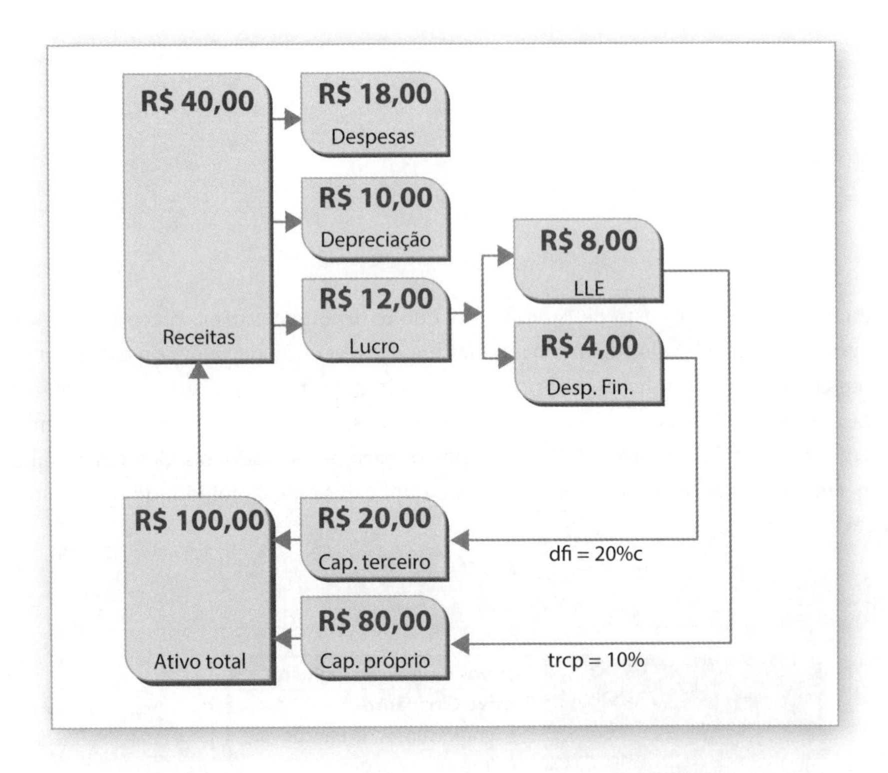

FIGURA 11.2: **Estrutura de capital**

A Figura 11.2 representa uma estrutura de capital ideal. Este modelo foi baseado no chamado MADEF/TELEBRÁS, a gigante estatal brasileira de telefonia, que teve parte de suas atividades privatizadas em 1998. A Telebrás era um conglomerado empresarial dirigida majoritariamente por engenheiros, daí, a dificuldade de explicar indicadores financeiros e relações de capitais, dentro da empresa.

A solução encontrada foi representar graficamente essas relações e estabelecer indicadores operacionais lógicos. O modelo foi um sucesso. Observe que o Ativo hipotético de R$ 100,00 gera uma receita de R$ 40,00. Essa relação também é chamada de Rotação do Ativo, aqui de 40% (R$ 40,00 de receita / R$ R$ 100,00 de ativos). A rotação do ativo depende do ramo de atividade; empresas que exigem muito capital têm rotação baixa, já outras podem alcançar rotações espetaculares, como nos casos de supermercados, onde um Ativo de R$ 100,00 pode gerar uma receita de R$ 400,00, ou seja, uma rotação do ativo de 400% (R$ 100,00 / R$ 400,00). Mas o que importa é o conceito. E, o mais importante ainda, é que você, pequeno empresário, faça o seu próprio controle e se compare consigo mesmo.

A receita de R$ 40,00 (no exemplo da Figura 11.2) cobre despesas de R$ 18,00, depreciação de R$ 10,00 e ainda resta um lucro de R$ 12,00 (R$ 18,00 + R$ 10,00 + R$ 12,00 = R$ 40,00). E, se você relacionar o lucro de R$ 12,00 com o Ativo de R$ 100,00 tem uma taxa de retorno sobre o ativo de R$ 12%.

Deste modo, a exploração desse modelinho simples "que até engenheiro entende" mostra inúmeras possibilidades de compreender, explorar e estabelecer indicadores sobre os diversos capitais que financiam e movimentam a empresa.

O empresário deve lembrar que os indicadores, em qualquer MPE que esteja sendo utilizado, são poderosas ferramentas de controle e de avaliação de desempenho. O homem é um ser movido por desafios; se souber que é difícil ou que nunca ninguém fez, é por este caminho que ele vai seguir. É neste momento que entram os indicadores.

Tenha em mente que a taxa de retorno da empresa, acima do custo de capital, aumenta o valor do negócio. Abaixo, diminui. Outra coisa muito importante é que se a empresa é optante pelo regime tributário sobre o lucro real, os custos de capital devem ser medidos após os efeitos do imposto de renda. Isso acontece devido à ação das despesas sobre o lucro, pois elas reduzem o imposto a pagar e, por consequência, aumentam a taxa de retorno. Vejamos um exemplo:

- Taxa média de Imposto de Renda = 25% ao ano
- Taxa de juros do empréstimo, antes do efeito do imposto de renda = 18,93%
- Taxa de juros do empréstimo após o imposto de renda (18,93% x (1 – 0,25) = 14,20% ao ano

Conclusivamente, para aquelas firmas que recolhem o imposto de renda, esta diferença do efeito do imposto de renda a pagar, reduzindo a taxa de juros dos empréstimos, deve ser considerada. Para efeitos de cálculos, a empresa pagará juros de 18,93%; entretanto, como as despesas financeiras serão lançadas na demonstração de resultados, reduzindo o imposto de renda a pagar, o custo efetivo do empréstimo será de 14,20%. Para os cálculos comparativos ou de viabilidade econômica de *leasing*, compra e aluguel, este percentual (25%) será aplicado como redutor das despesas.

Custo de Capital de Terceiros

Os usos de capital de uma empresa (Ativo) são financiados, basicamente, de duas maneiras. No primeiro caso, esse financiamento vem de fora da empresa. Dizemos assim, porque no segundo caso o capital é dos próprios sócios.

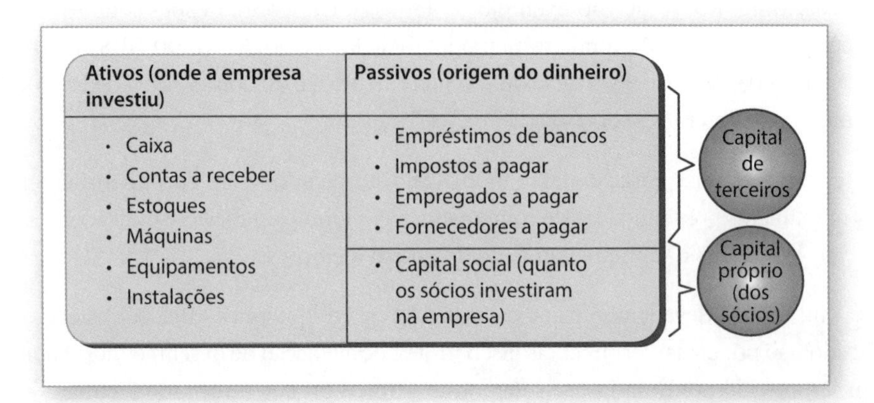

Figura 11.3: **Estrutura de capitais**

O Capital de Terceiros compreende o quanto "se paga" por todas as exigibilidades da empresa: duplicatas a pagar, pessoal e encargos, tributos, impostos, empréstimos, financiamentos e outros. O custo do capital de terceiros é a taxa efetiva paga para obtê-lo. Parece estranho dizer que a empresa se financia com "impostos", mas é verdade, veja no caso do ICMS, por exemplo, a firma passa os trinta dias do mês vendendo mercadorias e recebendo valores dos clientes, os quais contêm impostos, um recurso que não lhe pertence, mas ao Estado. Entretanto, o ICMS não é recolhido a cada operação, mas após um período de tempo, encerrado o mês. Assim, a MPE, que neste caso é mera recolhedora e "repassadora" do ICMS ao Estado, permanece com este dinheiro e pode usá-lo, enquanto não chega a hora de recolhê-lo. Isso acontece com o INSS e o Imposto de Renda descontados dos empregados, apenas para citar outros exemplos.

Não é de se esperar que esses "financiamentos" recebidos pela companhia venham a custo zero, alguns até têm (impostos, folha de salários), mas todos os outros têm custos financeiros embutidos, como os empréstimos e os fornecedores.

É objetivo deste capítulo discutir quais são os custos destes capitais e, ao final da discussão, fazer uma média ponderada deles, para conhecer quanto, em média, esses capitais custam para a organização. Dito isso, vamos analisar quanto representam cada um deles, individualmente, apenas os principais.

Desconto de Duplicatas

O cálculo da taxa real paga na operação de desconto de uma duplicata deve ser realizado individualmente para cada desconto. Essas operações têm características diferentes. Vejamos um exemplo de desconto de uma duplicata com vencimento para 36 dias, no valor de R$ 12.000,00. A taxa de desconto do banco é de 15% ao ano, calculados linearmente (juros simples). Adicionalmente, o banco exige saldo médio de 2% do valor e um seguro de R$ 32,00.

Aplicando a taxa de desconto:

Juros = R$ 12.000,00 * [(0,15 / 360 dias) x 36 dias]

Juros = R$ 180,00

Vamos calcular o saldo médio exigido pelo Banco que é de 2%:

Saldo médio = R$ 12.000,00 x 0,02

Saldo médio = R$ 240,00

Com estes elementos, vamos montar um fluxo de caixa para calcular o juro real:

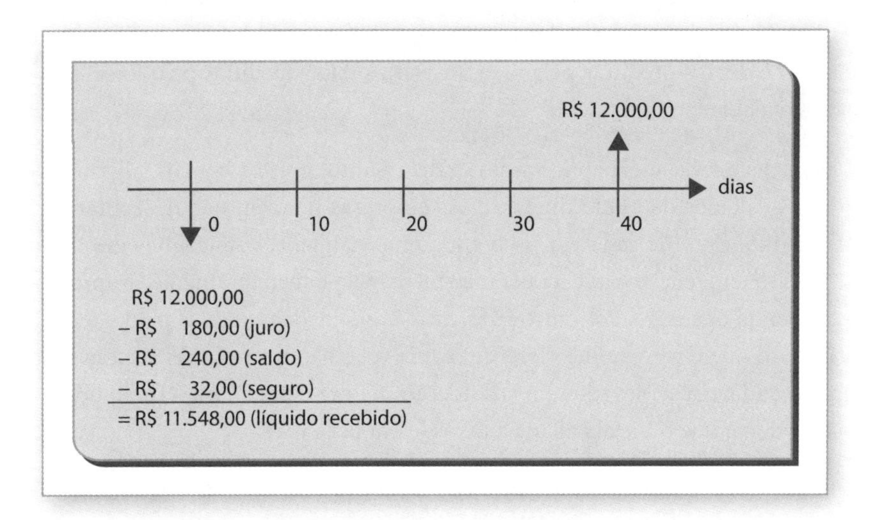

Figura 11.4: **Fluxo de caixa, desconto de duplicata**

Se você for um aficionado da matemática, com o valor creditado de R$ 11.548,00 e o valor nominal da duplicata de R$ 12.000,00, pode-se calcular a taxa real paga, com o uso da fórmula abaixo:

$$VF = VP\,(1 + i)$$

$$\text{R\$ } 12.000{,}00 = \text{R\$ } 11.548{,}00\,(1 + i)^{36} = \frac{\text{R\$ } 12.000{,}00}{\text{R\$ } 11.548{,}00} = (1 + i)^{3}$$

$$\text{Taxa diária} = 1{,}0391498^{1/36} - 1 = 0{,}001670797$$

A partir da taxa diária da operação, a taxa anual, nossa base de comparação com a taxa oferecida pelo banco, de 15% ao ano, é obtida facilmente:

$$1 + i)^{n} = \textit{Taxa anual} \text{ de juro} = (1 + 0{,}0010670797)^{360} = 46{,}81\% \textit{ ao an}$$

A taxa efetiva paga na operação de desconto de duplicata foi de 46,81% ao ano. Sendo conhecida a taxa efetiva, a tomada de decisão fica facilitada.

Mas, lembrando-se dos exemplos dados anteriormente, usando a função financeira do Excel, toda essa "calculeira" é desnecessária. Basta acessar a função do Excel, escolher "financeira" e depois procurar pela taxa, inserir os dados pedidos pelo Excel e pronto, a taxa será calculada rapidamente.

O leitor deve ter cautela com o trato deste assunto, pois os bancos, algumas vezes, fazem esses cálculos de modo diferente. As empresas também não descontam apenas um título (duplicata) de cada vez, isso é feito mensalmente com muitas duplicatas. O que se precisa ter atenção é que a taxa informada pelo banco raramente se aproxima do custo efetivo da operação. Por outro lado, as reciprocidades exigidas pelo banco, como aquele seguro que o gerente lhe ofereceu, e que você não queria, mas aceitou para não desagradá-lo, devem ser levados em consideração. Em resumo, faça o fluxo de caixa da operação e deixe que o Excel calcule a taxa efetiva para você.

Finalmente, esclarecemos que os bancos não agem assim por desonestidade, apenas porque esta é a maneira mais fácil de explicar a operação para o cliente, mas este deve saber que o custo efetivo não é aquele, por isso alguns professores chamam estas taxas de "taxas aparentes" da operação.

Empréstimos e Financiamentos

No Capítulo 10, mais precisamente no Quadro 10.5, foi mostrado como se calcula o custo efetivo de um empréstimo. As operações de empréstimos são normalmente simples; entretanto, a apuração da taxa efetiva requer alguma sofisticação e conhecimento de particularidades de mercado, mas, principalmente, o uso e a aplicação da planilha Excel. Os micro e pequenos empresários sempre devem ter em mente que a melhor forma de analisar o custo efetivo de um empréstimo ou financiamento é por meio de um fluxo de caixa. A seguir, apresentamos algumas recomendações sobre empréstimos e financiamentos destinados às micro e pequenas empresas:

- **Moeda estrangeira –** tenha muita cautela ao contrair empréstimos e financiamentos em moeda estrangeira, como dólar e euro. Evite criar problemas futuros para a sua empresa, trabalhando "descasado", ou seja, se a sua empresa produz receitas na moeda brasileira, o Real, não constitua dívidas em dólar, por exemplo;
- **Bancos –** não é uma regra, mas de modo geral, os bancos oficiais como a Caixa Econômica e Banco do Brasil possuem linhas de crédito melhores que os bancos particulares. Os custos são menores e a forma de pagamento é mais "alongada";
- **Parceria –** não seja cliente de muitos bancos, concentre os seus recursos e as suas operações em dois ou no máximo, três bancos;
- **Índices de reajuste –** tenha muito cuidado com empréstimos e financiamentos atrelados a índices de reajuste, como IGP-M, por exemplo. Na maioria das vezes, a inflação medida por estes índices tem pouca ou nenhuma relação com a inflação do pequeno negócio. O IGPM, por exemplo, é suscetível à variação cambial (dólar) e o índice de preços no atacado é a base da sua composição (60%)[1];
- **Assessoria –** evite o barato que sai caro. Se o valor do empréstimo ou financiamento for muito significativo para a sua empresa, procure uma assessoria para ajudar e aconselhar. O Sebrae, por exemplo, possuiu um corpo técnico altamente treinado e poderá aconselhar na operação. Normalmente, os custos dessas assessorias prestadas pelo Sebrae são bastante baixos.

[1] O IGPM, calculado mensalmente pela FGV é uma ponderação de três outros índices: 60% composto pelo IPA – Índice de Preços no Atacado; 30% composto pelo IPC – Índice de Preços ao Consumidor e 10% composto pelo INCC – Índice Nacional da Construção Civil.

Financiamentos pelo Sistema BNDES[2]

As micro e pequenas e empresa têm à disposição uma vasta linha de financiamentos via BNDES, bastante específicos, cobrindo vários tipos de necessidades. Vale dizer que os financiamentos do BNDES são muito atraentes, pois as taxas de juros são baixas e as condições de pagamento (carência e juros) atendem as necessidades dos empresários. A seguir, alguns exemplos destas linhas de crédito. O problema é que o BNDES não trabalha direto com as MPE's, mas por intermédio de agentes, como Bradesco, Itaú, Santander, Banco do Brasil e Caixa, por exemplo. Assim, a MPE terá que pagar as comissões que estes agentes cobram, que são muito baixas, mais a taxa de juros do BNDES. Os bancos credenciados pelo BNDES só destinam os recursos para os clientes "ficha limpa", com cadastro e garantias muito boas. Exagerando: emprestam apenas para quem "precisa menos"[3].

Aquisição de Bens de Capital - MPME BK

Esta linha de financiamento é destinada à aquisição de máquinas e equipamentos nacionais novos, exceto ônibus e caminhões, e capital de giro associado aos mesmos. A linha de financiamento MPME BK se baseia nas diretrizes BNDES Finame (para saber mais acesse o *site* www.bndes.gov.br), com algumas condições específicas. O custo da operação financeira é dado pela seguinte fórmula:

(+) Custo Financeiro

(+) Remuneração do BNDES

(+) Remuneração da Instituição Financeira Credenciada

(=) Custo da operação

Em termos práticos, o custo Financeiro é dado pela TJLP (Taxa de Juros de Longo Prazo), em torno de 6% ao ano (referência de 2015), mais uma taxa de remuneração básica do BNDES de 0,9% ao ano e mais a taxa de remuneração da instituição financeira credenciada, ou seja, do banco que irá intermediar a operação, em torno de 3%, sempre negociada entre a instituição financeira credenciada e o cliente. Quanto aos prazos de

---

[2] Todas as informações desta parte foram adaptadas a partir de orientações para a obtenção de financiamentos pelo sistema BNDES, conforme endereço do Banco: http://www.bndes.gov.br/SiteBNDES/bndes/bndes_pt/Institucional/Apoio_Financeiro/Produtos/FINAME_Maquinas_e_Equipamentos/mpme_bk.html.

[3] Os exemplos são ilustrativos e podem mudar com o tempo

carência e amortização, estes serão definidos de acordo com a capacidade de pagamento do cliente, respeitado o prazo total máximo, que é, normalmente, de 5 anos.

O prazo de carência, quando houver, deverá ser múltiplo de 3 e será de, no máximo, 2 anos para aquisição de máquinas e equipamentos e de, no máximo, 1 ano para aquisição de bens de informática por qualquer tipo de indústria.

Entretanto, obter esse financiamento não se constitui uma tarefa fácil, pois a empresa necessita de uma contabilidade organizada, bons resultados e garantias. Com essas informações é necessário dirigir-se a uma instituição financeira credenciada pelo BNDES, com a especificação técnica (orçamento ou proposta técnico-comercial) do bem a ser financiado. A instituição informará a documentação necessária, analisará a possibilidade de concessão do crédito e negociará as garantias. Após aprovada, a operação será encaminhada para homologação e posterior liberação dos recursos pelo BNDES. Uma boa dica é comprar que empresas que já oferecem o financiamento do BNDES, ou seja, elas negociaram com o banco e intermedeiam o financiamento para o cliente. Fica muito mais fácil.

Aquisição de Ônibus e Caminhões - MPME Ônibus e Caminhões

Este tipo de financiamento é destinado à aquisição de ônibus, chassis e carrocerias para ônibus, caminhões, caminhões-tratores, cavalos-mecânicos, reboques, semirreboques, chassis e carrocerias para caminhões, aí incluídos semirreboques tipo *dolly* e afins, carros fortes e equipamentos especiais adaptáveis a chassis, tais como plataformas, guindastes, betoneiras, compactadores de lixo e tanques, nacionais novos.

Os custos de financiamento são bastante similares ao MPME BK, podendo ser inferiores, pois em certos casos o BNDES aplica um redutor na TJLP. O prazo de carência, quando houver, deverá ser múltiplo de 3 e será de, no máximo, 2 anos.

Os exemplos são apenas ilustrativos e são constantemente alterados. Para saber mais sobre o assunto consulte o banco com o qual a sua empresa mantém relacionamento, pois praticamente todos eles são credenciados pelo BNDES para repasses de financiamento. Em grande parte dos casos, os bancos oficiais, como por exemplo, o Banco do Brasil e a Caixa Econômica, tem condições melhores, para o caso das micro e pequenas empresas. Para as operações de crédito mais importantes (do pondo de vista da sua empresa), vale a pena consultar o Sebrae, pois além da ajuda com a documentação e de demonstrações financeiras padronizadas, a experiência do consultor pesa muito na hora da tomada de decisão.

Arrendamento Mercantil Leasing

O chamado arrendamento mercantil, mais conhecido como *leasing*, é um contrato em que partes são denominadas "arrendador" (instituição financeira) e "arrendatário" (pessoa física ou jurídica), conforme sejam, de um lado, um banco ou sociedade de arrendamento mercantil e, de outro, o cliente. O contrato de *leasing* tem como objeto a compra, por parte do arrendador, de um ativo escolhido pelo arrendatário para sua utilização (carro, máquina, etc.). Em última análise, o arrendador compra o bem e o arrenda ao arrendatário. A empresa de *leasing* (arrendador) sempre será, portanto, o proprietário legal do bem, sendo que a posse e o usufruto, durante a vigência do contrato, são do arrendatário. Ao final do contrato de arrendamento mercantil, o arrendatário terá a opção de compra do bem, pois o mesmo é de propriedade do arrendador, segundo condições do contrato.

Importante: leasing não é aluguel!

Leasing é uma palavra de inglesa, cuja origem está no verbo "*to lease*", o seu significado é: alugar. A ideia do *Leasing* é baseada no conceito econômico de que o grande fator que impulsiona uma empresa é a utilização do bem e não a sua propriedade. Em resumo, a sua empresa não precisa ser dona da frota de veículos, mas saber explorá-la.

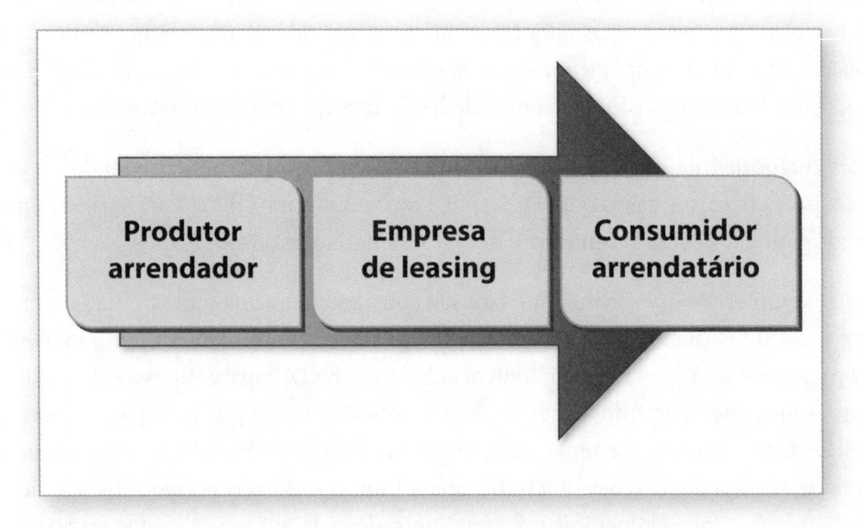

FIGURA 11.5: Operação de leasing

O *leasing* é uma operação de financiamento, em médio e longo prazos, de qualquer ativo ou bem utilizado pelas empresas, podendo ser de imóveis, veículos, máquinas ou equipamentos. Não existem restrições quanto ao bem ser novo ou usado, de fabricação nacional ou não. Com o *leasing* não há necessidade de descapitalizar a firma, sem falar que todos os valores das prestações do *leasing* serão lançados diretamente na despesa operacional, permitindo a modernização constante do equipamento, por meio da sua substituição logo que se torne obsoleto.

O *leasing* define-se como "o ter sem comprar[4]", uma vez que o lucro vem da utilização do bem e não da sua propriedade. Observe, então, as grandes vantagens que o *leasing* oferece:

- Financiamento total do bem
- Liberação de capital de giro
- Possibilidade de atualização dos equipamentos durante a vigência dos contratos
- Prazo da operação compatível com a amortização econômica do bem
- Flexibilidade nos prazos de vencimento
- Aceleração da depreciação, gerando maior eficiência fiscal
- Simplificação contábil
- Melhoria dos índices financeiros
- Dupla economia de imposto de renda (dedução de aluguéis e não imobilização de equipamento)

Em tese, a grande vantagem do *leasing* é a possibilidade de dedução dos aluguéis, pois as despesas são totalmente dedutíveis no lucro tributável para efeito de cálculo de imposto de renda, ocasionando, consequentemente, redução substancial no custo final da operação. Desta forma, parte do arrendamento é recuperada indiretamente pela empresa, sob a forma de economia do imposto de renda. O IOF não incide nas operações de *leasing*, o único imposto decorrente do contrato é o Imposto Sobre Serviços (ISS). Esta pode se constituir uma enorme vantagem, pois em alguns casos esta característica torna a opção pelo *leasing* mais barata que o financiamento, o que, em condições normais, seria o contrário. Deste modo, mesmo empresas optantes pelo regime tributário do simples ou do lucro presumido acabam optando pelo *leasing* na hora de financiar uma máquina, equipamento ou veículo, pela questão do custo.

---

[4] http://www.vestcon.com.br/ft/7531.pdf - BRB, Curso para Escriturário.

Mas lembre-se de que o *leasing* é uma operação com características legais próprias, não se constituindo operação de financiamento. Quando uma empresa faz um financiamento bancário para comprar um bem, o ativo é de propriedade do tomador do empréstimo. Mesmo que seja alienado, como ocorre nas compras de automóveis e caminhões, na operação de *leasing* isso não ocorre, pois o bem continua sendo de propriedade da empresa de *leasing*.

Para exemplificar o que vimos acima, imagine que a padaria do José, em vez de comprar ou alugar um carro para fazer entrega de pães e doces, prefere fazer um "*leasing*" do mesmo. Neste caso, o carro não é de propriedade de empresa de José, mas da companhia de *leasing*, inclusive, o certificado de propriedade do veículo será emitido em nome do Banco, não da padaria.

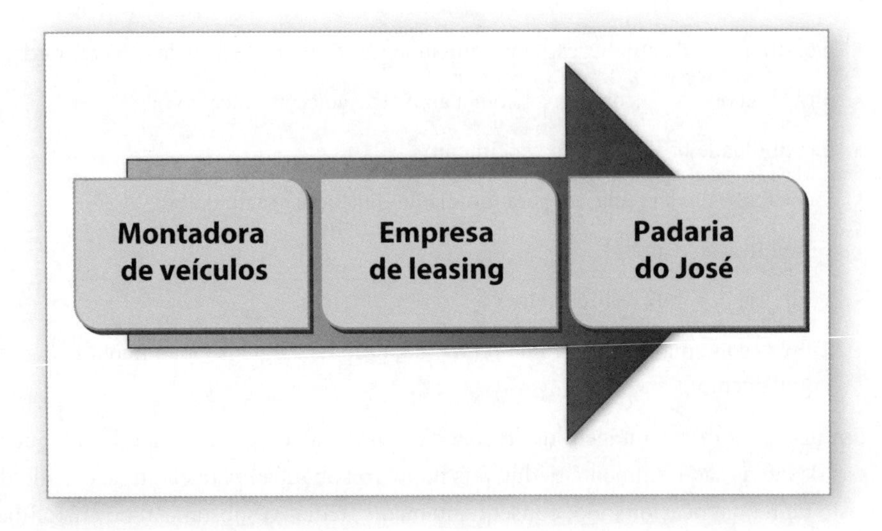

FIGURA 11.6: **Operação de leasing financeiro**

O prazo mínimo de arrendamento via *leasing* é de dois anos para bens com vida útil de até cinco anos (como no exemplo do carro da padaria de José) e de três anos para os demais. Assim, para veículos cuja vida contábil é de cinco anos, por exemplo, o prazo mínimo de contrato é de 24 meses e para outros equipamentos, máquinas e imóveis, com vida útil superior a cinco anos, o prazo mínimo é de 36 meses.

Outra vantagem do *leasing* é a possibilidade de pagar antecipadamente, antes do prazo definido no contrato, caso a quitação seja dentro das recomendações da regulamentação do Banco Central (artigo 8° do Regulamento anexo à Resolução CMN 2.309, de 1996), o contrato não perde as características de arrendamento mercantil. Entretanto, caso realizado antes dos prazos mínimos estipulados, "o contrato perde sua caracterização legal de arrendamento mercantil e a operação passa a ser classificada como de compra e venda a prazo. Nesse caso, as partes devem arcar com as consequências[5] legais e contratuais que essa descaracterização pode acarretar". "Despesas tais como seguro, manutenção, registro de contrato, ISS e demais encargos que incidam sobre os bens arrendados são de responsabilidade do arrendatário ou do arrendador, dependendo[6] do que for pactuado no contrato de arrendamento."

O *leasing* não é uma operação de aluguel, são duas operações totalmente distintas. Alugar é uma operação muito simples quando comparada ao sofisticado leasing. Veja algumas diferenças:

- Aluguel não é uma operação financeira, consequentemente não é controlado pelo Banco Central;
- Não há prazo para alugar;
- Não existem limites legais para deduzir despesas de aluguel no imposto de renda;
- Contratos de aluguel com opção de compra podem ser interpretados como uma compra disfarçada pela Receita Federal, e;
- As operações de aluguel são muito simplificadas.

Leasing Operacional

Este contrato é muito comum nos dias de hoje e se assemelha com um contrato de aluguel. O contrato não obriga o arrendatário a comprar o bem arrendado, visualizando-se até a sua devolução. Ainda, normalmente, no final do contrato, o empresário que arrendou o bem poderá comprá-lo, pagando o preço de mercado.

---

[5] www.bcb.gov.br – leasing, perguntas frequentes
[6] www.bcb.gov.br – leasing, perguntas frequentes

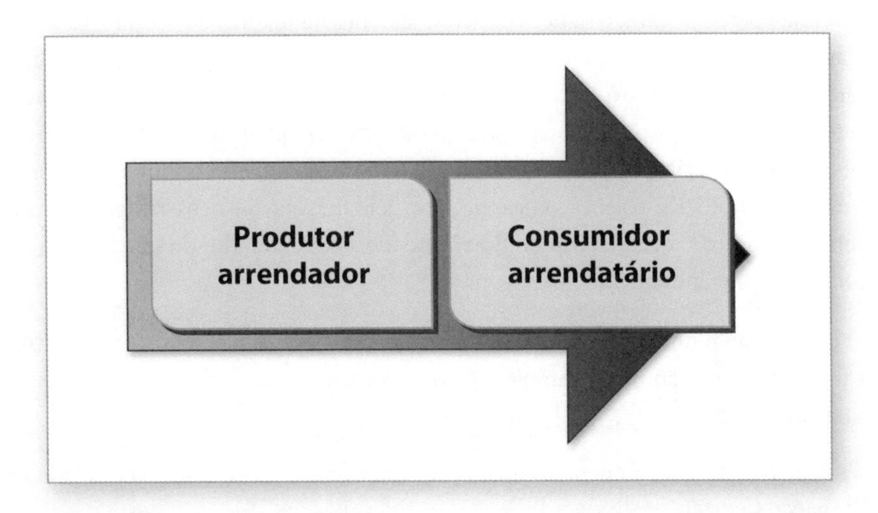

Figura 11.7: **Operação de leasing operacional**

"Operação regida por contrato, praticada diretamente entre o produtor de bens (arrendador) e seus usuários (arrendatários), sendo aquele o responsável pela manutenção do bem arrendado ou de qualquer outro tipo de assistência técnica que seja necessária para seu perfeito funcionamento[7]."

Este tipo de contrato usualmente é encontrado no ramo de equipamento de alta tecnologia, como telefones, computadores, aviões, máquinas copiadoras. Para exemplificar, imagine que a padaria do José está precisando de uma impressora multifuncional e, por meio de uma operação de *leasing* operacional, "aluga" a impressora, inclusive com fornecimento de *toner*, por uma importância mensal. Em troca, a arrendadora faz a manutenção da máquina, quando necessário provê o *toner* e, se a impressora começar a "dar problemas" ela simplesmente é trocada sem custos para o arrendatário.

Deste modo, diferentemente do *leasing* financeiro, o arrendatário pode interromper o contrato a qualquer hora, bastando apenas o aviso especificado no contrato. Esta operação, por não envolver instituição financeira, não é regulamentada pelo Banco Central.

Esta opção permite a redução de custos para o arrendatário, já que as prestações não amortizam o bem e ele não tem a opção de compra no final do contrato. Na prática, as operações de *leasing* operacional funcionam como um aluguel[8].

---

[7] SCHALCHER, Raimundo., Apostila sobre leasing: http://www.jurisconcursosma.com.br/wp-content/uploads/2012/10/Conhecimentos-Banc%C3%A1rios-Leasing.pdf

[8] ZAQUEU, Fernanda. Unorp, Arrendamento Mercantil: http://amigonerd.net/humanas/administracao/leasing

Custo Médio Ponderado de Capital

Embora este assunto ultrapasse os limites de controle das pequenas e microempresas, por ser muito importante, deve ser tratado minimamente pelo menos para atender as questões conceituais.

Deve-se deixar claro que as diversas fontes de financiamento usadas pela empresa, sejam de "terceiros" ou "próprias", conforme demonstra a Figura 11.8, quando somadas e ponderadas, têm um custo médio para a empresa.

Por que é importante para um MPE conhecer este assunto? Ora, muitas vezes, quando tratamos com consultores e bancos aparecem, especialmente em projetos, uma sigla em inglês, chamada WACC, (do inglês *Weighted Average Cost of Capital*), a composição estruturada (balanceada) dos capitais e suas respectivas taxas que financiam uma firma, conhecidas como Custo Médio Ponderado de Capital (CMPC) ou pela sigla WACC. Assim, ter uma visão do assunto, mesmo que superficial, melhora a cultura geral do empresário e, por consequência, o entendimento dos acontecimentos.

Nos exemplos citados anteriormente, percebemos que, ao contrário de como pensam alguns, todos os capitais utilizados têm algum custo. Destes, muitos são visíveis e facilmente identificados, como os empréstimos, financiamentos e o *leasing*. Já outros, como impostos e salários a pagar, são mais difíceis de identificar, pois podem até ter custos negativos. Finalmente, o Capital Próprio, ou seja, o dinheiro que os sócios colocaram no negócio, também tem um custo, pois os empresários que empreenderam essa pequena empresa esperam obter um lucro.

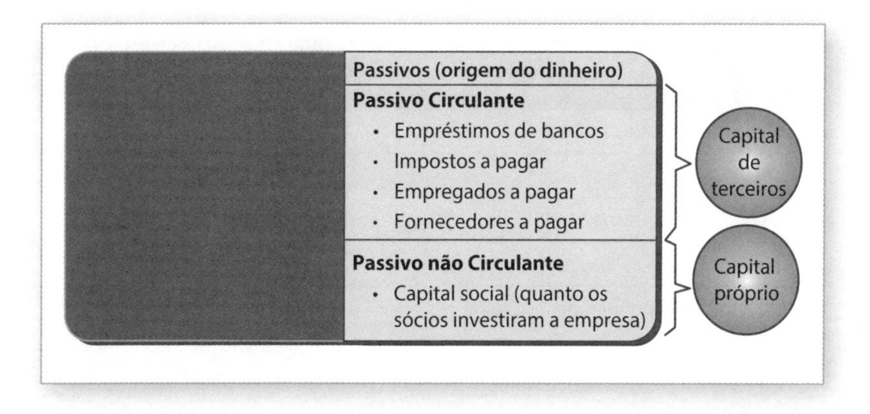

Figura 11.8: Capitais que financiam a empresa: próprios e de terceiros

Da ponderação destes diferentes custos, segundo o peso que cada um representa dentro do passivo total, surge o custo médio ponderado de capital.

Passivo	Valor em Real
Passivo Circulante	R$ 25.000,00
Empréstimos LP	R$ 5.000,00
Patrimônio Líquido	R$ 70.000,00
Total	R$ 100.000,00
Passivo	**% de participação**
Passivo Circulante	25,0%
Empréstimos LP	5,0%
Patrimônio Líquido	70,0%
Total	100.0%

Para exemplificar a questão, imagine que um passivo contém a estrutura de valores descrita ao lado. Quando esses valores são transformados em percentual passam a representar proporções.

Assim, em vez de valores, temos percentuais, ou seja, o passivo circulante no valor de R$ 25.000,00 representa 25% ((R$ 25.000,00 / R$ 100.000,00) – 1) x 100) do passivo, e assim por diante.

Nessa linha de raciocínio, é possível perceber que, ao calcular os diversos itens do passivo circulante, com empréstimos de curto prazo, fornecedores, impostos a pagar e salários a pagar, eles têm um custo médio de 18% ao ano. É claro que os empréstimos têm custo mais elevado, mas considere que os salários e os impostos podem ter custo negativo. Na sequência, os empréstimos de longo prazo têm custo de 32% ao ano e, finalmente, os proprietários exigem uma remuneração média anual pelo dinheiro investido na empresa de 12% ao ano. Colocando todos esses dados na planilha e calculando o valor médio, concluímos que os capitais que financiam a empresa têm custo médio anual ponderado (WACC) de 15% ao ano (5% + 2% + 8%).

Passivo	Valor	Participação %	Custo do passivo em %	Custo ponderado
Passivo Circulante	R$ 25.000,00	25% (a)	18%	5% (b)
Empréstimos LP	R$ 5.000,00	5%	32%	2%
Patrimônio Líquido	R$ 70.000,00	70%	12%	8%
Total	R$ 100.000,00	100%		15%

QUADRO 11.1 — Custo médio ponderado de Capital

Notas

(a) ((R$ 25.000,00 / R$ 100.000,00 – 1) x 100) = 25%

(b) 25% x 18% = 5%

Em resumo, o Quadro 11.1 informa que o fluxo de capitais que financia a empresa custa 15% ao ano. Deste modo, qualquer projeto empresarial assumido por ela, que possua retorno menor que 15% ao ano, destrói o valor da empresa, já o contrário acontece se o projeto proporcionar um retorno maior que 15% ao ano.

Capítulo XII

ANÁLISE DE DESEMPENHO ECONÔMICO E FINANCEIRO DA PEQUENA EMPRESA

Neste capítulo, você vai aprender a importância de manter uma contabilidade organizada e desenvolver relatórios consistentes e com condições reais de desempenho empresarial. Quais os indicadores que os analistas de crédito dos bancos, ou dos fornecedores da MPE considerarão para conceder um empréstimo? Finalmente, vamos analisar o desempenho empresarial sobre a ótica da contabilidade tradicional, que considera o prazo das contas contábeis e pelo método chamado dinâmico que considera a natureza das contas contábeis.

- Como analisar o desempenho econômico e financeiro de uma empresa
- Quais fatores são considerados, pelas analistas de crédito, das empresas e dos bancos, antes de conceder um empréstimo para a MPE?
- Análise da situação de financiamento empresarial usando a contabilidade tradicional
- Análise da situação financiamento empresarial pelo método dinâmico

Noções Básicas de Estrutura Contábil

A Lei 6.404/76, conhecida como Lei das Sociedades Anônimas, alterada com a edição da Lei 10.303/2001, aplica-se, em muitos casos, às sociedades limitadas e demais tipos jurídicos, com ou sem caráter mercantil. Embora este livro trate de micro e pequenas empresas, ter conhecimento, mesmo que superficial da Lei 6.404/76 é importante, pois ela, ao tratar de grandes empresas, acaba de uma maneira ou de outra influindo nas normas e conceitos dos outros tipos de sociedades. Vale ressaltar que a "superficialidade" aqui referida aplica-se apenas aos empresários, nunca aos contadores; estes últimos devem ser profundos conhecedores desta Lei.

Para exemplificar a afirmação acima, o artigo 176 da Lei 6.404/76 prevê a elaboração, no final de cada exercício social (um ano), do Balanço Patrimonial e da Demonstração do Resultado do Exercício (DRE), dentre outras peças contábeis. Assim, uma pequena sociedade limitada também tem por obrigação a confecção do Balanço Patrimonial, da Demonstração do Resultado do Exercício (DRE) e da Demonstração dos Lucros ou Prejuízos Acumulados (DLPA). Este mesmo regramento é previsto no Regulamento do Imposto de Renda (RIR), Decreto 3.000/99.

Vale dizer ainda que as demonstrações financeiras ou contábeis são elaboradas de acordo com os Princípios Fundamentais de Contabilidade e as Normas Brasileiras de Contabilidade (NBC). Em especial, destaque-se a Resolução do Conselho Federal de Contabilidade nº 686/90, que aprova a NBC T 3, Norma Brasileira de Contabilidade Técnica número 3, que trata da estrutura destas demonstrações[1].

---

[1] O Conselho Federal de Contabilidade (CFC) é o principal órgão normatizador da Contabilidade no Brasil. São editadas Resoluções do CFC que aprovam as Normas Brasileiras de Contabilidade. Os Princípios Fundamentais de Contabilidade, por exemplo, foram oriundos da Res. CFC 750/93, complementada pela Res. CFC 774/94. Todas as Resoluções podem ser encontradas no site do CFC em www.cfc.org.br.

Os grupos de contas dentro do Balanço Patrimonial, por exemplo, sinteticamente mostradas na Figura 12.1, identificadas como Ativo Circulante, e Ativo não Circulante, e no Passivo, os grupos do Passivo Circulante, Passivo não Circulante e Patrimônio Líquido, possuem características próprias e são formalmente definidas.

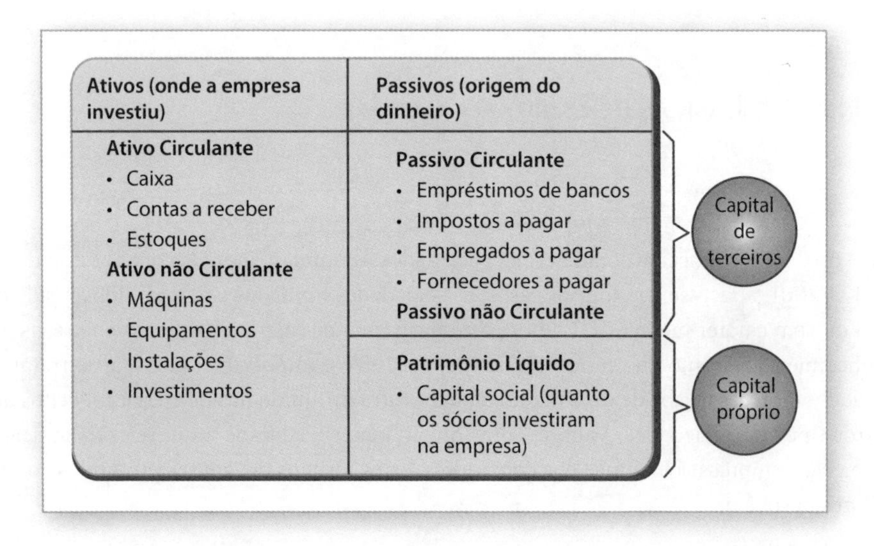

Figura 12.1: **Balanço Patrimonial**

Por fim, mas não menos importante, a demonstração dos resultados obtidos no exercício, Figura 12.2, demonstra a eficiência do empresário no gerenciamento de todos os capitais emprestados (Passivo) e suas aplicações (Ativo), bem como na gerência e condução geral dos negócios, pois este "relatório" mostra as receitas geradas e as despesas incorridas com os recursos do Balanço Patrimonial (Ativo e Passivo). Ao final desta demonstração, na última linha, encontramos o chamado lucro ou prejuízo do exercício.

Receita Operacional Bruta	
(-)	Deduções da receita - impostos (ICMS)
(=)	Receita Operacional Líquida
(-)	Custo da Mercadoria Vendida (ou do serviço prestado, trata-se da despesa direta de produção)
(=)	**Lucro Operacional Bruto (lucro do negócio)**
(=)	Despesas Comerciais (com vendas, comissões)
	Despesas Financeiras (com juros de empréstimos e outros)
(=)	**Lucro antes do Imposto de Renda e Contribuição Social**
(-)	Imposto de Renda e Contribuição Social
(=)	**Lucro Líquido do Exercício**

Figura 12.2: Demonstração de Resultados

A apresentação destas demonstrações pode ser realizada de forma sintética ou analítica. Isso dependerá da finalidade e da transparência. As demonstrações acima referidas foram colocadas de maneira muito simplificada. Para conhecer mais sobre o assunto procure por Assaf Neto (2001)[2].

A Figura 12.3 retrata a conexão existente entre os capitais que financiam a empresa. Observe o quadro central "Passivos", pois ele demonstra de maneira muito sintética a necessidade de capitais para gerar receitas.

[2] Estrutura e análise de balanços – um enfoque econômico-financeiro. 6ª edição, Editora Atlas, São Paulo.

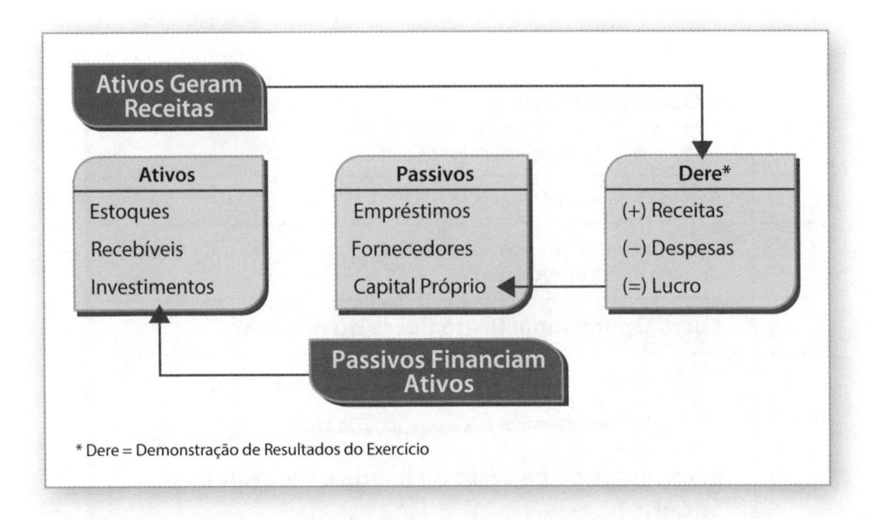

Figura 12.3: **Demonstração de Resultados e Balanço Patrimonial**

Com a "juntada" de diversos capitais, de múltiplas fontes, "emprestados" por intermédio de agentes variados, como bancos, fornecedores e dinheiro do próprio empresário, também chamado de Capital Social, financiamos as necessidades empresariais. A Figura 12.3 mostra no quadro "Ativos" o emprego deste "dinheiro" em estoques, contas a receber de clientes e investimentos, os quais, por sua vez, acabam por produzir receitas de produtos ou serviços, mas também geram despesas. Essa operação aritmética [Receitas – Despesas] resulta em lucro ou prejuízo, da qual, uma parte, se não distribuída entre os sócios da empresa, volta para o Passivo como uma nova fonte de financiamento chamada Lucros Retidos.

A grande mensagem da Figura 12.3 é a interligação dos vários fluxos de capital (dinheiro). Você, micro ou pequeno empresário, não terá nenhuma chance de se tornar grande algum dia se não entendê-la.

Como Entender as Necessidades de Investimento em Capital de Giro pela Análise dos Dados Contábeis

De acordo com o estudo dos capítulos anteriores, verificamos que são muitas as razões para as empresas "fecharem as portas" ou, mais fácil, tornarem-se "fichas sujas" e deixarem de pagar as suas contas. Entre essas razões, temos:

- Retração de mercado, crises econômicas, problemas nos mercados internacionais;

- Má administração, empresários despreparados, desleixados, e
- Concorrência poderosa, mercados explorados por grandes empresas.

Mas é importante lembrar que poucos empresários podem pensar que o aumento de vendas, despreparado, descontrolado, pode levar uma empresa a encerrar suas atividades e "jogar na lama" o nome de um empreendedor dedicado e com vontade de crescer. Por que isso acontece? A razão é simples: falta de planejamento na empresa e, por consequência do crescimento das vendas, não foram previstas forma de captação de recursos, deixando a organização sem "capital de giro", ou obrigando a firma a recorrer a empréstimos em bancos.

Para agravar a situação, esse fenômeno não é percebido imediatamente, muito pelo contrário. Um repentino aumento de vendas eleva rapidamente o faturamento, dando a falsa ilusão de que as coisas mudaram para melhor quando, na verdade, alguns meses depois, a necessidade de financiar o prazo de pagamento dos clientes e os estoques "empurrará" o empresário para os empréstimos bancários, um modo fácil de emprestar dinheiro, entretanto, extremamente difícil de pagar e impossível de repassar para os preços, pelo custo elevado.

Analisando o Desempenho Financeiro da Empresa, com Informações da Contabilidade

Segundo o Professor de Finanças Armando Rasoto (2003, p.19), um empresário nunca deve fazer negócios que exigem recursos financeiros superiores a sua capacidade, pois isso afetará fortemente o seu capital de giro, colocando em risco toda a organização. Conforme já vimos o capital de giro é composto pelo dinheiro em caixa ou no banco, pelos estoques e, principalmente, por aquele utilizado para "financiar os clientes" (contas a receber). Assim, comprometido o capital de giro, motivado por um aumento de vendas irresponsável, por exemplo, resta recorrer aos recursos de curto prazo oferecidos pelos bancos, cujos juros são excessivamente elevados e, que pelas suas características, viram uma verdadeira "bola de neve". É o que chamado "*overtrade*" (RASOTO, 2003, p.19): a empresa vendeu mais do que poderia, considerando seus recursos. É o mesmo fenômeno constatado com as pessoas físicas no uso do cartão de crédito; uma vez que você use o financiamento oferecido pelo cartão dificilmente conseguirá sair desse círculo vicioso. A única fonte confiável sobre os movimentos destes recursos, ou seja, onde são adquiridos e aplicados, é o Balanço Patrimonial.

Descobrindo Fontes de Financiamento e Aplicações pelo Balanço Patrimonial

Entender essa peça contábil (balanço) é muito importante mesmo que a empresa não esteja obrigada a manter uma contabilidade regular, mensal, como acontece em alguns tipos de micro e pequenas empresas.

De modo complementar ao ensinado pelos contadores, os financeiros devem enxergar o Balanço Patrimonial como uma coisa viva e ativa. Para os financeiros, o Ativo não é constituído de "bens e direitos" possuídos pela firma, mas o lugar onde ela "investiu seus recursos". Do mesmo modo, o Passivo é enxergado como fonte de financiamento e não como "deveres e obrigações". O Quadro 12.1, abaixo, mostra a visão financeira do balanço. Deve-se explicar aqui que não estamos comparando as visões contábil e financeira para estabelecer a mais correta. Pois, são abordagens diferentes baseados nos mesmos dados. E tenha sempre em mente que "em qualquer discussão a contabilidade sempre tem razão".

Ativo	Passivo
Usos de capital	Fontes de capital
Investimentos	Financiamentos
Aplicações de recursos	Fontes de recursos
Aplicações	Captações

Quadro 12.1 — Terminologias comparativas do Balanço Patrimonial (Fonte: ANTONIK - 2008)

É imperioso entender, em uma visão estritamente financeira, que os estoques e o Contas a Receber não são bens e direitos da empresa, mas um investimento, necessário, feito com dificuldades e a custos elevados, para manter as indispensáveis operações da companhia. Mas de onde provêm esses recursos? Quem estaria disposto a emprestar dinheiro para que a firma financiasse suas operações? Basicamente, podemos estabelecer quatro fontes de financiamento, dentre muitas, apenas para citar as mais importantes: bancos; o município, o estado e a União; os fornecedores; e os sócios, conforme o Quadro 12.2.

ATIVO (Usos de capital)	PASSIVO (Fontes de capital)
Investimentos	Financiamentos
Caixa Contas a receber Estoque	Bancos Fornecedores Impostos "Município, Estado e União"
Bens, máquinas, equipamentos e instalações	Dinheiro dos proprietários (capital social)

Quadro 12.2 — **Interpretando o Balanço Patrimonial.**

Assim, todas essas "entidades" financiam os negócios da micro ou pequena empresa. Engana-se aquele que imagina que financiamento está ligado ao setor bancário, unicamente.

Entendido este ponto, pode-se dizer que algumas fontes de financiamento são melhores que outras. Por exemplo, todos sabem que é muito melhor ficar devendo para os fornecedores, pedindo a estes por mais prazos de pagamento, que ter dívidas com bancos. Embora todos saibam que os fornecedores "embutem" custos financeiros para dar mais prazo para os clientes pagarem as faturas, é sempre melhor ficar devendo para eles que aos bancos.

Atrasar impostos é uma péssima ideia, mas as empresas "usam" o dinheiro das entidades públicas (ISS, ICMS, IPI e outros), quando recebem impostos ou os descontam na folha dos empregados e não os repassam de imediato, aguardando a data informada pela contabilidade para o recolhimento. Ou seja, estamos financiando parte das operações com o dinheiro dos impostos a recolher.

Outra informação importante fornecida pela contabilidade, ao elaborar as demonstrações financeiras, é que os itens do balanço (fontes / usos ou passivos e ativos) são considerados segundo um prazo: curto, médio e longo. Tal informação é importante, pois nos permitirá analisar os resultados e a forma de financiamento da firma com mais exatidão. Não é necessário muito conhecimento de finanças para saber que o ideal é financiar um investimento de curto prazo, com capital de longo prazo. Já o contrário, é altamente arriscado.

Isso tudo sem mencionar que essa forma de financiamento (capital de curto com investimento de longo prazo) acaba por "misturar recursos operacionais com recursos destinados para investimentos". Essas combinações afetam gravemente a solvência da empresa e serão facilmente percebidas pelos analistas dos bancos quando você intencionar tomar um empréstimo, por exemplo. O Quadro 12.3, a seguir, dá uma breve ideia dos itens do balanço, separando-os por prazos:

Contas	Prazo	Ativo - Usos de capital	Passivo - Fontes de capital
Circulante	Curto Prazo	Caixa e Bancos Duplicatas a receber (-) Duplicatas Descontadas (-) Provisão para Devedores Duvidosos Estoques	Empréstimos bancários Fornecedores Salários Impostos e taxas Contingências
Não Circulante	Longo Prazo	Duplicatas a receber Créditos	Empréstimos em longo prazo
Permanente	Indefinido	Investimentos fixos	Patrimônio Líquido Capital Social

Quadro 12.3 — Balanço Patrimonial — Prazos das Contas (Fonte: ANTONIK, 2008)

Como veremos adiante, na contabilidade tradicional, quando se calcula o Capital Circulante Líquido, ou seja, a diferença que sobra (se sobra) entre o Ativo Circulante e o Passivo Circulante, misturaram contas contábeis com diferentes níveis de liquidez, como por exemplo, o estoque e o caixa. Para fins de análise, não é possível somar os recursos do caixa com os do estoque, pois o caixa já é dinheiro, enquanto os estoques devem ser vendidos, recebidos e só assim se transformarão em dinheiro. Equivale a dizer que uma firma que possuiu altos estoques tem igualmente alta capacidade de pagamento ou de liquidez, o que absolutamente não é verdade.

O Quadro 12.4 pode ilustrar esta afirmação. Quando calculamos o Capital Circulante Líquido (CCL), usando os conceitos da contabilidade tradicional, o fazemos pela simples subtração do Ativo Circulante (AC) do Passivo Circulante (PC). Os resultados acima de "1" são considerados satisfatórios.

Capital Circulante Líquido = Ativo Circulante - Passivo Circulante

CCL = R$ 24.272,64 - R$ 18.654,72

CCL = R$ 5.617,92

Explicando melhor, a empresa tem dívidas de curto prazo no valor de R$ 18.654,72, mas compensa essas dívidas com folga, pois tem recursos de curto prazo no valor de R$ 24.272,64. Será?

É fácil concluir que existe uma grande diferença de liquidez entre dívidas com empréstimos bancários, folha de salários e impostos e estoques, por exemplo. Para fazer dinheiro dos estoques e pagar dívidas bancárias temos um longo caminho a percorrer: fabricar o produto, vender e receber. Não é a mesma coisa.

Balanço Patrimonial - Valores Correntes de 31/12/XX (milhões de Reais)			
Ativo	Valor	Passivo	Valor
Caixa	2.163,84	Empréstimos Bancários	4.300,80
Bancos	3.601,92	Fornecedores	9.031,68
Duplicatas a Receber	15.240,96	Salários e Encargos Sociais	940,80
(-) PDD	-362,88	Impostos	4.381,44
(-) Duplicatas Descontadas	-2.889,60		
Estoques	6.518,40		
Matéria-Prima	1.881,60		
Produtos em Processo	1.451,52		
Produtos Acabados	3.185,28		
Ativo Circulante	24.272,64	**Passivo Circulante**	18.654,72
Empréstimos a Controladas	2.688,00	Financiamento	15.469,44
Imobilizado	36.019,20	**Passivo não Circulante**	15.469,44
Ativo não Circulante	38.707,20	**Patrimônio Líquido**	28.855,68
Total do Ativo	62.979,84	Total do Passivo	62.979,84

Quadro 12.4 — Balanço Patrimonial

Análise da Situação de Financiamento Empresarial – Uma visão dinâmica[3]

A análise do desempenho econômico e financeiro das empresas é tradicionalmente realizada por meio de medidas consagradas há dezenas de anos pela contabilidade empresarial, conhecida como "Análise Estática".

A forma de análise que apresentaremos a seguir, chamada de Análise Dinâmica, separa os capitais investidos e suas fontes, segundo a liquidez que possuem e não quanto ao

[3] ANTONIK. Disponível em: http://www.unifae.br/publicacoes/pdf/art_cie/art_07.pdf

prazo que têm, como o faz a análise tradicional. O modelo de Análise Dinâmica separa os itens do balanço em três grupos, correspondendo cada um ao prazo de maturação da conta contábil, reclassificando as contas do balanço sob uma ótica mais operacional e pragmática. Como já dissemos, isso é feito apenas com finalidades gerenciais; para fins legais, fiscais ou tributários devemos seguir os formatos da contabilidade tradicional.

Segundo ensina o Professor Assaf Neto (1995), o balanço tradicional formulado pela contabilidade deve ser reclassificado para o Modelo Dinâmico pela natureza das contas, quais sejam: financeiras, operacionais e permanentes. O que ele sugere é evitar "misturar" as contas como faz tradicionalmente a contabilidade. Explicando melhor, empréstimo é uma fonte de financiamento financeiro constante do passivo. Para fins de medida de desempenho devem ser comparadas com as contas, também financeiras, do ativo, ou seja, o dinheiro que temos em caixa ou em bancos. Em conclusão, não é possível dizer que uma dívida de empréstimo bancário (passivo) está coberta por itens de estoque (ativo). Vejamos como fica um balanço reclassificado segundo este conceito, analisando o Quadro 12.5.

Prazo	Atividade	Ativo – Usos de capital (investimento)	Passivo – Fontes de capital (captação de recursos)
Curto Prazo	Financeiro	Caixa e Bancos	Empréstimos bancários
	Operacional	Duplicatas a receber (-) Duplicatas Descontadas (-) Provisão para Devedores Duvidosos Estoques	Fornecedores Salários Impostos e taxas Contingências
Longo Prazo	Permanente	Realizável em longo prazo Investimentos fixos	Passivo não circulante Patrimônio Líquido

Quadro 12.5 — Balanço Patrimonial — Prazos das Contas — Conceito original de Fleuriet
(Fonte: ANTONIK, 2008)

O leitor já deve ter percebido, pela leitura do Quadro 12.5, que este tipo de análise de desempenho econômico financeiro compara a fonte do dinheiro com a sua aplicação (financeiro). Do mesmo modo, os aspectos operacionais do passivo, tais como fornecedores, com os aspectos operacionais do ativo, estoques, por exemplo. Apenas para relembrar, na contabilidade tradicional essa comparação é desconsiderada, pois se leva em conta apenas os aspectos relacionados ao prazo da conta (curto ou longo).

Primeiramente, a ideia de Assaf Neto (1995) mostra o grupo de contas relacionadas às atividades financeiras, chamando-as de Ativo e Passivo Financeiro. Evidentemente, essas contas estão indiretamente relacionadas com as atividades operacionais, mas, em essência, não fazem parte das operações. Essas contas são classificadas pela grande liquidez que possuem como as contas caixa e aplicações financeiras pelo lado do ativo e as contas de empréstimos e financiamentos, pelo lado do passivo. Daqui já decorre uma primeira análise, pois se as aplicações financeiras da empresa recebem uma remuneração muito baixa, raramente alcançando a taxa do CDI[4], as captações na forma de empréstimos e financiamentos têm invariavelmente taxas muito maiores, podendo chegar, em certos casos, a três vezes a taxa do CDI.

O segundo grupo de contas contábeis está relacionado com a atividade principal da empresa (suas operações). Aqui, a metodologia aplicada separa as atividades operacionais, para verificar se o negócio tem futuro operacional independentemente dos impostos incidentes sobre o lucro e dos juros que estão indiretamente relacionados com as operações, mas não fazem parte do seu conjunto. A esse grupo de contas denominaremos de Ativo e Passivo Operacional, assim relacionadas as duplicatas a receber e estoques, pelo lado do Ativo e fornecedores, salários e impostos, pelo lado do Passivo.

Já o terceiro e último grupo é caracterizado por contas contábeis de longo prazo e são denominadas como Ativos e Passivos Permanentes, como os investimentos e imobilizados, pelo lado do ativo e o Patrimônio Líquido, pelo lado do passivo.

Como Funciona a Análise Dinâmica

O modelo dinâmico considera algumas abordagens ligeiramente diferentes da contabilidade tradicional. Como primeiro ponto é necessário entender alguns conceitos:

- Necessidade Capital de Giro (NCG)
- Capital de Giro (CG)

Necessidade de Capital de Giro é a quantidade de recursos que a empresa necessita para manter as suas operações em funcionamento (girando). São recursos ligados à operação e mantêm apenas relação indireta com outros tipos de capitais que financiam a organização. Resumindo-se a ideia em uma equação temos:

[4] CDI – Certificado de Depósito Bancário é a taxa usada pelos bancos para emprestarem dinheiro entre si. È também usada como taxa de referência para medir a eficiência das aplicações.

Necessidade de Capital de Giro = *Ativo* Operacional – *Passivo* Operacional

Quanto ao Capital de Giro, no conceito dinâmico, ele é dado pela diferença entre o Passivo Permanente e o Ativo Permanente. Explicando melhor, essa diferença representa o dinheiro dos sócios investido no negócio, menos as aplicações de longo prazo realizadas em máquinas e instalações. Resumindo-se a ideia em uma equação temos:

Capital de Giro = Passivo **Permanente** – Ativo Operacional

Resta agora, baseado no que vimos acima, reclassificar o balanço do Quadro 12.4 para o modelo dinâmico. Ao fazer isso, o leitor deve ter percebido que as contas foram reclassificadas segundo a sua natureza: operacional, financeira ou permanente. Não utilizaremos, nesta análise, a classificação de contas por prazo. Também é possível notar no Quadro 12.6 que a conta "duplicatas descontadas" foi reclassifica. Inicialmente (Quadro 12.4), ela estava no Ativo, entretanto, por esta operação se tratar de um empréstimo garantido com duplicatas a receber, o que na verdade são todos os descontos de duplicatas, colocamos essa conta junto com empréstimos, no Passivo. Vale repetir ainda que tal reclassificação serve apenas para análises gerenciais; oficialmente, devemos seguir as regras da contabilidade tradicional.

Balanço Patrimonial em valores correntes de 31/12/XX (Reais)			
Ativo	Valor	Passivo	Valor
Caixa	2.163,84	Empréstimos Bancários	4.300,80
Bancos	3.601,92	Duplicatas Descontadas	2.889,60
Empréstimos a Controladas	2.688,00	Financiamento	15.469,44
Ativo Financeiro	8.453,76	Passivo Financeiro	22.659,84
Duplicatas a Receber	15.240,96		
(-) PDD	- 362,88		
Estoques[1]	6.518,40		
Matéria-prima	1.881,60	Fornecedores	9.031,68
Produtos em Processo	1.451,52	Salários e Encargos Sociais	940,80
Produtos Acabados	3.185,28	Impostos	4.381,44
Ativo Operacional	21.396,48	Passivo Operacional	14.353,92

Ativo Permanente	36.019,20	Passivo Permanente	28.855,68
Total do Ativo	65.869,44	Total do Passivo	65.869,44

Quadro 12.6 — Balanço Patrimonial reclassificado para o modelo dinâmico

É saudável que a empresa, baseado no conceito da análise dinâmica, financie suas aplicações no Ativo Operacional, por meio do Passivo Operacional. Explicando melhor, o ideal é que os estoques sejam financiados pelos fornecedores. É claro que isso é um desejo, talvez uma utopia, mas deve ser a meta do empresário. A situação financeira que buscamos é depender o mínimo dos recursos bancários de curto prazo, pois são especialmente caros. Conforme vimos anteriormente, no Capítulo 10, quando necessitar de recursos, faça todo o possível para obtê-los com os bancos oficiais e em linhas de financiamento especialmente desenhadas para as micro e pequenas empresas. Sabendo como calcular a Necessidade de Capital de Giro, vamos aplicar este conceito ao Quadro 12.6.

Necessidade de Capital de Giro = *Ativo* Operacional - *Passivo* Operacional

NCG = R$ 21.396,48 - R$ 14.353,92

NCG = R$ 7.042,56

Assim, a empresa tem uma NCG de R$ 7.042,56. Vejamos como esses recursos são "cobertos" (financiados), pois podemos ver que o Capital de Giro é negativo em R$ 7.163,52, pelo cálculo mostrado a seguir.

Capital de Giro = Passivo Permanente - Ativo Pernamente

CG = R$ 28.855,68 - R$ 36.019,20

CG = -R$ 7.163,52

Pelos conceitos da contabilidade tradicional, o chamado Capital de Giro é a diferença entre o Ativo Circulante e o Passivo Circulante. Utilizando os dados do Quadro 12.4, o Capital de Giro alcança o valor de R$ 5.617,92 (R$ 24.272,64 - R$ 18.654,72). Este valor, a primeira vista, poderia dar uma ideia falsa de que o empresário tem R$ 1,30 no Ativo Circulante para pagar cada R$ 1,00 de dívida no Passivo Circulante (R$ 24.272,64 / R$ 18.654,72).

A situação então é desesperadora? Nem tanto. Observe que os estoques que montam o valor de R$ 6.518,40 são amplamente financiados pelos fornecedores (se é que uma comparação direta fosse possível) no valor de R$ 9.031,68. Então, onde está o problema? A maior dificuldade enfrentada por essa estrutura de capital está no Contas a Receber de clientes cujo valor alcança R$ 15.240,56, uma situação de grande risco se mantida para o futuro. Observe o leitor que este descompasso é contido apenas pelo financiamento de R$ 15.469,44. Ademais, analisando o Quadro 12.4, podemos ver que se trata de um financiamento de longo prazo (acima de 360 dias). Esta é a única razão da empresa não estar ameaçada no momento.

Situações como essas devem ser enfrentadas com planejamento e cuidado, pois, um significativo aumento de venda pode levar a empresa à obrigação de elevar drasticamente o financiamento dos clientes (duplicatas a receber), tendo que recorrer a empréstimos bancários de curto prazo, fora das linhas especiais destinadas às micro e pequenas empresas, gerando situações de insolvência no médio prazo.

Acompanhando e Avaliando o Desempenho Econômico e Financeiro com o Uso de Indicadores

Os indicadores de desempenho são poderosas ferramentas de acompanhamento e avaliação de desempenho. Por possuírem uma formulação matemática, são facilmente entendidas e assimiladas por todos dentro das organizações. Uma vez decididas as áreas-chave que serão acompanhadas, para os quais devem ser escolhidos indicadores que realmente possuam relevância ou que tenham grande impacto no resultado, resta fazer um programa, listando os mesmos, calculando quais foram os números históricos obtidos e assim, fixar metas, sempre factíveis, não fáceis, mas possíveis de alcançar. Metas factíveis têm duas grandes vantagens. Primeiro, estimulam as pessoas no trabalho, pois os homens são movidos a desafios: se for fácil, não vale nem a pena começar, pensa a maioria. Como segundo ponto, mantêm a equipe unida e alerta para melhor enfrentar as dificuldades. Para ilustrar este ponto vamos destacar três indicadores; entretanto, muitos outros poderão ser criados, baseados no conceito aqui apresentado.

- Prazo Médio de Estocagem – PME
- Prazo Médio de Cobrança – PMC
- Prazo Médio de Pagamento de Fornecedores – PMPF

Para poder calcular os indicadores de desempenho econômico e financeiro, precisamos da demonstração do resultado do exercício (Quadro 12.7). Deste relatório vamos retirar algumas informações adicionais. O exemplo a seguir tem como período de tempo o ano, mas, este prazo operacionalmente é excessivamente longo e quando o problema for detectado não haverá mais tempo hábil para tomar medidas reparadoras. Deste modo, recomendamos que os indicadores sejam calculados, analisados e acompanhados em um período nunca superior a um mês.

Demonstração do Resultado do Exercício, em valores correntes de 31/12/XX (Reais)	
Receita Operacional Bruta	367.530,44
Deduções da Receita Operacional Bruta	- 53.642,44
Receita Operacional Líquida	313.888,00
Custo do Produto Vendido	-161.500,40
Matéria-prima consumida	- 80.144,32
Salários e encargos da produção	- 63.788,94
Outros custos de produção	- 17.567,14
Lucro Bruto	152.387,60
Despesas com Vendas	- 37.654,04
Despesas Gerais e Administrativas	- 46.365,32
Outras Despesas Operacionais	- 2.107,52
Lucro Antes dos Juros e do IR e CSLL (LAJIR)	66.260,72
Despesas Financeiras	- 6.577,32
Receitas Financeiras	2.783,44
Lucro Operacional	62.466,84
Resultado não Operacional	1.199,36
Lucro Antes do Imposto de Renda e da Contribuição Social	63.666,20
Imposto de Renda e Contribuição Social	- 14.006,56
Lucro Líquido do Exercício	49.659,64

Quadro 12.7 — Demonstração dos resultados do exercício

Não há modo melhor para gerenciar que transformar seus objetivos (anseios) em números. Neste contexto, medidas de rotação, expressas em dias, são excelentes desafios; primeiro, por expressarem algo facilmente entendido por todos dentro da organização, como por exemplo: em quantos dias o estoque gira? Segundo, por se tratar de comparação de valores (passados, atuais e futuros). O desejo de alcançar uma meta mantém a equipe estimulada, orientando-a para a finalidade maior: o seu sucesso.

Como primeira medida, um importante item de controle é o estoque; quanto menor for o seu valor, menos prejuízo, pois todos sabem que os seus itens ficam obsoletos, estragam, são furtados, consomem espaço e pessoal.

Prazo Médio de Estocagem (PME)

PMM = (Estoque / Consumo de matéria-prima) x 360

PMM = (R$ 6.518,40 / R$ 80.144,32) x 360 = 29,3 dias

A empresa tem estoques, em média, para atender um mês de produção, ou seja, 29,3 dias. Uma vez calculado o valor da rotação do estoque em dias, de um período passado, resta agora estabelecer uma meta para o período que estamos trabalhando, por exemplo, 28 dias. Seguindo esta mesma linha de raciocínio, é possível deixar o planejamento mais detalhado, calculando os prazos médios por tipo de estoque: matéria-prima, produto em processo, produto acabado e mercadorias a disposição dos vendedores, por exemplo:

Prazo Médio de Estocagem de Matérias-primas (PMM)

PMM = (Estoque de matéria-prima / Consumo de matéria-prima) x 360

PMM = (R$ 1.881,60 / R$ 80.144,32) x 360 = 8,5 dias

A questão dos prazos de cobrança é repetidamente uma fonte de conflitos dentro das empresas. O pessoal de vendas sempre gostaria que ele fosse aumentado, dando mais prazos para os clientes. Esta medida ajuda muito na hora de vender o produto ou serviço. Por outro lado, os administradores financeiros são totalmente contra esta ideia. Se a decisão coubesse unicamente a eles, todos os produtos deveriam ser vendidos à vista, pois prazos de pagamentos elevados são altamente arriscados, sem falar que consomem uma fatia enorme do capital de giro. O PMC é um dos tabus da administração, fonte de conflitos internos e paradoxos.

Prazo Médio de Cobrança (PMC)

PMC = (Duplicatas a Receber / Vendas) x 360

PMC = (R$ 15.240,96 / R$ 313.888,00) x 360 = 17,5 dias

Finalmente, para terminar a ilustração, vamos verificar quantos dias a empresa recebe de prazo, em média, dos fornecedores. Esta é uma conta muito importante.

Prazo Médio de Pagamento de Fornecedores (PMPF)

PMPF = (Fornecedores a Pagar / Compras) x 360

PMPF = (R$ 9.031,68 / R$ 80.144,32) x 360 = 40,6 dias

Estes números podem ser programados com antecedência gerando relatórios diretamente da contabilidade. O empresário não deve se preocupar com a exatidão dos números, especialmente porque as comparações são internas, ou seja, a firma está se comparando consigo mesma e, se em alguns casos, os indicadores não forem constituídos com rigor acadêmico, mesmo assim continuarão servindo como parâmetro, pois será a empresa tentando melhorar um resultado do passado.

Análise da Situação de Financiamento Empresarial – Uma Visão Estática

Objetivos da Análise

Alguns empresários inocentemente imaginam que a contabilidade é uma obrigação. Em certos tipos de organização, estes mesmos empresários limitam-se a manter registros contábeis e a apresentar relatórios apenas daquilo que estão obrigados pelas autoridades fiscais. Infelizmente, a maioria das peças contábeis são miragens, as quais pouco ou nada têm com a realidade e o desempenho da organização.

Trata-se de um tolo engano, pois sem os controles contábeis não existem relatórios gerenciais. Devemos aprender com a vida assim como os pais ensinam as crianças quando são pequenas para terem fundamentos e conceitos na maturidade. Se uma empresa não exercitar a prática dos controles contábeis gerenciais enquanto for micro ou pequena dificilmente chegará algum dia a ser média ou grande.

Além disso, não se pode pensar que os dados contábeis são expressos apenas em termos de moedas; toda contabilidade gerencial, por mais simples que seja, produz relatórios capazes de atender qualquer finalidade: recursos humanos, marketing, finanças, cobrança ou administração geral.

Finalmente, devemos ter sempre em mente que uma entidade qualquer do setor financeiro, estatal ou privado, quando financiar uma máquina, equipamento ou instalação, ou mesmo conceder um simples empréstimo, fará inúmeras exigências de informações e relatórios financeiros/contábeis. Todos os processos licitatórios e pregões eletrônicos são baseados em informações contábeis, pois a Lei das Licitações (nº 8.666/93), no parágrafo 5º do artigo 31, faz tal exigência, explicitamente.

Para fins deste livro, vamos nos ater às informações contábeis mais comuns, usadas com grande frequência pelos bancos ou agências de fomento e estímulo à micro e pequena empresa. Para entender melhor o assunto procure por Antonik (2008) e Assaf (2001).

A seguir, vamos analisar alguns indicadores, todos baseados em conceitos da contabilidade tradicional, com o objetivo de medir liquidez, solvência, atividade e lucratividade. Trata-se de indicadores consagrados e devem ser conhecidos por qualquer um que atue no âmbito empresarial, independentemente da função que exerça ou do tamanho da empresa, de acordo com o Quadro 12.8, abaixo.

Medidas de Liquidez		
Capital Circulante Líquido (Ativo Circulante – Passivo Circulante)	CCL	R$ 5.617,92
Índice de Liquidez Corrente (Ativo Circulante / Passivo Circulante)	IL	1,30
Índice de Liquidez Imediata (Disponível / Passivo Circulante)	ILI	0,31
Índice de Liquidez Geral ((Ativo Circulante + Realizável LP) / (Passivo Circulante + Exigível a LP))	ILG	0,79
Índice de Liquidez Seca ((Ativo Circulante – Estoques) / Passivo Circulante)	ILS	0,95
Medidas de Solvência		
Índice de Solvência Geral (Ativo Total / Passivo Exigível)	ISG	1,85
Grau de Imobilização ((Ativo Permanente – Exigível a LP) / Patrimônio Líquido)	GI	71%
Índice de Participação de Terceiros ((Passivo Total – Patrimônio Líquido) / Ativo Total)	IPT	0,54
Índice de Cobertura de Juros (LAJIR / Despesas Financeiras)	ICJ	10,07
Medidas de Atividade		
Giro de Estoque (Custo das Mercadorias Vendidas / Estoque Médio)	GE	23,69
Prazo Médio de Cobrança (Duplicatas a Receber x 360) / Receita Operacional Bruta	PMC	14,93
Giro do Ativo (Receita Operacional Bruta / Ativo Total)	GA	5,84
Medidas de Rentabilidade		
Margem Líquida (Lucro Líquido / Receita Operacional Líquida)	ML	16%
Margem Operacional (LAJIR / Receita Operacional Líquida)	MO	0,21
Taxa de Retorno do Investimento (LAJIR / Ativo Total)	TRI	1,05
Taxa de Retorno sobre o Patrimônio Líquido (Lucro após IR / Patrimônio Líquido)	TRPL	1,72

Quadro 12.8 — Indicadores de desempenho econômico e financeiro (Baseado nas informações contábeis dos quadros 12.4 e 12.7)

Medidas de Liquidez

As medidas de liquidez são compostas por uma série de indicadores econômicos e financeiros, com o objetivo de determinar se a empresa tem capacidade de cumprir as obrigações contidas no Passivo, de curto prazo, tais como pessoal, encargos, impostos, fornecedores e empréstimos e financiamentos bancários.

Vale insistir com o leitor que, na visão destes índices, muito usados pela contabilidade tradicional, as contas são observadas quanto ao seu prazo, não quanto a sua natureza, como o faz a Análise Dinâmica.

Capital Circulante Líquido

O Capital Circulante Líquido é um dos mais consagrados indicadores de desempenho e, com certeza, sempre que algum agente público ou privado, como bancos e fornecedores, realizar uma operação com a micro e pequena empresa, concedendo-lhe crédito de qualquer natureza, irá observá-lo.

Medidas de Liquidez		
Capital Circulante Líquido (Ativo Circulante – Passivo Circulante)	CCL	R$ 5.617,92

Capital Circulante Líquido = Ativo Circulante – Passivo Circulante

Capital Circulante Líquido = R$ 24.272,64 – R$ 18.654,72

Capital Circulante Líquido = R$ 5.617,92

No caso presente, a empresa tem uma necessidade de Capital de R$ 5.617,92. Quando o analista de crédito do banco ou do fornecedor analisar o seu balanço, que neste exemplo estamos utilizando o Quadro 12.4, terá enorme preocupação de saber qual a forma usada para cobrir (financiar) essa necessidade. Conclusivamente, quanto ao indicador acima (CCL), a situação não se apresenta grave, pois está coberta, basicamente, por um empréstimo de longo prazo (superior a 360 dias), de R$ 15.469,44 (Quadro 12.4).

Índice de Liquidez Corrente

O mais consagrado e conhecido dos indicadores de desempenho, o Índice de Liquidez Corrente mostra quantos Reais a empresa tem para pagar dívidas de curto prazo. No caso, com os dados do Balanço Patrimonial representado no Quadro 12.4, constatamos que para cada R$ 1,00 de dívida a empresa tem recursos no valor de R$ 1,30.

Medidas de Liquidez		
Índice de Liquidez Corrente (Ativo Circulante / Passivo Circulante)	IL	1,30

Índice de Liquidez Corrente = Ativo Circulante / Passivo Circulante

Índice de Liquidez Corrente = R$ 24.272,64 – R$ 18.654,72

Índice de Liquidez Corrente = 1,3

Os números acima, conforme explicamos na parte deste capítulo destinado à Análise Dinâmica, devem ser analisados com cuidado, pois fazem parte do grupo Ativo Circulante, contas como: caixa, bancos, aplicações financeiras, os vários tipos de estoques e as duplicatas a receber de clientes. Ora, estes valores do Ativo possuem diferentes níveis de liquidez, alguns demorarão meses até transformarem-se em caixa, como por exemplo, os estoques de matérias-primas, e não podem ser utilizados para pagar dívidas de curto prazo, como folha de pagamentos, impostos, bancos e fornecedores.

Índice de Liquidez Imediata

O Índice de Liquidez Imediata é uma medida cuja finalidade é mostrar a situação de curtíssimo prazo, pois compara as disponibilidades imediatas, como caixa e bancos, com o total do Passivo Circulante de curto prazo.

Medidas de Liquidez		
Índice de Liquidez Imediata (Disponível / Passivo Circulante)	ILI	0,31

Índice de Liquidez Imediata = Disponível / Passivo Circulante

Índice de Liquidez Imediata = R$ 5.765,76 – R$ 18.654,72

Índice de Liquidez Imediata = 0,31

Trata-se de um índice com pouca utilidade, entretanto, bastante conhecido. Esse índice compara disponibilidades em dinheiro com o Passivo Circulante que inclui obrigações muito diversas e, especialmente, com prazos de vencimento muito diferentes, mas que podem chegar até quase um ano, tais como fornecedores e financiamentos.

Índice de Liquidez Geral

Como o próprio nome do indicador mostra, ele pretende medir a capacidade geral de liquidez ao comparar as exigibilidades totais, de curto e longo prazo, com os ativos circulantes e os valores realizáveis, também em longo prazo. O leitor deve observar que "apenas" dois grandes itens do balanço são desconsiderados — o Ativo Permanente e o Capital Social. Em teoria, poderia se dizer que resultados, deste índice, com valores menores que 1,00 (um) são problemáticos, pois a empresa não teria como pagar suas obrigações. Entretanto, reforçamos que a distribuição dos passivos no tempo pode alterar drasticamente essa situação, amenizando o resultado.

Medidas de Liquidez		
Índice de Liquidez Geral ((Ativo Circulante + Realizável LP) / (Passivo Circulante + Exigível a LP))	ILG	0,79

Índice de Liquidez Geral = Ativo Circulante + Realizável e LP / Passivo Circulante + Exigível a LP

Índice de Liquidez Geral = (R$ 24.272,64 + R$ 2.688,00) / (R$ 18.654,72 + R$ 15.469,44)

Índice de Liquidez Geral = R$ 26.960,64 / R$ 34.124,16

Índice de Liquidez Geral = 0,79

Primeiramente, devemos dizer que um analista, ao verificar os resultados da firma, terá preocupação com a tendência do índice. Imagine que o índice era de 1,5 no ano de 2009, sendo que em 2012 este mesmo indicador mostra um resultado de 0,84. Tal decréscimo indica que a empresa não vem desempenhando bem seus controles financeiros e que a situação, no futuro, poderá se agravar. Se estivermos analisando as contas da organização para a concessão de um financiamento de três anos, por exemplo, a tendência dos resultados pode indicar uma análise negativa.

Indicador	2009	2010	2011	2012
ILG	1,50	1,39	1,17	0,84

Quadro 12.9 — Histórico do Índice de Liquidez Geral

Entretanto, como segundo ponto, caso a empresa possua uma contabilidade de boa qualidade, com fartas informações, o analista de crédito ao verificar a distribuição dos valores no tempo e o grau de exigibilidade que estes contêm poderá dar um aparecer positivo, pois, como temos enfatizado anteriormente, o indicador acaba "misturando" naturezas e prazos diferentes, na sua tentativa de mostrar um resultado.

Finalmente, o analista de crédito consideraria o desempenho do setor no qual a MPE se encontra para tomar uma decisão final. Explicando melhor, não é possível comparar os dados econômicos e financeiros de uma loja que vende aparelhos celulares com os de um supermercado. O revendedor de celular tem "estoques" com valores elevados e com um "giro" consideravelmente menor. Assim, empresas que analisam crédito, como Equifax e Serasa, costumam compilar longos relatórios de resultados, agrupando-os sempre por setor de atividade.

Índice de Liquidez Seca

Nenhum índice de liquidez corrente pode assegurar a capacidade de honrar uma dívida, entretanto, a análise histórica do Índice de Liquidez Corrente pode dar uma indicação ao analista de crédito do grau de dependência da organização empresarial em relação aos seus estoques.

Medidas de Liquidez		
Índice de Liquidez Seca ((Ativo Circulante – Estoques) / Passivo Circulante)	ILS	0,95

Índice de Liquidez Seca = (Ativo Circulante – Estoques) / Passivo Circulante

Índice de Liquidez Seca = (R$ 24.272,64 – R$ 6.518,40) / R$ 18.654,72

Índice de Liquidez Seca = R$ 17.754,24 / R$ 18.654,72

Índice de Liquidez Seca = 0,95

Conforme explicamos anteriormente, os estoques têm um grau de liquidez muito baixo e, por consequência, devem ser excluídos de qualquer avaliação financeira. A depender do tipo de empresa, os estoques basicamente são formados por três tipos: matéria-prima, produto em processo e produto acabado (Figura 12.4). Já as MPE's essencialmente comerciais possuem estoques de mercadorias, ou seja, compram um produto, apenas estocam estes e depois os revendem.

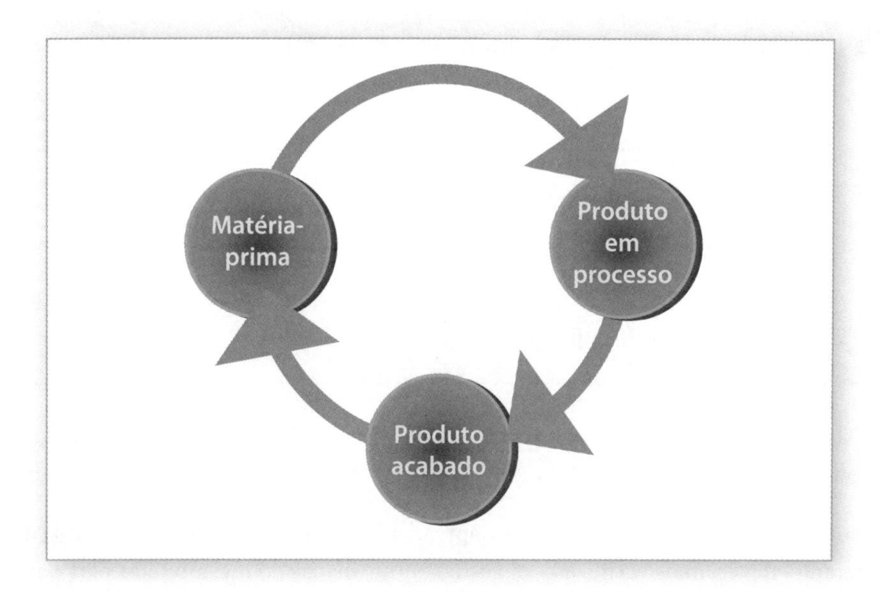

Figura 12.4: **Estoques**

Ora, não é necessário muito estudo sobre a matéria para saber que transformar esses vários tipos de estoques em caixa requer certo tempo e, às vezes, até meses.

Deste modo, ao medir a capacidade de honrar dívidas, é prudente e recomendável que o analista "retire" os estoques dos cálculos, para avaliar melhor a real capacidade financeira da mesma.

No caso presente, da análise do Balanço Patrimonial do Quadro 12.4, percebe-se uma situação razoável, pois mesmo retirando os valores dos estoques dos cálculos (Ativo Circulante menos Estoques = R$ 17.754,24), a empresa tem R$ 0,95 para cobrir cada R$ 1,00 de dívida de curto prazo (Passivo Circulante de R$ 18.654,72).

Medidas de Solvência

Índice de Solvência Geral

Este Índice mede a liquidez total da firma, por intermédio da comparação de todas as obrigações que são exigíveis da mesma (Passivo Circulante e Exigível em longo prazo), com o uso do total dos ativos.

Medidas de Solvência		
Índice de Solvência Geral (Ativo Total / Passivo Exigível)	ISG	1,85

Índice de Solvência Geral = Ativo Total / Passivo Exigível

Índice de Solvência Geral = R$ 62.979,84 / (R$ 18.654,72 + R$ 15.469,44)

Índice de Solvência Geral = R$ 62.979,84 / R$ 34.124,16

Índice de Solvência Geral = 1,85

Vale dizer que este índice apenas faria sentido se a MPE fosse descontinuada, pois de que outro modo poderíamos usar todo o Ativo Permanente para pagar exigibilidades?

No exemplo em estudo, a empresa apresenta uma situação bastante boa de 1,85 (entretanto, deveríamos verificar como estão outras firmas do mesmo setor para validar a comparação). Imagine o leitor se o resultado dessa comparação fosse menor que 1,00, ou seja, o total dos ativos é menor que as obrigações. Isso apenas aconteceria com as situações chamadas pelos contadores de "passivo a descoberto", ou seja, um caso de Patrimônio Líquido negativo.

Grau de Imobilização

Este indicador revela em percentual (%) quanto dos recursos próprios está financiando o Ativo não Circulante, mais precisamente em relação ao Imobilizado e Investimento. Explicando melhor: subtraindo a parte de capitais de terceiros de longo prazo que financiam o Ativo não Circulante, temos revelada a proporção percentual que é financiada, com recursos próprios e, por complemento aritmético, quanto do capital próprio está financiando o giro. Vejamos um exemplo usando os dados do Quadro 12.10.

Balanço Patrimonial – Valores Correntes de 31/12/XX (milhões de Reais)			
Ativo	Valor	Passivo	Valor
Caixa	R$ 2.163,84	Empréstimos Bancários	R$ 4.300,80
Bancos	R$ 3.601,92	Fornecedores	R$ 9.031,68
Duplicatas a Receber	R$ 15.240,96	Salários e Encargos Sociais	R$ 940,80
(-) PDD	-R$ 362,88	Impostos	R$ 4.381,44
(-) Duplicatas Descontadas	-R$ 2.889,60		

Estoques	R$ 6.518,40		
Matéria-prima	R$ 1.881,60		
Produtos em Processo	R$ 1.451,52		
Produtos Acabados	R$ 3.185,28		
Ativo Circulante	R$ 24.272,64	Passivo Circulante	R$ 18.654,72
Empréstimos a Controladas	R$ 2.688,00	Financiamento	R$ 15.469,44
Imobilizado	R$ 36.019,20	Passivo não Circulante	R$ 15.469,44
Ativo não Circulante	R$ 38.707,20	Patrimônio Líquido	R$ 28.855,68
Total do Ativo	R$ 62.979,84	Total do Passivo	R$ 62.979,84

Quadro 12.10 — Balanço Patrimonial

No caso em estudo, 71% do Imobilizado (veja a conta na sequência) está sendo financiado pelo Patrimônio Líquido (a parte dos sócios no negócio). De todo modo, a situação é muito razoável, pois ela produz uma receita de cerca de seis vezes o Ativo Total, como veremos na sequência quando analisarmos o indicador "Giro do Ativo".

Note-se ainda que isso seja uma generalização. Há um pressuposto de que os itens de circulante são efetivamente empregados no giro do negócio apenas.

Entretanto, considerado o exigível em longo prazo como capital de giro de longo prazo (financiamento de R$ 15.469,44), financiando ainda o circulante, a história muda. Sendo assim, deve-se perceber que, do volume de capital próprio (Patrimônio Líquido de R$ 28.855,68), a parcela de R$ 36.019,20 está "engessada" no Ativo não Circulante, sendo o Capital Circulante Próprio de apenas R$ 5.617,92 (Ativo Circulante – Passivo Circulante = R$ 24.272,64 - R$ 18.654,72). Esse tipo de indicador é bastante utilizado para as análises que usam conceitos da contabilidade tradicional (estática).

Medidas de Solvência		
Grau de Imobilização ((Ativo Permanente – Exigível a LP) / Patrimônio Líquido)	GI	71%

Grau de Imobilização = (Ativo Permanente – Exigível a LP) / Patrimônio Líquido)

Grau de Imobilização = (R$ 36.019,20 – R$ 15.469,44) / R$ 28.855,68

Grau de Imobilização = R$ 20.549,76 / R$ 28.855,68

Grau de Imobilização = 71%

Entretanto, muitas são as críticas relacionadas a este tipo de análise e indicadores. A maior de todas é que as verificações nunca devem ser feitas isoladamente e sem considerar as séries históricas. A análise global, ou seja, de um conjunto de indicadores e medidas, é a única capaz de conceder um pouco mais de elementos para a tomada de decisão do analista de crédito.

Índice de Cobertura de Juros

Este indicador tenta verificar a capacidade da empresa de pagar juros sobre as suas dívidas. Consiste no conhecimento dos lucros antes dos juros e do imposto de renda (LAJIR) e as despesas anuais de juros (DAJ). Deve ser avaliado por séries históricas.

Medidas de Solvência		
Índice de Cobertura de Juros (LAJIR / Despesas Financeiras)	ICJ	10,07

Índice de Cobertura de Juros = LAJIR / Despesas Financeiras

Índice de Cobertura de Juros = R$ 66.260,72 / R$ 6.577,32

Índice de Cobertura de Juros = 10,07

Índice de Participação de Terceiros

Este indicador é conhecido na contabilidade como dependência de recursos de terceiros (DRT), pois aponta o volume dos recursos de terceiros usados na atividade da empresa.

Seu resultado é a divisão do Passivo Total, subtraído do Patrimônio Líquido, pelo Ativo Total. No caso presente, 54% dos capitais que financiam a firma são de terceiros, uma situação, considerando o tamanho da receita produzida com estes ativos, bastante tranquila.

Medidas de Solvência		
Índice de Participação de Terceiros ((Passivo Total – Patrimônio Líquido) / Ativo Total)	IPT	0,54

Índice de Participação de Terceiros = (Passivo Total – Patrimônio Líquido) / Ativo Total)

Índice de Participação de Terceiros = (R$ 62.979,84 – R$ 28.855,68) / R$ 62.979,84

Índice de Participação de Terceiros = R$ 34.124,16 / R$ 62.979,84

Índice de Participação de Terceiros = 0,54

Vale notar que, quanto maior a dependência de recursos de terceiros, ou seja, quanto mais "alavancada" estiver a empresa, mais risco ela oferecerá ao analista de crédito, pois neste caso, devido a sua grande dependência de empréstimos e fornecedores, maiores serão as chances de insolvência. No caso analisado, do balanço do Quadro 12.4, os recursos de terceiros estão bem aplicados, pois a firma consegue gerar, com eles, uma receita dez vezes maior (Receita Operacional Bruta / Capital de Terceiros = R$ 367.530,44 / R$ 34.124,16 = 10,8 vezes).

Medidas de Atividade

Giro de Estoque

Este indicador deve ser usado para comparar a MPE consigo mesma, ou seja, todos os meses analisa-se o resultado alcançado e assim avalia-se a qualidade da gestão do estoque. Muitos analistas comparam os resultados obtidos nos cálculos deste indicador com os dados de firmas que atuam no mesmo setor e, assim, tentam indicar se a gestão empresarial é efetiva ou não. Entretanto, no caso de micro e pequenas, as particularidades são tantas e os números tão pequenos, que qualquer fator poderá afetar o resultado significativamente.

Medidas de Atividade		
Giro de Estoque (Custo das Mercadorias Vendidas / Estoque Médio)	GE	23,69

Giro de Estoque = Custo das Mercadorias Vendidas / Estoque Médio

Giro de Estoque = R$ 161.500,40 / ((R$ 7.114,39 + R$ 6.518,40) / 2)

Giro de Estoque = R$ 161.500,40 / R$ 6.816,40

Giro de Estoque = 23,69 dias

No exemplo citado, cujo giro é bastante elevado devido ao estoque ser muito baixo em relação à receita, a análise deve ser mais cuidadosa ainda, pois tais situações não significam necessariamente eficiência e podem ser uma indicação de dificuldade para entregar pedidos ou falta de caixa (ou crédito) para comprar mercadorias. Entretanto, ao que tudo indica, este não parece ser o caso do nosso exemplo.

Prazo Médio de Cobrança

Este indicador mostra, em dias, qual é o período médio de cobrança. Esta situação, que estamos exemplificando, tem uma circunstância de cobrança bastante favorável, vendendo uma parte importante do seu faturamento à vista. Considerando que a Receita Operacional Bruta é de R$ 367.530,44 se, por hipótese, a firma vendesse tudo com um prazo de trinta dias, a conta Duplicatas a Receber do Balanço Patrimonial seria de R$ 30.627,54 (R$ 367.530,44 / 12).

Medidas de Atividade		
Prazo Médio de Cobrança (Duplicatas a Receber x 360) / Receita Operacional Bruta	PMC	14,93

Prazo Médio de Cobrança = (Duplicatas a Receber x 360) / Receita Operacional Bruta

Prazo Médio de Cobrança = (R$ 15.240,96 x 360) / R$ 367.530,44

Prazo Médio de Cobrança = (R$ 5.486.745,60) / R$ 367.530,44

Prazo Médio de Cobrança = 14,93 dias

Giro do Ativo

Este indicador é bastante interessante e revelador. Qual a receita produzida pelo Ativo Total? Essa resposta depende bastante do ramo de atividade no qual a companhia está inserida. Imagine, por exemplo, grandes distribuidoras de energia elétrica, como Cemig, Copel ou Light, verdadeiras "mastodontes" empresariais faturando bilhões de Reais anualmente. Entretanto, para produzirem faturamentos desse porte, são exigidas enormes quantias de capital na construção de usinas geradoras e nas redes de distribuição. Assim, companhias com estas características têm um giro do ativo muito baixo, às vezes alcançando a 0,50.

Medidas de Atividade		
Giro do Ativo (Receita Operacional Bruta / Ativo Total)	GA	5,84

Giro do Ativo = Receitas Operacional Bruta / Ativo Total

Giro do Ativo = R$ 367.530,44 / R$ 62.979,84

Giro do Ativo = 5,84

Micro e pequenas, entretanto, muitas vezes com investimentos de capital baixo, como o citado no exemplo, conseguem gerar uma receita bastante expressiva, proporcionalmente, aos ativos totais da mesma. Aqui, um Ativo Total de apenas R$ 62.979,84 consegue gerar receitas brutas de R$ 367.530,44, ou seja, um "giro do ativo" de praticamente seis vezes (5,84 vezes).

Medidas de Rentabilidade

São muitas as medidas para aferir rentabilidade e lucratividade das empresas, e quase todas elas relacionam o Lucro Líquido do Exercício com o Patrimônio Líquido (valor que os sócios colocaram nos negócios), o Ativo e as vendas em geral.

Embora alguns teóricos tentem dizer que a finalidade da empresa não é o lucro, mas a prestação dos serviços ou a venda do produto, temos que ser realistas e pensar que sem resultados a firma não é nada. Mas precisamos de controles, pois apenas a "mão invisível"[5] pode não resolver a questão, é preciso regras e medidas de gerenciamento para conferir as margens de resultados.

---

[5] Adam Smith (1723/1790) foi um economista e filósofo escocês. É o pai da economia moderna. Autor de "Uma investigação sobre a natureza e a causa da riqueza das nações", na qual procurou demonstrar que a riqueza das nações resultava da atuação de indivíduos que, movidos apenas pelo seu próprio interesse (self-interest), promoviam o crescimento econômico e a inovação tecnológica. Adam Smith ilustrou bem seu pensamento ao afirmar "não é da benevolência do padeiro, do açougueiro ou do cervejeiro que eu espero que saia o meu jantar, mas sim do empenho deles em promover seu "autointeresse". Embora os participantes do mercado ajam inescrupulosamente, uma mão invisível se encarregará de colocá-los no bom caminho, pois quem se comportar mal será colocado de lado pelo próprio mercado. Assim, acreditava que a iniciativa privada deveria agir livremente, com pouca ou nenhuma intervenção governamental. A competição livre entre os diversos fornecedores levaria não só à queda do preço das mercadorias, mas também a constantes inovações tecnológicas, no afã de baratear o custo de produção e vencer os competidores. Fonte: Wikipédia

Margem Líquida

A Margem Líquida é uma das mais importantes medidas de lucratividade (que deve ser analisada com cuidado), sempre comparando consigo mesmo ou com o setor. Não é de se esperar que um supermercado tenha uma margem líquida alta, pois a rotação das vendas e a concorrência fazem com que a margem caia. Já uma joalheria, com rotação muito menor, vai apresentar uma margem consideravelmente maior. A medida verifica o resultado final expresso pelo Lucro Líquido do Exercício, com a Receita Operacional Líquida.

Medidas de Rentabilidade		
Margem Líquida (Lucro Líquido / Receita Operacional Líquida)	ML	16%

Margem Líquida = Lucro Líquido / Receita Operacional Líquida

Margem Líquida = R$ 313.888,00 / R$ 49.659,64

Margem Líquida = 16%

O exemplo acima apresenta uma ótima Margem Líquida, pois o leitor deve observar que cada R$ 100,00 de receita líquida gerada resulta em R$ 16,00 de lucro.

Margem Operacional

Mede a margem da atividade operacional, ou seja, antes do pagamento de despesas financeiras (juros) e dos impostos (imposto de renda e contribuição social).

Medidas de Rentabilidade		
Margem Operacional (LAJIR / Receita Operacional Líquida)	MO	0,21

Margem Operacional = LAJIR / Receita Operacional Líquida

Margem Operacional = R$ 66.260,72 / R$ R$ 313.888,00

Margem Operacional = 0,21

Convém lembrar que se deve utilizar na fórmula, sempre, o volume de vendas líquidas, já desconsiderados os impostos incidentes sobre as vendas, os cancelamentos, devoluções e abatimentos.

Taxa de Retorno do Investimento

Este indicador mostra quanto os administradores estão gerindo a empresa com eficiência, no momento em que compara o lucro das atividades operacionais (LAJIR) ainda não afetado pelas despesas financeiras e pelos impostos sobre o lucro, com a aplicação da seguinte fórmula:

$$ROI = \frac{LAJIR}{ATIVO \cdot TOTAL}$$

Medidas de Rentabilidade		
Taxa de Retorno do Investimento (LAJIR / Ativo Total)	TRI	1,05

Taxa de Retorno do Investimento = LAJIR / Ativo Total

Taxa de Retorno do Investimento = R$ 66.260,72 / R$ 62.979,84

Taxa de Retorno do Investimento = 1,05

Esta é uma importante medida de eficiência e deve ser controlada todos os meses, comparando-se seu resultado com o de períodos anteriores.

Taxa de Retorno sobre o Patrimônio Líquido

Como sabemos, de forma simplista, o Patrimônio Líquido é a parcela de capital que os sócios colocaram na empresa. Assim, este indicador indica a taxa de retorno dos sócios, pois a medida pressupõe a comparação do lucro líquido gerado, comparado com o Patrimônio Líquido.

Medidas de Rentabilidade		
Taxa de Retorno sobre o Patrimônio Líquido (Lucro após IR / Patrimônio Líquido)	TRPL	1,72

Taxa de Retorno sobre o Patrimônio Líquido = Lucro após IR / Patrimônio Líquido

Taxa de Retorno sobre o Patrimônio Líquido = R$ 49.659,64 / R$ 28.855,68

Taxa de Retorno sobre o Patrimônio Líquido = 1,72

Este indicador reflete o que acontece com as micro e pequenas empresas, as quais, atuando em determinados segmentos, mesmo com um capital social muito baixo, conseguem, proporcionalmente, gerar uma elevada Receita Operacional Liquida.

Capítulo XIII

ORÇAMENTO EMPRESARIAL

Neste capítulo, você vai aprender sobre a importância de manter um processo completo de orçamento na MPE, mesmo que a contabilidade não esteja obrigada legalmente a fazer todas as demonstrações financeiras. As informações vindas de uma contabilidade organizada e completa, combinadas com dados físicos, são indispensáveis para projetar o futuro e assim prever situações adversas e inesperadas. Finalmente, você vai aprender a transformar os dados contábeis em financeiros para elaborar uma demonstração do fluxo de caixa.

- Por que é importante manter um processo de orçamentação, mesmo na micro ou pequena empresa?
- Quais são os relatórios mínimos necessários para manter a atividade de orçamento?
- Como projetar o balanço e a demonstração de resultados?
- Como transformar as informações econômicas (contábeis) em financeiras para gerar uma demonstração do fluxo de caixa?

O planejamento econômico e financeiro deve ir além dos aspectos financeiros simples, como um mero fluxo de caixa, por exemplo. Daí decorre a importância do processo orçamentário, que pretende ser uma fotografia antecipada do ambiente no qual a empresa atuará; ademais, o orçamento servirá de guia para os donos e gerentes.

Os micro e pequenos empresários, normalmente como se diz nas ruas, "cobram o escanteio e correm para a área para cabecear a bola". São os chamados "faz de tudo". Por isso mesmo, recomendamos fortemente que nas firmas menores, o empresário assuma também a tarefa de fazer o orçamento. Não se trata de algo fácil, mas com um pouco de insistência e a ajuda de alguém com uma noção "razoável" de contabilidade é possível ter sucesso. Isso lhe custará algumas noites de sono, mas esse é o preço que pagaram aqueles que um dia foram pequenos e se tornaram grandes. Acontece que os micro e pequenos empresários são muito bons na atividade para a qual a sua empresa foi criada, mas, na sua maioria, nada conhecem de administração, marketing ou finanças. A projeção do orçamento proporcionará um conhecimento "espetacular" de gestão e do negócio, sem mencionar controladoria e informática (motivado pelo uso do Excel). Com este tipo de comportamento, na medida em que a MPE crescer, este empresário terá inúmeras vantagens sobre seus concorrentes e assim poderá gerenciar melhor suas equipes e o mercado, em geral.

O orçamento é a contabilidade do futuro, ou seja, projetam-se todas as contas contábeis simulando-se uma situação; deste modo, com a antecipação projetada do resultado, o administrador poderá agir evitando uma condição adversa e indesejável.

Atualmente, existe uma série de *softwares* gratuitos, disponíveis da internet, que podem fazer tal simulação de maneira fácil e objetiva. O Sebrae, por exemplo, dedica enorme esforço nesta área, e lá você poderá achar cursos, orientação e consultoria, na maioria das vezes gratuita. No Apêndice deste livro (no site da editora) você encontrará um exemplo; basta estudá-lo, adaptar as suas condições e começar a trabalhar para fazer o orçamento da MPE.

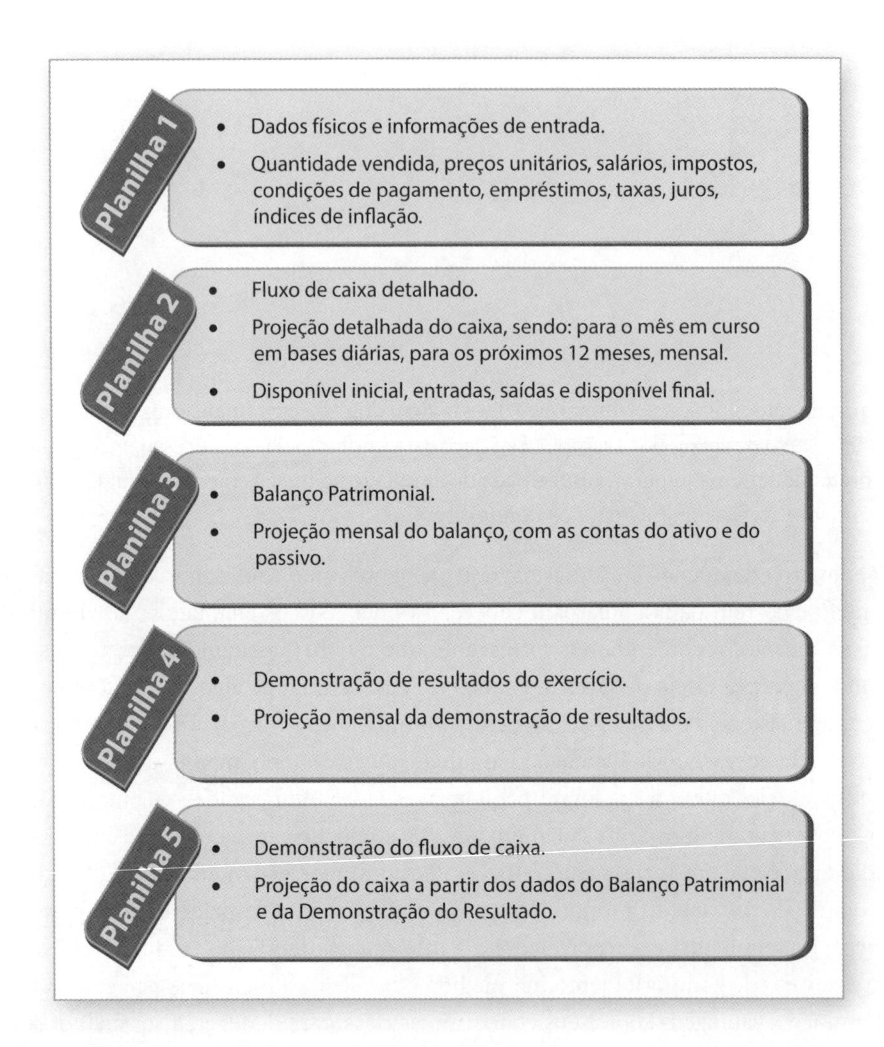

Figura 13.1: **Planejamento orçamentário em planilhas do Excel**

O leitor deve perceber que as planilhas do Excel expostas esquematicamente na Figura 13.1, estão todas colocadas dentro de uma mesma "pasta". Esse procedimento facilitará o trabalho de projeção, além de manter todos os dados e elementos da projeção à mão. O exemplo, que se encontra no Apêndice deste livro, pode ser expandido, adaptando-se ao seu negócio. A grande vantagem de fazer a projeção no Excel é que se você alterar um dado, como a quantidade de mercadoria vendida, por exemplo, a planilha se ajusta ao novo dado. Deste modo, esse sistema permite fazer boas simulações sobre o futuro da empresa e do mercado. Vejamos cada uma dessas planilhas separadamente.

Elementos de Projeção do Orçamento

Esta planilha "elementos de projeção do orçamento" é um grande "apanhado" de todos os dados da companhia, como salários, quantidades vendidas, preços, impostos e custos. O orçamento é elaborado por meio de "hipóteses de trabalho", é da confiabilidade dessas hipóteses que depende a qualidade dos dados projetados. Lembre-se do que dizem os americanos: onde entra lixo, só pode sair lixo[1]. Ou seja, o "orçamentista" deve "hipotisar" sobre qual será a inflação futura e a sua influência sobre os preços, tanto da matéria-prima como dos produtos acabados. Qual será o crescimento do quadro de pessoal e como deverão variar os salários? A economia deverá crescer e as vendas aumentarão? A tarefa exige conhecimento contábil, conjuntural e empresarial. O exemplo que mostraremos a seguir é muito simplificado e retrata uma indústria de poltronas, que fabrica apenas um tipo de produto.

	Elementos de projeção do orçamento	Ano	Trimestre				Ano
2		31/12/2011	31/03/2012	30/06/2012	30/09/2012	31/12/2012	31/12/2012
3	Quantidade de poltronas vendidas	2001	404	548	750	606	2308
4	Preço unitário de venda	R$ 400,00	R$ 400,00	R$ 400,00	R$ 400,00	R$ 400,00	R$ 400,00
5	Receita operacional	R$ 800.400,00	R$ 161.600,00	R$ 219.200,00	R$ 300.000,00	R$ 242.400,00	R$ 923.200,00
6	Receita trimestral	R$ 206.197,87	R$ 161.600,00	R$ 219.200,00	R$ 300.000,00	R$ 242.400,00	
7	Valor no contas a receber, no trimestre	R$ 36.276,10					
8		R$ 37.115,62	R$ 37.115,62				
9			R$ 33.936,00	R$ 39.592,00			
10				R$ 55.896,00	R$ 54.800,00		
11					R$ 75.000,00	R$ 51.000,00	
12						R$ 41.208,00	
13	Contas a receber	R$ 73.391,72	R$ 71.051,62	R$ 95.488,00	R$ 129.800,00	R$ 92.208,00	

[1] Garbage in, garbage out (GIGO, literalmente, "lixo pra dentro, lixo pra fora") é uma expressão que significa que, mesmo que um computador esteja processando corretamente, se os dados introduzidos não forem de boa qualidade, o resultado é ruim e poderão até amplificados. Ou seja, de nada adianta ter um modelo perfeitamente correto se os dados de entrada não forem confiáveis. A sentença, muito conhecida no ambiente empresarial, é atribuída a George Fuechsel, um técnico da IBM. Fonte: Wikipedia.

14	Estoque de matéria-prima	R$ 11.008,73	R$ 11.256,02	R$ 14.375,53	R$ 15.843,05	R$ 10.876,86	
15	Estoque de produto em processo	R$ 14.011,12	R$ 14.325,84	R$ 18.296,13	R$ 20.163,88	R$ 13.843,28	
16	Estoque de produto acabado	R$ 25.019,85	R$ 25.581,85	R$ 32.671,67	R$ 36.006,92	R$ 24.720,14	
17	Estoque total	R$ 50.039,70	R$ 51.163,70	R$ 65.343,34	R$ 72.013,85	R$ 49.440,28	
18	Mão de obra	R$ 180.142,82	R$ 46.837,85	R$ 46.837,85	R$ 46.837,85	R$ 46.837,85	R$ 187.351,40
19	Insumos	R$ 420.333,23	R$ 75.954,99	R$ 116.520,49	R$ 169.203,70	R$ 127.657,25	R$ 489.336,42
20	Custo da mercadoria vendida	-R$ 600.476,05	-R$ 122.792,84	-R$ 163.358,34	-R$ 216.041,55	-R$ 174.495,10	-R$ 676.687,82
21	Fornecedor A	R$ 52.541,66	R$ 47.275,25	R$ 51.457,88	R$ 56.710,91	R$ 39.697,63	
22	Fornecedor B	R$ 97.577,38	R$ 87.796,88	R$ 95.564,63	R$ 105.320,25	R$ 73.724,18	
23	Total de Fornecedores	-R$ 150.119,04	-R$ 135.072,13	-R$ 147.022,50	-R$ 162.031,16	-R$ 113.421,81	
24	Despesas com Vendas	R$ 52.971,73	R$ 13.242,93	R$ 13.242,93	R$ 13.242,93	R$ 13.242,93	-R$ 676.687,82
25	Despesas com Administração	R$ 123.600,69	R$ 27.149,45	R$ 32.919,79	R$ 38.690,13	R$ 30.034,62	R$ 128.793,99
26	Percentual de depreciação	19,18%	5,56%	5,63%	5,71%	5,80%	23,19%
27	Imóveis, máquinas e equipamentos	R$ 100.980,96	R$ 99.538,37	R$ 98.095,79	R$ 96.653,20	R$ 95.210,62	R$ 95.210,62
28	Outros ativos	R$ 4.327,76	R$ 4.327,76	R$ 4.327,76	R$ 4.327,76	R$ 4.327,76	R$ 4.327,76
29	Total do imobilizado	R$ 105.308,71	R$ 103.866,13	R$ 102.423,54	R$ 100.980,96	R$ 99.538,37	R$ 99.538,37
30	Despesas de depreciação	R$ 20.196,19	R$ 5.770,34	R$ 5.770,34	R$ 5.770,34	R$ 5.770,34	R$ 23.081,36
31	Folha de pagamento	R$ 11.258,92	R$ 13.507,21	R$ 14.702,25	R$ 16.203,12	R$ 11.342,18	R$ 11.342,18
32	Empréstimos de CP	R$ 11.540,68	R$ 28.851,70	R$ 57.703,40	R$ 63.473,74	R$ 14.425,85	R$ 14.425,85
33	Taxa de juros CP	33,29%	2,85%	2,36%	2,80%	9,11%	
34	Despesa financeira CP	R$ 3.841,89	R$ 822,27	R$ 1.361,80	R$ 1.777,26	R$ 1.314,20	R$ 5.275,53

35	Empréstimos de LP	R$ 17.311,02	R$ 12.983,27	R$ 8.655,51	R$ 4.327,76	R$ 0,00	R$ 0,00
36	Taxa de juros LP	2,80%	2,80%	2,80%	2,80%	2,80%	
37	Despesa financeira LP	R$ 484,71	R$ 363,53	R$ 242,35	R$ 121,18	R$ 0,00	R$ 727,06
38	Total da despesa financeira paga	R$ 4.326,60	R$ 1.185,80	R$ 1.604,15	R$ 1.898,44	R$ 1.314,20	R$ 6.002,60
39	Outros débitos CP	R$ 17.311,02	R$ 17.311,02	R$ 17.311,02	R$ 17.311,02	R$ 17.311,02	R$ 17.311,02
40	Outros exigíveis LP	R$ 8.655,51	R$ 8.655,51	R$ 8.655,51	R$ 8.655,51	R$ 8.655,51	R$ 8.655,51
41	Outras receitas \ despesas	R$ 60.588,57	R$ 1.442,59	R$ 1.442,59	R$ 1.442,59	R$ 1.442,59	R$ 5.770,34

Quadro 13.1 — Dados de entrada para o orçamento empresarial

O exame do Quadro 13.1 é um levantamento geral de dados da empresa. Para essa projeção definimos que o tempo será aplicado em trimestres. Essa hipótese, para fins didáticos, facilita a apresentação e o ensino, entretanto, na prática recomendamos projetar sempre em bases mensais. Outro ponto importante é acrescentar, como primeira coluna, o período anterior (no caso o ano anterior). Esses números do histórico facilitam a visualização e permitem, para quem está projetando, comparar os dados.

Iniciamos este quadro pela projeção da Receita, multiplicando o preço unitário de vendas pela quantidade de poltronas vendidas (linha 5 do quadro 13.1). Na prática da MPE, seria melhor detalhar um pouco mais essa projeção, acrescentando linhas no Excel para calcular impostos e eventuais descontos, ou seja, quanto mais detalhes maior será a visão aprofundada que obteremos dos resultados. Em seguida, projetamos o Contas a Receber, os estoques e assim por diante.

Com as informações do Quadro 13.1 é possível fazer a projeção do fluxo de caixa, bastando apenas transpor os dados que estão na própria planilha e realizar as operações aritméticas. Como o leitor pode notar, o Quadro 13.2 mostra um fluxo de caixa bastante sintético; na operação diária da empresa recomendamos fazê-lo com muito mais detalhe. A projeção do fluxo de caixa, além de prever situações adversas no futuro, também servirá de agenda para pagamentos e recebimentos.

Fluxo de Caixa	31/12/2011	31/03/2012	30/06/2012	30/09/2012	31/12/2012
(=) Caixa Inicial	R$ 7.109,87	R$ 6.787,77	R$ 655,74	R$ 1.515,46	R$ 2.204,27
(+) Recebimento de clientes por vendas	R$ 527.918,11	R$ 81.105,42	R$ 136.352,40	R$ 131.212,66	R$ 182.491,56
(-) Custos totais de produção	-R$ 436.781,47	-R$ 61.396,60	-R$ 113.692,34	-R$ 145.936,44	-R$ 154.569,58
(-) Despesas com administração	-R$ 123.600,69	-R$ 27.149,45	-R$ 32.919,79	-R$ 38.690,13	-R$ 30.034,62
(-) Despesas com vendas	-R$ 52.971,73	-R$ 13.242,93	-R$ 13.242,93	-R$ 13.242,93	-R$ 13.242,93
(+) Empréstimos	R$ 28.851,70	R$ 12.983,27	R$ 24.523,95	R$ 67.801,50	R$ 14.425,85
(-) Despesas com empréstimos	-R$ 4.326,60	-R$ 1.185,80	-R$ 1.604,15	-R$ 1.898,44	-R$ 1.314,20
(=) Outras despesas / receitas	R$ 60.588,57	R$ 1.442,59	R$ 1.442,59	R$ 1.442,59	R$ 1.442,59
(=) Caixa final	R$ 6.787,77	R$ 655,74	R$ 1.515,46	R$ 2.204,27	R$ 1.402,94

Quadro 13.2 — Fluxo de caixa

Entretanto, como dissemos, não é possível que uma MPE, que pretende ser grande amanhã, faça projeções econômicas e financeiras apenas considerando informações de fluxo de caixa. Conforme explicamos no Capítulo 2, na Figura 2.1, existe uma grande diferença entre os fluxos financeiros e econômicos. Imagine uma situação em que compramos uma quantidade grande de matérias-primas e estocamos. Do ponto de vista financeiro, a compra tem enorme influência sobre os resultados, pois no curto prazo está compra deverá ser paga afetando o fluxo de caixa.

Já do ponto de vista econômico (contábil) o resultado dessa operação poderá afetar a empresa até mesmo anos depois, pois o valor desta matéria-prima apenas será lançado na despesa quando sair do estoque e for para a linha de produção. Resumindo, a compra das matérias-primas afeta o fluxo de caixa. Entretanto, isso não significa que a tal compra produza efeitos, ao mesmo tempo, na Demonstração de Resultados.

Dito isso, com os dados dos Quadros 13.1 e 13.2, é possível projetar o Balanço Patrimonial. Vale dizer que essa projeção se constitui de uma dificuldade maior e exige mais conhecimento contábil.

Na simples comparação do Quadro 13.3 com os anteriores, o leitor perceberá que os dados do balanço “resumem”, ou como dizem alguns, é uma fotografia da firma em um determinado momento estático.

Balanço Patrimonial	Ano atual	Trimestre projetado				Ano projetado
	31/12/2011	31/03/2012	30/06/2012	30/09/2012	31/12/2012	31/12/2012
Caixa e equivalente à caixa	R$ 6.787,77	R$ 655,74	R$ 1.515,46	R$ 2.204,27	R$ 1.402,94	R$ 1.402,94
Contas a receber	R$ 73.391,72	R$ 71.051,62	R$ 95.488,00	R$ 129.800,00	R$ 92.208,00	R$ 92.208,00
Estoques	R$ 50.039,70	R$ 51.163,70	R$ 65.343,34	R$ 72.013,85	R$ 49.440,28	R$ 49.440,28
Total dos ativos correntes	R$ 130.219,19	R$ 122.871,06	R$ 162.346,80	R$ 204.018,12	R$ 143.051,22	R$ 143.051,22
Total dos ativos não correntes	R$ 105.308,71	R$ 103.866,13	R$ 102.423,54	R$ 100.980,96	R$ 99.538,37	R$ 99.538,37
Total do Ativo	R$ 235.527,90	R$ 226.737,19	R$ 264.770,34	R$ 304.999,07	R$ 242.589,59	R$ 242.589,59
Fornecedores	R$ 150.119,04	R$ 135.072,13	R$ 147.022,50	R$ 162.031,16	R$ 113.421,81	R$ 113.421,81
Folha de pagamento	R$ 11.258,92	R$ 13.507,21	R$ 14.702,25	R$ 16.203,12	R$ 11.342,18	R$ 11.342,18
Empréstimos de CP	R$ 11.540,68	R$ 28.851,70	R$ 57.703,40	R$ 63.473,74	R$ 14.425,85	R$ 14.425,85
Outros débitos	R$ 17.311,02	R$ 17.311,02	R$ 17.311,02	R$ 17.311,02	R$ 17.311,02	R$ 17.311,02
Total dos passivos correntes	R$ 190.229,66	R$ 194.742,07	R$ 236.739,18	R$ 259.019,04	R$ 156.500,87	R$ 156.500,87
Empréstimos de LP	R$ 17.311,02	R$ 12.983,27	R$ 8.655,51	R$ 4.327,76	R$ 0,00	R$ 0,00
Outros exigíveis	R$ 8.655,51	R$ 8.655,51	R$ 8.655,51	R$ 8.655,51	R$ 8.655,51	R$ 8.655,51
Total dos passivos não correntes	R$ 25.966,53	R$ 21.638,78	R$ 17.311,02	R$ 12.983,27	R$ 8.655,51	R$ 8.655,51
Capital Social	R$ 29.085,48	R$ 28.851,70	R$ 28.851,70	R$ 28.851,70	R$ 57.703,40	R$ 57.703,40
Lucros retidos	R$ 52.006,06	-R$ 8.500,88	-R$ 9.009,48	-R$ 9.646,88	-R$ 10.162,36	-R$ 10.162,36
Lucro líquido do exercício	-R$ 61.759,83	-R$ 9.983,95	-R$ 9.122,09	R$ 13.791,93	R$ 29.892,16	R$ 29.892,17
Patrimônio Líquido	R$ 19.331,71	R$ 10.366,87	R$ 10.720,14	R$ 32.996,76	R$ 77.433,21	R$ 77.433,21
Total do Passivo	R$ 235.527,90	R$ 226.747,71	R$ 264.770,34	R$ 304.999,07	R$ 242.589,59	R$ 242.589,59

Quadro 13.3 — Balanço Patrimonial

Considerando que não é possível projetar o Balanço Patrimonial sem a Demonstração de Resultados, aproveitamos as informações dos quadros anteriores e fizemos a composição do Quadro 13.4. Este relatório, assim como o balanço, é de extrema importância e recomendamos fortemente que ele seja projetado todos os meses, mesmo que a empresa não esteja obrigada por nenhuma norma legal ou fiscal a fazê-lo.

Acontece que, enquanto o balanço mostra as fontes de financiamento (Passivo), ou seja, o fluxo de capitais que está financiando as operações da mesma, por outro lado, no Ativo, revela onde este mesmo dinheiro está sendo aplicado, de acordo com a Figura 13.2.

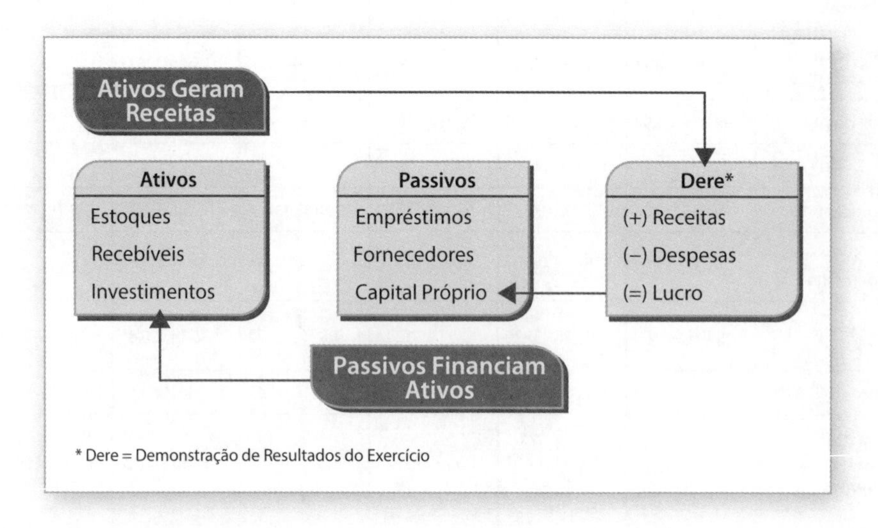

Figura 13.2: **Fontes de financiamento empresarial**

A Demonstração de Resultado, como o próprio nome informa, revela se o negócio foi lucrativo e se a administração construiu ou destruiu valor.

Demonstração de Resultados	31/12/2011	31/03/2012	30/06/2012	30/09/2012	31/12/2012	31/12/2012
Receita operacional	R$ 800.400,00	R$ 161.600,00	R$ 219.200,00	R$ 300.000,00	R$ 242.400,00	R$ 923.200,00
Custo da mercadoria vendida	-R$ 600.476,05	-R$ 122.792,84	-R$ 163.358,34	-R$ 216.041,55	-R$ 174.495,10	-R$ 676.687,82
Lucro bruto	R$ 199.923,95	R$ 38.807,16	R$ 55.841,66	R$ 83.958,45	R$ 67.904,90	R$ 246.512,18

Margem bruta (%)	25%	24%	25%	28%	28%	27%
Despesas com vendas e administração	R$ 176.572,42	R$ 40.392,38	R$ 46.162,72	R$ 51.933,06	R$ 43.277,55	R$ 181.765,71
Despesas de depreciação	R$ 20.196,19	R$ 5.770,34	R$ 5.770,34	R$ 5.770,34	R$ 5.770,34	R$ 23.081,36
Despesas financeiras	R$ 4.326,60	R$ 1.185,80	R$ 1.604,15	R$ 1.898,44	R$ 1.314,20	R$ 6.002,60
Outras receitas \ despesas	R$ 60.588,57	R$ 1.442,59	R$ 1.442,59	R$ 1.442,59	R$ 1.442,59	R$ 5.770,34
Lucros líquidos antes dos impostos	- 61.759,83	- 9.983,95	861,86	22.914,02	16.100,23	29.892,17
Impostos de renda	R$ 0,00	R$ 0,00	R$ 0,00	R$ 0,00	R$ 0,00	R$ 0,00
Lucro líquido do exercício	-R$ 61.759,83	-R$ 9.983,95	R$ 861,86	R$ 22.914,02	R$ 16.100,23	R$ 29.892,17
Margem líquida (%)			0,39%	7,64%	6,64%	3,24%

Quadro 13.4 — Demonstração de Resultado

Finalmente, para completar os cinco quadros aos quais nos referimos no início, elaboramos a demonstração de fluxo de caixa. Esse quadro é mais difícil de fazer, pois requer um conhecimento maior de contabilidade, embora extremamente revelador (Quadro 13.5).

Observe que a firma começa o ano com um caixa de R$ 6.787,77. Na sequência, a projeção compara o saldo das contas para saber se a operação empresarial, naquela conta, gerou caixa ou não. Vejamos um exemplo: em 30-9-2012, a empresa tinha como saldo da conta a receber o valor de R$ 129.800,00. Isso indica o volume de recursos da companhia que estava "financiando" os clientes. Ora, em 31-12-2012, a empresa conseguiu reduzir esse volume para R$ 92.208,00, "liberando" caixa de R$ 37.592,00.

Por outro lado, com relação aos estoques, cujo saldo era de R$ 51.163,70 em 31/03/2012, mas em 30-6-2012, esse valor foi elevado para R$ 65.343,34, ou seja, a empresa investiu R$ 14.179,63, gastando "caixa".

A soma desses valores revela a formação do caixa, ou seja, transformamos os dados econômicos do Balanço Patrimonial em dados financeiros.

Acesse a planilha em Excel no apêndice e faça algumas simulações para praticar.

Demonstração de fluxo de caixa	31/12/2011	31/03/2012	30/06/2012	30/09/2012	31/12/2012	31/12/2012
Lucro líquido do exercício	-R$ 61.759,83	-R$ 9.983,95	R$ 861,86	R$ 22.914,02	R$ 16.100,23	R$ 29.892,17
Despesas de depreciação	R$ 20.196,19	R$ 5.770,34	R$ 5.770,34	R$ 5.770,34	R$ 5.770,34	R$ 23.081,36
Fluxo de caixa líquido operacional	-R$ 41.563,64	-R$ 4.213,61	R$ 6.632,20	R$ 28.684,36	R$ 21.870,57	R$ 52.973,53
Acréscimo ou decréscimo em contas a receber	R$ 27.228,79	R$ 2.340,10	-R$ 24.436,38	-R$ 34.312,00	R$ 37.592,00	-R$ 18.816,28
Acréscimo ou decréscimo em estoques	R$ 60.542,07	-R$ 1.124,00	-R$ 14.179,63	-R$ 6.670,51	R$ 22.573,57	R$ 599,42
Acréscimo ou decréscimo em fornecedores	-R$ 4.695,38	-R$ 15.046,91	R$ 11.950,38	R$ 15.008,66	-R$ 48.609,35	-R$ 36.697,23
Acréscimo ou decréscimo em folha de pagamento	R$ 3.518,23	R$ 2.248,30	R$ 1.195,04	R$ 1.500,87	-R$ 4.860,93	R$ 83,27
Acréscimo ou decréscimo em empréstimos	R$ 5.770,34	R$ 17.311,02	R$ 28.851,70	R$ 5.770,34	-R$ 49.047,89	R$ 2.885,17
Fluxo de caixa do capital de giro	R$ 92.364,05	R$ 5.728,50	R$ 3.381,10	-R$ 18.702,65	-R$ 42.352,60	-R$ 51.945,65
Aumento de capital	R$ 0,00	-R$ 233,78	R$ 0,00	R$ 0,00	R$ 28.851,70	R$ 28.617,92
Acréscimos ou decréscimos de empréstimos de LP	-R$ 17.311,02	-R$ 4.327,76	-R$ 4.327,76	-R$ 4.327,76	-R$ 4.327,76	-R$ 17.311,02
Acréscimos ou decréscimos de ativos fixos	-R$ 34.622,04	-R$ 4.327,76	-R$ 4.327,76	-R$ 4.327,76	-R$ 4.327,76	-R$ 17.311,02
Acréscimos ou decréscimos de outras obrigações LP	R$ 577,03	R$ 0,00	R$ 0,00	R$ 0,00	R$ 0,00	R$ 0,00
Fluxo de caixa do capital financeiro líquido	-R$ 51.356,03	-R$ 8.889,29	-R$ 8.655,51	-R$ 8.655,51	R$ 20.196,19	-R$ 6.004,12
Caixa do início do período	R$ 7.109,87	R$ 6.787,77	R$ 655,74	R$ 1.515,46	R$ 2.204,27	R$ 6.787,77
Caixa do final do período	R$ 6.787,77	R$ 655,74	R$ 1.515,46	R$ 2.204,27	R$ 1.402,94	R$ 1.402,94

Quadro 13.5 — Demonstração do fluxo de caixa

A atividade de orçamento é desenvolvida apenas nas empresas muito estruturadas, mesmo que pequenas. As menos organizadas, quando muito, restringem-se às atividades de orçamentação de caixa, eminentemente financeiras. Nenhuma firma será grande no futuro se não mantiver um planejamento mínimo.

A atividade de orçamentação está diretamente ligada à atividade de planejamento, sendo estas suas principais finalidades:

- Planejamento Estratégico
- Planejamento de Negócio (*Business Plan*)
- Planejamento Financeiro
    - Planejamento de Fluxo de Caixa
    - Necessidades de empréstimos

Capítulo XIV

FORMAÇÃO DE PREÇO DE VENDA

Neste capítulo, você vai aprender os conceitos básicos para a formação de preços, separando os componentes entre custos variáveis, fixos, margem de lucro, comissões de vendedores e impostos. Você também vai encontrar explicações sobre a importância de manter um processo de formação de preços detalhado para rapidamente enfrentar os movimentos da concorrência, baixando ou subindo os preços, sem que se obrigue a fazê-lo de maneira "cega". Finalmente, vai analisar as margens dos preços, bem como aprender a fazer simulações.

- Como formar preços de vendas e por que é necessário ser detalhista nesta tarefa?
- Quais são os principais elementos dos preços e como compô-los de maneira ordenada e eficiente?
- Como formar preços competitivos?
- Como simular aumentos de preços e custos, para estabelecer um lucro compensador? Oportunidades de aumentar os preços.

A maioria das empresas, não tem acesso à mão de obra capacitada para formar preços. Essas organizações reúnem grosseiramente os custos, acrescentam um "*Markup*[1]" e está feito. Infelizmente, para agravar a situação, algumas firmas observam os preços da concorrência e consideram esse processo como formação de preços. Tal situação é muito comum nas MPE's.

(+) Preços do insumo ou preço de compra da mercadoria
(+) custos indiretos
(=) Preço de venda líquido
(+) Mark Up
(=) Preço de venda

Quadro 14.1 — Formação do preço de venda

Matematicamente, poderia ser expressado assim:

$$ROI = \frac{LAJIR}{ATIVO \cdot TOTAL}$$

Na prática, essa maneira "simplista" de formar o preço acaba funcionando, pois a maioria dos empresários usa tal estratégia, além de os mercados aqui no Brasil serem pouco competitivos. Entretanto, essa simplificação esconde dos proprietários os verdadeiros custos e detalhes, obrigando-os a trabalhar com margens muitas altas, todas "no escuro", pois do contrário não conseguiriam cobrir aqueles custos que não conseguem detalhar e, consequentemente, não enxergam. Essa prática de *Mark Up* acaba por fazer uma "maçaroca" de valores, misturando custos que não deveriam estar juntos (Quadro 14.1).

[1] Markup ou Mark Up é um termo usado em Economia para indicar quanto do preço do produto está acima do seu custo de produção e distribuição. Pode ser expresso como uma quantia fixada ou como percentual. O valor representa a quantia efetivamente cobrada sobre o produto a fim de obter o preço de venda. Fonte: Wikipedia

1,00 Valor aleatório
(+) 0,18 de ICMS (18% dividido por 100)
(+) 0,03 de Cofins (3% dividido por 100)
(+) 0,0065
(+) 0,15 de IPI
(+) 0,15 de Imposto de Renda
(+) 0,20 de margem de lucro
(=) 0,2835

Quadro 14.2 — Formação do Markup

$$\text{Preço de Venda} = \frac{\text{R\$ 100,00 (valor hipotético)}}{0{,}2835} = R\$\ 352{,}73$$

Uma análise mais apurada do Quadro 14.2 revelaria que o ICMS incidiu sobre o IPI, que incidiu sobre o IR, que incidiu sobre a margem de lucro. Resumindo, "tudo" incidiu sobre "tudo". Essa incidência múltipla de percentuais (%) sobre os valores não acontece na prática. Trata-se de uma elevação injustificada da margem.

No caso desse exemplo, o que realmente aconteceu é que o empresário, sem saber, aumentou sua margem de lucro. Se ele precisasse fazer um desconto para enfrentar a concorrência, não saberia onde. O correto, seria levantar todos os detalhes, colocá-los em uma planilha eletrônica e controlar todos os itens, coluna por coluna e linha por linha. Não é necessário cobrar o preço apurado, pode-se praticar o preço da concorrência. A grande vantagem é que a margem real de lucro vai aparecer, e os custos reais também. E, se o preço cobrado não estiver cobrindo todos os custos, haverá uma possibilidade de analisar e verificar onde poderiam ser efetuados cortes, se é que estes existem e são possíveis (Quadro 14.3).

(+) custo direto ou variável
(+) custo indireto ou fixo
(+) margem de lucro
(+) impostos sobre o lucro
(=) Preço de venda líquido

(+) despesas de venda
(+) impostos sobre a venda
(=) Preço de venda

Quadro 14.3 — Formação do preço de venda

Vejamos a seguir, como são os diferentes custos, encargos e impostos necessários para compor um preço de um produto ou serviço.

Margem de Lucro

Este é o lucro que esperado sobre os custos. É errado colocar margem de lucro sobre impostos, por exemplo, como ocorre no *Mark Up*, pois ao cobrar impostos dos clientes a empresa está apenas sendo um "agente" do Estado ao receber o imposto do cliente (ICMS, por exemplo) e repassá-lo ao Governo.

Impostos sobre o Lucro

Conceitualmente seria errado repassar para os clientes os impostos que incidem sobre o lucro, embora isso seja a prática de algumas empresas, pois estes impostos são apurados em determinados períodos distantes e guardam pouco ou nenhum resultado sobre os custos que compõem o preço venda, mas, fazem parte de um cálculo especial, com regras definidas.

- Imposto de Renda
- Contribuição Social (CSLL)

Despesas de Vendas

Estes são os valores pagos para a força de vendas e variam diretamente com as quantidades vendidas.

- Comissões
- Bonificações
- Prêmios

Impostos sobre a Venda

Estes impostos incidem sobre o valor final da mercadoria e são destacados na emissão da nota fiscal. Normalmente, estes tributos são de difícil entendimento, sendo necessária a orientação de um contador para poder aplicá-los corretamente. O empresário deve ter enorme cuidado na sua aplicação, nunca acreditando em fórmulas mágicas, jeitinhos ou outras medidas redutoras de impostos. Os fiscais da receita, notadamente os da Receita Federal, são muito preparados e as consequências das suas auditorias podem ser desastrosas. Lembre-se que PIS e COFINS não são impostos sobre vendas, mas custos e não podem e não devem ser destacados no preço.

- ICMS
- IPI
- ISS

Custo Direto ou Variável

Estes custos são os valores envolvidos diretamente com a mercadoria vendida, o produto fabricado ou o serviço prestado. Eles variam de acordo com a produção, ou seja, variam diretamente com a quantidade vendida ou com o serviço prestado. Os custos variáveis de uma empresa do comércio são os custos de aquisição das mercadorias pelos fornecedores. Para a indústria são as matérias-primas e outros custos associados diretamente ao produto. Já na prestação de serviços é o custo das horas de trabalho do prestador do serviço somado ao custo de materiais utilizados.

- Matéria-prima
- Despesas diretas com mão de obra
- Outros materiais e outras despesas
- Depreciação direta
- Despesas de embalagem e distribuição
- Despesas de venda
- PIS e COFINS sobre as vendas

Pelo que vimos anteriormente, para calcular o custo unitário de um produto ou serviço é preciso somar os valores das quantidades de matéria-prima e materiais de embalagem que entram no produto ou serviço e os do pagamento de mão de obra (principalmente, se for paga por produção), para a produção de uma unidade de produto ou prestação de uma unidade de serviço.

$$\text{Custo variável unitário} = \frac{\text{Custo variável total}}{\text{Número de unidades produzidas}}$$

Em alguns casos, é preciso acrescentar aquela quantidade de matéria-prima que é desperdiçada na produção, ou aquele resto de coco ralado perdido na produção de "maria-mole", por exemplo.

Empresas bem administradas têm margens de desperdício mínimas e menores que as dos concorrentes. Uma firma industrial, por exemplo, para precificar a "maria-mole" necessita somar todos os gastos para vender uma unidade dessa deliciosa guloseima, com leite, açúcar e coco. Entretanto, é preciso somar também outros custos: forma, embalagem, fogão, geladeira e ainda, a mão de obra da doceira.

No comércio, o custo variável unitário é o valor que o comerciante paga ao fornecedor para adquirir uma unidade de mercadoria. Se for o caso, ele deve acrescentar o valor gasto com o transporte da mercadoria, do fornecedor para a loja.

Finalmente, nas prestadoras de serviço, o custo variável unitário é o custo do serviço, de acordo com o tipo de medida adotada para a empresa em questão. De maneira geral, neste tipo de negócio, a unidade de medida utilizada pelos analistas para calcular o custo variável da prestação de serviço é o valor da hora do profissional que o executa, somados outros gastos com materiais. Em alguns casos, para prestar um serviço são necessários equipamentos; neste caso, também devem ser somados aos custos a depreciação e peças de reposição, quando necessárias.

O Quadro 14.4 resume a lista de custos variáveis, incorridos na fabricação de pregos. Para facilidade de cálculo, haja vista o produto ter valor individual ínfimo, foram realizados cálculos considerando uma tonelada do produto (1.000kg).

Custo	Valor variável unitário	Valor total
Matéria-prima	R$ 1,50	R$ 750,00
Produtos químicos	R$ 0,20	R$ 100,00
Mão de obra direta e encargos	R$ 0,35	R$ 175,00
Estoque	R$ 0,10	R$ 50,00

Maquinário de fabricação	R$ 0,40	R$ 200,00
Despesas de transporte	R$ 0,10	R$ 50,00
Outros serviços	R$ 0,05	R$ 25,00
Depreciação administrativa	R$ 0,30	R$ 150,00
Total	R$ 3,00	R$ 1.500,00

Quadro 14.4 — Apuração de custos variável mensal (1.000kg de pregos tipo 7)

Os custos variáveis são aqueles que estão diretamente ligados à produção, ou seja, se a produção aumenta eles aumentam na mesma proporção. Por hipótese, se não houvesse produção de bens ou serviços, estes custos não existiriam.

Custo Indireto ou Fixo

Estes custos independem da produção. Explicando melhor, em uma hipótese absurda, caso nada se produzisse ainda deste modo incorreríamos nestes custos. Assim, custos fixos ou indiretos permanecem constantes independentemente de reduções ou aumentos no volume de produção, prestação de serviços ou das vendas, em um determinado período de tempo. Estão na estrutura permanente de gastos, como os custos de vendas e administração. É o chamado "*overhead*[2]", ou sobre custo.

- Salário de diretores
- Infraestrutura, informática, depósitos, locais de estoques
- Depreciação administrativa
- Despesas administrativas
- Despesas de venda

Para calcular o preço de venda de um produto, serviço ou mercadoria, é preciso saber qual é o custo total para produzir e/ou vender cada unidade de produto ou serviço.

Os custos fixos são o total gasto indiretamente para produzir o produto ou serviço, como aluguéis, salários de mão de obra daquelas pessoas que estão ligadas às áreas ad-

[2] Overhead: termo utilizado em administração da produção para caracterizar um processamento ou armazenamento em excesso, seja de tempo, de materiais, de informações ou condições impeditivas para executar uma determinada tarefa, ou simplesmente um "sobre custo".

ministrativa e financeira, taxas fixas, impostos como IPTU, depreciação de imobilizados administrativos como móveis e equipamentos de informática.

Pela descrição do parágrafo anterior, o leitor deve estar se questionando: qual seria a melhor forma de "atribuir" estes custos aos preços? Imaginemos uma empresa que fabrica vários produtos. Como repassar para o preço destes os custos fixos? Em contabilidade, chamamos isso de "rateio" de custos, ou seja, fazer um rateio é distribuir uma "fatia" desses custos para cada produto ou serviço vendido, segundo um critério determinado.

Vejamos um exemplo. Uma indústria que fabrica vários tipos de pregos poderia usar como critério distribuir uma fatia dos custos fixos para cada um deles, segundo a quantidade produzida. Já outros preferem fazer o rateio baseados na receita gerada. Como se pode ver o assunto é polêmico e existem milhares de livros falando a respeito do tema. O Quadro 14.5 exemplifica esse dilema mostrando a produção e a receita de uma fábrica de pregos. O leitor pode perceber que alterando o critério o percentual de rateio muda significativamente. No caso do Prego nº 7, por exemplo, se o critério for a quantidade produzida ela absorverá apenas 19% dos custos fixos. Entretanto, se adotar como critério de rateio a receita, este produto passará a absorver 31% dos custos fixos totais.

Tipo de Mercadoria	Quantidade produzida	% do total produzido	Preço unitário do pacote	Receita Total	% da receita total
Prego 1	1.000	13%	R$ 6,000	R$ 6.000,00	13%
Prego 2	1.500	19%	R$ 5,500	R$ 8.250,00	18%
Prego 3	500	6%	R$ 5,800	R$ 2.900,00	6%
Prego 4	300	4%	R$ 5,600	R$ 1.680,00	4%
Prego 5	300	4%	R$ 5,500	R$ 1.650,00	4%
Prego 6	700	9%	R$ 5,400	R$ 3.780,00	8%
Prego 7	500	6%	R$ 7,500	R$ 3.750,00	8%
Prego 8	1.500	19%	R$ 6,000	R$ 9.000,00	19%
Prego 9	1.500	19%	R$ 6,500	R$ 9.750,00	21%
Total	7.800	100%		R$ 46.760,00	100%

Quadro 14.5 — Receita trimestral de vendas

Algumas dicas para melhorar a qualidade do rateio dos custos fixos:

- O método de "ratear" custos que mostramos acima é muito simplista e não deve ser utilizada em todas as situações.

- O modelo acima se aplica tão somente para empresas que produzem produtos muito similares (pregos, no nosso exemplo).
- Dependendo da variedade de produtos (mix de produtos) ou serviços que a empresa explora é necessário desenvolver outras formas de rateio mais sofisticadas.

Uma vez apurados os custos fixos e variáveis unitários, obtemos o custo total. O Quadro 14.6 resume esses custos. Como estamos precificando o produto chamado de Prego 7 e o critério escolhido de rateio desses custos fixos foi o da quantidade produzida, vamos destinar 6% destes custos para o produto em questão, ou seja, R$ 1.826,72 (R$ 28.500,00 x 0,06).

$$\text{Custo variável unitário} = \frac{\text{Custo variável total}}{\text{Número de unidades produzidas}}$$

Como explicamos, o custo fixo unitário dependerá da quantidade produzida.

Custo	Valor
Salários fixos e encargos sociais	R$ 12.000,00
Aluguel	R$ 1.500,00
Utilidades e serviços (água, luz e telefonia)	R$ 3.000,00
Honorários do empresário	R$ 8.000,00
Honorários do contador	R$ 2.000,00
Despesas de transporte	R$ 800,00
Serviços de terceiros (cantina vigia e conservação)	R$ 900,00
Depreciação administrativa	R$ 300,00
Total	R$ 28.500,00

Quadro 14.6 — Apuração de custos fixos mensal

Realizados todos esses cálculos e determinado o montante dos custos fixos e a respectiva parcela destes que será atribuída (rateada) ao preço do nosso produto (Prego 7) e calculados os valores dos custos variáveis, ou seja, aqueles diretamente relacionados à produção do Prego 7, os quais variam em conformidade com a quantidade produzida, resta apenas fazer um pequeno resumo para demonstrar o ponto de equilíbrio, a quantidade mínima a ser produzida de modo a “absorver” os custos fixos. O Quadro

14.6 demonstra que a partir de 600 kg fabricados do produto todos os custos fixos são absorvidos. Em resumo:

- Ponto de equilíbrio é a quantidade do produto que devemos vender para cobrir todos os custos fixos e variáveis;
- Quando as vendas se igualam ao custo total a empresa atinge o Ponto de Equilíbrio;
- Quando a empresa atinge o Ponto de Equilíbrio não tem lucro e nem prejuízo.

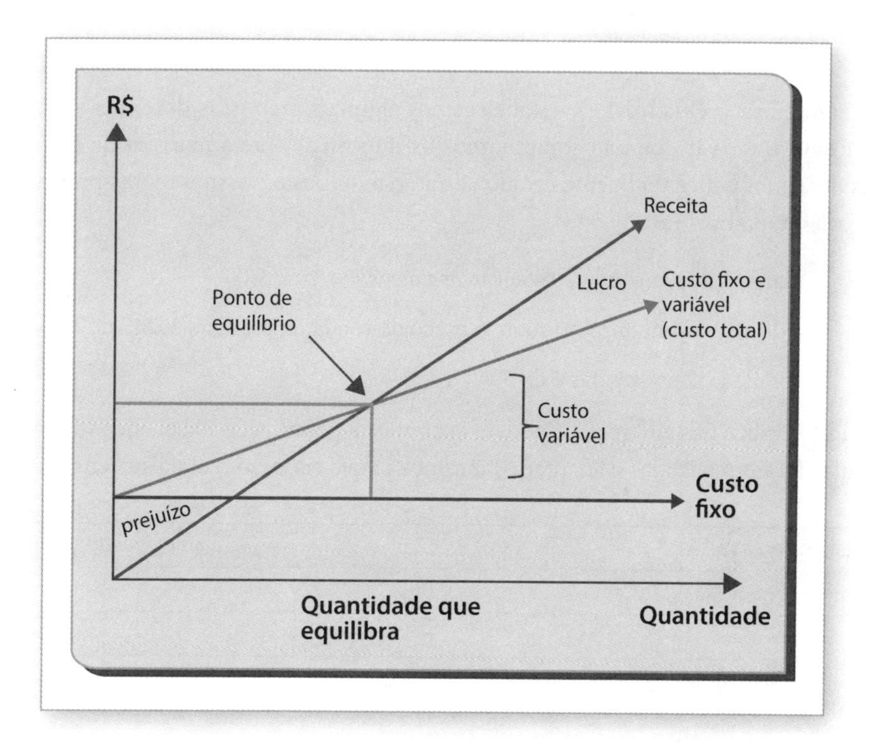

Gráfico 14.1: **Ponto de equilíbrio**

O Gráfico 14.1 ilustra estes conceitos. Observe que, a partir do ponto de equilíbrio, ou seja, 600 unidades vendidas (kg), a reta da receita se distancia da reta do custo total. Esta diferença é o lucro do empresário.

Unidades vendidas	400	600	800	1.000	1.200
Preço de venda unitário	R$ 7,50	R$ 7,50	R$ 7,50	R$ 7,50	R$ 7,50
Receita	R$ 3.000,00	R$ 4.500,00	R$ 6.000,00	R$ 7.500,00	R$ 9.000,00
Custo fixo	R$ 1.826,92	R$ 1.826,92	R$ 1.826,92	R$ 1.826,92	R$ 1.826,92
Custo variável	R$ 1.200,00	R$ 1.800,00	R$ 2.400,00	R$ 3.000,00	R$ 3.600,00
Custo total	R$ 3.026,92	R$ 3.626,92	R$ 4.226,92	R$ 4.826,92	R$ 5.426,92
Laji	-R$ 26,92	R$ 873,08	R$ 1.773,08	R$ 2.673,08	R$ 3.573,08

Quadro 14.7 — Ponto de equilíbrio

Para definir o Quadro 14.7, estabelecemos algumas premissas descritas abaixo. O leitor deve observar que não computamos os impostos sobre a margem de lucro por considerarmos conceitualmente errado já que este imposto possuiu regras próprias de aplicação (Quadro 14.8).

- A margem de lucro é de 20% sobre os custos
- Incide apenas um imposto sobre o preço de venda do produto (ICMS de 18%)
- A comissão sobre vendas é de 5%

No Apêndice deste livro você poderá encontrar a planilha do Excel onde todos estes cálculos foram realizados e adaptar os mesmos para a situação real da sua empresa.

(+) custo direto ou variável	R$ 3.000,00
(+) custo indireto ou fixo	R$ 1.826,92
(+) margem de lucro	R$ 965,38
(=) Preço de venda líquido	R$ 5.792,31
(+) despesas de venda	R$ 289,62
(+) impostos sobre a venda	R$ 1.335,06
(=) Preço de venda	R$ 7.416,98
Margem de lucro	20%
ICMS	18%
Comissão de vendas	5%

Quadro 14.8 — Exemplo para 1.000kg do produto Prego 7

Considere alguns pontos muito importantes:

- Faça os cálculos que você quiser, e você deve fazê-los, mas quem determina o preço do produto é o mercado.
- Só é possível repassar custos se o preço final não ultrapassar a concorrência.
- Se o número unidades de produtos ou serviços fabricados e vendidos for pequeno os custos fixos se tornarão "pesados" e a empresa terá que cobrar mais caro por produto, para poder cobri-los.
- Abra uma planilha Excel e controle os preços de todos os produtos e serviços; após praticar dois anos você será um expert no assunto.
- Os recursos da empresa (dinheiro e bens) devem ser separados do empresário. Não pague despesas da pessoa física com recursos da empresa. Isso aumenta os custos desvirtuando os controles.
- Cuidado para que a redução de custos fixos não acarrete perda de qualidade no produto, serviço e atendimento, ou ainda, traga problemas para a administração da empresa.

Como Fazer Preços Competitivos

Quais as alternativas à disposição do micro e pequeno empresário para diminuir preços altos, em comparação com a concorrência?

- Diminuir os custos fixos totais;
- Maior volume de produção (e vendas) para diminuir o custo fixo unitário;
- Diminuir o custo variável;
- Obter melhores preços de matéria-prima com os fornecedores;
- Evitar desperdícios de matéria-prima;
- Aumentar a produtividade da mão de obra direta;
- Diminuir a margem de lucro.

Se, ao calcular os preços de venda, a empresa chegar a preços maiores que os da concorrência, ela deverá se perguntar do porquê isso acontece. Pode ocorrer que os seus custos serão mais altos, entretanto, a qualidade do seu produto (do serviço ou do atendimento) será melhor que a da concorrência e, portanto, valerá a pena para o consumidor pagar mais caro. Talvez a localização de seu negócio permita cobrar mais caro.

As decisões empresariais relativas à definição de preços estão ligadas às decisões de marketing. As decisões financeiras sempre devem orientar-se nas características do segmento de mercado.

Margem de Contribuição

Margem de contribuição é a importância em dinheiro que sobra do preço de venda de um produto, serviço ou mercadoria, quando retiramos deste o valor do Custo Variável. É essa quantia que garante o pagamento dos custos fixos, comissões de vendas e o lucro do empresário. É a diferença entre o preço de venda e os custos variáveis.

Margem de Contribuição = Preço de Venda – Custo da Mercadoria Vendida

Vejamos um exemplo. Uma empresa que revende pneus tem um custo variável unitário no pneu do tipo "A" de R$ 150,00 (mercadoria, mão de obra direta, embalagens), o qual é vendido por R$ 330,00. Subtraindo o valor de R$ 150,00 do preço de venda, chega-se ao valor de R$ 180,00 (R$ 330,00 – R$ 150,00), que será usado como "contribuição" para cobrir os custos fixos da revenda de pneus (aluguel, luz, salário dos administradores) e gerar uma pequena sobra que é o lucro. Deste modo, podemos dizer que a margem de contribuição desse modelo de pneu, para a empresa em questão, é de R$ 180,00.

Em qualquer firma, os diferentes serviços prestados ou produtos vendidos têm margens de contribuição diferentes, conforme ilustra o Quadro 14.9. Assim, relatórios sistematizados fornecidos pela contabilidade revelam ao empresário que produtos apresentam maior margem, sendo possível "trabalhar" estes custos reduzindo-os ou mesmo eliminando determinados produtos com margens muito baixas, se possível. A última afirmação prende-se ao fato de que determinados produtos, às vezes com margens muito baixas ou até negativas devem ser mantidos, pois sem eles não é possível vender outras mercadorias, como o caso do leite na padaria que não dá lucro, mas se não estiver à disposição o cliente não compra o presunto que oferece margem de retorno alta.

Itens / tipo de pneu	Pneu A	Pneu B	Pneu C	Pneu D	Pneu E	Pneu F
Preço de venda do pneu	R$ 330,00	R$ 300,00	R$ 180,00	R$ 190,00	R$ 250,00	R$ 140,00
Custos variáveis	-R$ 150,00	-R$ 170,00	-R$ 95,00	-R$ 87,00	-R$ 139,00	-R$ 99,00
Margem de contribuição	R$ 180,00	R$ 130,00	R$ 85,00	R$ 103,00	R$ 111,00	R$ 41,00
Margem de contribuição sobre o preço de venda (%)	55%	43%	47%	54%	44%	29%

Quadro 14.9 — Margem de contribuição individual

Imagine que um pacote de biscoito é vendido por uma mercearia a R$ 3,00, o qual tem um custo variável, ou seja, custo de compra do fornecedor de R$ 1,50, contribuindo com uma margem de R$ 1,50, por pacote, para o empresário.

Uma margem de contribuição de R$ 1,50 significa 50% do preço, um resultado muito bom, mas, use de toda cautela quando conduzir esse tipo de análise, pois produtos que têm preços muito baixos têm margem de contribuição muito elevadas, como um envelope vendido na livraria ou um parafuso vendido avulso na loja de material elétrico. Entretanto, tudo depende de uma combinação de quantidade vendida e o "giro" destes produtos no estoque. Normalmente, produtos com preços muito elevados têm também margem altas, mas "giro" baixo, é como um anel de diamantes vendido na joalheria — vende-se um por mês, mas as margens acabam compensando.

No nosso exemplo faça de conta que a mesma mercearia que vende os biscoitos por R$ 3,00, com uma margem de contribuição de R$ 1,50, também vende uma determinada marca de macarrão por R$ 6,00 o pacote de um quilograma, cujo custo variável, por pacote, é de R$ 5,00. O valor da margem de contribuição do pacote de macarrão é de R$ 1,00, ou seja, um pouco menor que a margem do pacote de biscoitos que é de R$ 1,50, mas tem um preço de venda duas vezes mais baixo.

Feito isso, vamos agora verificar quanto representa este resultado em termos percentuais (%), ou seja, qual a % do preço de venda que sobra para cobrir os custos fixos totais e lucro, dos dois produtos: biscoitos e macarrão.

A margem de contribuição do biscoito é de 50% (R$ 1,50 / R$ 3,00), enquanto a margem de contribuição do macarrão é de apenas 20% (R$ 1,00 / R$ 6,00).

Com esta conta podemos concluir que a metade (50%) do faturamento gerado com os biscoitos pode ser usada para cobrir custos fixos e ainda gerar lucro, enquanto somente

20% do que é arrecadado na venda de macarrão, contribui para a cobertura dos custos fixos e para garantir o lucro.

Mas, segundo a nossa ponderação inicial, essa afirmação deve ser estudada com cuidado, pois depende do volume de vendas de cada um desses produtos e mesmo, em alguns casos da carga tributária, pois algumas mercadorias, produtos e serviços têm tributação diferente o que, ao final, pode também afetar a margem.

Assim, alguns produtos possuem margens de contribuição percentuais baixas (como os envelopes), porém o volume de vendas é alto e, dessa maneira, contribuem para o lucro mais que outros que têm margens altas (os anéis de diamantes), mas têm pouca saída.

Dito isso, vamos acrescentar a variável "quantidades" na nossa análise verificando os resultados da venda de 20 pacotes de biscoito e 50 de macarrão por dia. Como isso afetaria o resultado da empresa?

- 20 pacotes de biscoito x R$ 1,50 = R$ 30,00
- 50 pacotes de macarrão x R$ 1,00 = R$ 50,00

A nossa mercearia arrecadaria R$ 20,00 (R$ 50,00 – R$ 30,00) a mais por dia, para pagamento de seus custos fixos totais e geração de lucro, com as vendas de macarrão, apesar de esse produto ter uma margem de contribuição menor. Por que isso aconteceu? O macarrão tem um "giro" maior. Assim, quando estiver estudando os preços da MPE, para torná-los mais competitivos, considere:

- Preço de venda
- Margem bruta
- Margem líquida
- Quantidade vendida (giro)

Na mesma linha de análise, vamos considerar ainda que a mercearia do exemplo acima tem receitas e custos anuais conforme o exemplo Quadro 14.10, isso com o intuito de verificar o que realmente contribui para melhorar as margens, respondendo à pergunta: o que é melhor, aumentar os preços, reduzir os custos ou vender mais?

Itens	Exemplo de formação de lucro
Receita Operacional Líquida	R$ 313.509,11
Custo do produto	-R$ 172.430,01
Custos operacionais variáveis	-R$ 47.026,37

Margem	R$ 94.052,73
Custo operacional fixo	-R$ 78.377,28
Lucro operacional	R$ 15.675,46
Despesas financeiras	-R$ 5.016,15
Lucro antes dos impostos	R$ 10.659,31

QUADRO 14.10 — Análise da margem de contribuição

Qual seria o reflexo no lucro da mercearia se o preço de venda e todos os custos variáveis aumentassem em 10%, permanecendo no mesmo patamar os custos fixos e das despesas financeiras? Sempre que o preço de vendas aumentar, os resultados no lucro serão expressivos, mesmo que os custos variáveis aumentem também. Isso ocorre porque uma parte da estrutura de custos da empresa (custos fixos) não se altera ou, em certos casos, alteram muito pouco. O Quadro 14.11 mostra que no nosso exemplo hipotético o lucro aumentou 88%, enquanto receita e custos aumentaram 10%.

Itens	Exemplo de formação de lucro	Simulação, mudanças	10% de aumento na receita	Resultado
Receita Operacional Líquida	R$ 313.509,11	10%	R$ 344.860,02	R$ 31.350,91
Custo do produto	-R$ 172.430,01	10%	-R$ 189.673,01	-R$ 17.243,00
Custos operacionais variáveis	-R$ 47.026,37	10%	-R$ 51.729,00	-R$ 4.702,64
Margem	R$ 94.052,73	-	R$ 103.458,01	R$ 9.405,27
Custo operacional fixo	-R$ 78.377,28	-	-R$ 78.377,28	Nada
Lucro operacional	R$ 15.675,46	-	R$ 25.080,73	R$ 9.405,27
Despesas financeiras	-R$ 5.016,15	-	-R$ 5.016,15	Nada
Lucro antes dos impostos	R$ 10.659,31	-	R$ 20.064,58	88%

QUADRO 14.11 — Análise da margem de contribuição

Por outro lado, quando for possível, em certos mercados, aumentar apenas o preço de venda mantendo os custos variáveis sem alteração, o reflexo no lucro será consideravelmente maior, como mostra o Quadro 14.12 onde os preços foram aumentados em 10%. Entretanto, isso só acontece em certas situações e empresas; estas, em determinadas condições de mercado e aumentam os preços "apenas", se é que se pode dizer isso, para se aproveitar de uma situação. Isso é muito observado nas firmas que trabalham com produtos básicos, como alimentos em geral (grãos, verduras, carnes, etc.). O preço foi aumentado em 10% e os custos permaneceram inalterados.

Itens	Exemplo de formação de lucro	Simulação, mudanças	Cenário de 10% de aumento na receita	Resultado
Receita Operacional Líquida	R$ 313.509,11	10%	R$ 344.860,02	R$ 31.350,91
Custo do produto	-R$ 172.430,01	-	-R$ 172.430,01	Nada
Custos operacionais variáveis	-R$ 47.026,37	-	-R$ 47.026,37	Nada
Margem	R$ 94.052,73	-	R$ 125.403,64	R$ 31.350,91
Custo operacional fixo	-R$ 78.377,28	-	-R$ 78.377,28	Nada
Lucro operacional	R$ 15.675,46	-	R$ 47.026,37	R$ 31.350,91
Despesas financeiras	-R$ 5.016,15	-	-R$ 5.016,15	Nada
Lucro antes dos impostos	R$ 10.659,31	-	R$ 42.010,22	294%

QUADRO 14.12 — Análise da margem de contribuição

Mas, se o caso acontecido for ao contrário do exemplificado anteriormente, os resultados serão catastróficos. Imagine uma situação como a apresentada no Quadro 14.13, onde o empresário, pressionado por razões de mercado, como única forma de sobreviver naquele momento, foi obrigado a reduzir os preços em 10%, como resultado reduzindo o lucro antes dos impostos em 147%.

Itens	Exemplo de formação de lucro	Simulação, mudanças	Cenário de redução de 10% na receita	Resultado
Receita Operacional Líquida	R$ 313.509,11	-10%	R$ 297.833,65	-R$ 15.675,46
Custo do produto	-R$ 172.430,01	-	-R$ 172.430,01	Nada
Custos operacionais variáveis	-R$ 47.026,37	-	-R$ 47.026,37	Nada
Margem	R$ 94.052,73	-	R$ 78.377,28	-R$ 15.675,46
Custo operacional fixo	-R$ 78.377,28	-	-R$ 78.377,28	Nada
Lucro operacional	R$ 15.675,46	-	R$ 0,00	Nada
Despesas financeiras	-R$ 5.016,15	-	-R$ 5.016,15	Nada
Lucro antes dos impostos	R$ 10.659,31	-	-R$ 5.016,15	-147%

QUADRO 14.13 — Análise da margem de contribuição

Poderíamos analisar também soluções combinadas, onde os preços diminuem 5% e os volumes produzidos aumentam em 20% (Quadro 14.14). Será que eles se compensam? A resposta é difícil, mas na estrutura de preços que estamos exemplificando a empresa continuaria com um lucro antes dos impostos menor que o apresentado no Quadro 14.10. Isso nos leva a uma conclusão importante — podemos alterar qualquer coisa na estrutura de preços de uma empresa, entretanto, reduções no preço de venda invariavelmente são nefastas, mesmo que acompanhadas por medidas redutoras de custos e outras ações.

Itens	Exemplo de formação de lucro	Simulação, mudanças	Cenário combinado, decréscimo no preço e aumento na produção	Resultado
Receita Operacional Líquida	R$ 313.509,11	10%	R$ 357.400,38	R$ 43.891,28
Custo do produto	-R$ 172.430,01	10%	-R$ 206.916,01	-R$ 34.486,00
Custos operacionais variáveis	-R$ 47.026,37	10%	-R$ 56.431,64	-R$ 9.405,27
Margem	R$ 94.052,73	-	R$ 94.052,73	Nada
Custo operacional fixo	-R$ 78.377,28	-	-R$ 78.377,28	Nada
Lucro operacional	R$ 15.675,46	-	R$ 15.675,46	Nada
Despesas financeiras	-R$ 5.016,15	-	-R$ 5.718,41	-R$ 702,26
Lucro antes dos impostos	R$ 10.659,31	-	R$ 9.957,05	-7%

Quadro 14.14 — Análise da margem de contribuição

Para finalizar essa análise, vejamos o que aconteceria com essa estrutura de custos se os preços de vendas aumentassem em 10% e as quantidades vendidas diminuíssem 20%, conforme demonstra o Quadro 14.15. Como afirmamos, motivados pelos custos fixos, qualquer aumento no preço de venda, mesmo que acompanhado por medidas em sentido contrário, produzem bons resultados.

Itens	Exemplo de formação de lucro	Simulação, mudanças	Cenário combinado, decréscimo no preço e aumento na produção	Resultado
Receita Operacional Líquida	R$ 313.509,11	10%	R$ 275.888,01	-R$ 37.621,09
Custo do produto	-R$ 172.430,01	10%	-R$ 137.944,01	R$ 34.486,00
Custos operacionais variáveis	-R$ 47.026,37	10%	-R$ 37.621,09	R$ 9.405,27
Margem	R$ 94.052,73	-	R$ 100.322,91	R$ 6.270,18
Custo operacional fixo	-R$ 78.377,28	-	-R$ 78.377,28	Nada
Lucro operacional	R$ 15.675,46	-	R$ 21.945,64	R$ 6.270,18
Despesas financeiras	-R$ 5.016,15	-	-R$ 5.016,15	Nada
Lucro antes dos impostos	R$ 10.659,31	-	R$ 16.929,49	59%

Quadro 14.15 — Análise da margem de contribuição

O Quadro 14.16 faz um resumo de todas as situações que comentamos anteriormente. Reconhecemos que na vida real aumentar o preço dos produtos é muito difícil, pois o mercado reage rapidamente, isso tanto do ponto de vista dos consumidores como da concorrência. A grande mensagem é que se o micro e pequeno empresário se esforçar muito e fizer todos os controles, analisando com cuidados os passos do mercado e da concorrência, a situação já será bem difícil. Entretanto, sem as análises que recomendamos, a tarefa se tornará impossível.

Análise de sensibilidade	Lucro antes dos impostos (R$)	Lucro antes dos impostos (%)
Margem original	R$ 10.659,31	-
10% de aumento na receita e nos custos variáveis	R$ 20.064,58	88%
10% de aumento no preço de venda	R$ 42.010,22	294%
Redução de 10% no preço de venda	-R$ 5.016,15	-147%
Redução de 5% no preço de venda e aumento de 20% no volume vendido	R$ 9.957,05	-7%
10% de redução no preço de venda e aumento de 10% no volume vendido	-R$ 14.421,42	-235%
10% de aumento no preço de venda e 20% de redução no volume vendido	R$ 16.929,49	59%

Quadro 14.16 — Análise da margem de contribuição

REFERÊNCIAS E INDICAÇÕES BIBLIOGRÁFICAS

ANTONIK, Luis Roberto. *Efeitos Inflacionários, Números Índices e Indexadores – uma visão gerencial*. Curitiba: UNIFAE, 2005.

______________. *Cálculos Periciais. Efeitos Inflacionários, Números Índices e Indexadores e Sistemas de Amortização*. Curitiba: Editora Juruá, 2012.

______________; MULLER, Aderbal. *Análise Financeira – uma visão gerencial*. São Paulo: Editora Atlas, 2008.

ANTHONY, Robert N. *Management Accounting Principles*. Richard D Irwin, INC. Homewood Illinois, 1965.

ASSAF NETO, Alexandre. *Estrutura e análise de balanços – um enfoque econômico-financeiro*. 6.ed. São Paulo: Atlas, 2001.

______________; MARTINS, Eliseu. *Administração financeira*. São Paulo: Atlas, 1989.

______________; TIBURCIO, César Augusto. *Administração de capital de giro*. 2.ed. São Paulo: Atlas, 1995.

BRASIL, Haroldo Vinagre; BRASIL, Haroldo Guimarães. *Gestão financeira das empresas: um modelo dinâmico*. Rio de Janeiro: Qualitymark, 1991.

FLEURIET, Michael; *et al.*. *A dinâmica financeira das empresas brasileiras: um novo método de análise, orçamento e planejamento financeiro*. Belo Horizonte: Fundação Dom Cabral, 1980.

GITMAN, Lawrence. *Princípios de administração financeira*. 10. ed. São Paulo: Pearson, 2004.

LOPES DE SÁ, Antônio. *Fundamentos da Contabilidade Geral*. Curitiba: Juruá, 2005.

______________. *Moderna Análise de Balanços ao Alcance de Todos*. Curitiba: Juruá, 2005.

RASOTO, Armando. *Análise e Planejamento Financeiro no Ambiente Empresarial através de um Modelo Informatizado: Software AR-Financial. 2001*. Dissertação (Mestrado) – Universidade Federal de Santa Catarina, 2001.

______________. *A estratégia Focada no Resultado*. Revista Fae Business – Ideias para Gestão Empresarial, Curitiba, PR, v.1, n. 5, p. 18-21, Abr. 2003.

RIBEIRO, Osni Moura. *Estrutura e Análise de Balanços fácil*. São Paulo: Saraiva, 1997.

SILVA, José Pereira. *Análise Financeira das Empresas*. 5. ed. São Paulo: Atlas, 2001

TRACY, Tage; TRACY, John. *Small Business Financial Management*. Wiley Publishing Inc., 2007. Indianapolis, EUA.

ÍNDICE

D

E

F

G

H

I

ONHEÇA OUTROS LIVROS DA ALTA BOOKS!

Negócios - Nacionais - Comunicação - Guias de Viagem - Interesse Geral - Informática - Idiomas

Todas as imagens são meramente ilustrativas.

SEJA AUTOR DA ALTA BOOKS!

Envie a sua proposta para: autoria@altabooks.com.br

Visite também nosso site e nossas redes sociais para conhecer lançamentos e futuras publicações!

www.altabooks.com.br

Impressão e Acabamento | Gráfica Viena
Todo papel desta obra possui certificação FSC® do fabricante.
Produzido conforme melhores práticas de gestão ambiental (ISO 14001)
www.graficaviena.com.br